新形态产教融合
创新能力系列教材

直播电商
理论、运营与实操

马骁骁　孔　原◎主编　马胜铭　王海霖◎副主编

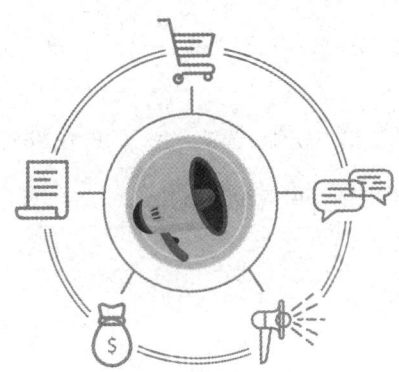

电子工业出版社
Publishing House of Electronics Industry
北京·BEIJING

内 容 简 介

近年来，新媒体已成为"互联网＋"时代的新模式、新要素和新动能。随着新媒体平台的不断涌现，直播凭借娱乐化的内容、多途径的传播方式、场景化的营销、及时的互动等特点和优势，已经成为一种炙手可热的营销渠道。直播营销具有精准投放、裂变式传播等特点。无论是企业、商家，还是个人创业者都能借助直播这种新的营销渠道获取流量、凝聚人气、推广商品、获得利润。为了让学生全面了解直播电商的理论、运营与实操技能，快速掌握直播电商的运营技巧并将其应用到实战中，本书从直播电商行业现状及发展趋势、直播策划与前期准备，到直播团队搭建、直播货品管理、直播引流、直播语言，再到数据复盘，全方位、多角度地介绍了直播营销与运营人员必须掌握的各种知识和实战技能。此外，还分别从抖音、快手两大主流直播平台入手，介绍了主流直播平台的特点和运营规则，详细地讲解了各大平台的实操过程，着重培养学生对直播电商平台的运营能力。

本书配备了丰富的教学资源，其中微课及各章节的视频资源丰富、翔实。除此之外，还提供了教学课件、教学大纲、电子教案、课后习题答案、期末试卷及答案等，供师生教学及学习使用。本书既适合高等院校电子商务、市场营销、网络营销与直播电商等专业作为教材，也适合直播行业的从业人员、想通过直播进行营销的企业和商家、专注于直播的创业者和对直播感兴趣的读者学习。

未经许可，不得以任何方式复制或抄袭本书之部分或全部内容。
版权所有，侵权必究。

图书在版编目（CIP）数据

直播电商：理论、运营与实操／马骁骁，孔原主编．—北京：电子工业出版社，2022.11
ISBN 978-7-121-44435-7

Ⅰ．①直… Ⅱ．①马… ②孔… Ⅲ．①网络营销 Ⅳ．①F713.365.2

中国版本图书馆 CIP 数据核字（2022）第 192907 号

责任编辑：刘淑敏
印　　刷：中煤（北京）印务有限公司
装　　订：中煤（北京）印务有限公司
出版发行：电子工业出版社
　　　　　北京市海淀区万寿路 173 信箱　邮编：100036
开　　本：787×1 092　1/16　印张：16.25　字数：416 千字
版　　次：2022 年 11 月第 1 版
印　　次：2024 年 1 月第 4 次印刷
定　　价：59.00 元

凡所购买电子工业出版社图书有缺损问题，请向购买书店调换。若书店售缺，请与本社发行部联系，联系及邮购电话：（010）88254888，88258888。
质量投诉请发邮件至 zlts@phei.com.cn，盗版侵权举报请发邮件至 dbqq@phei.com.cn。
本书咨询联系方式：（010）88254199，sjb@phei.com.cn。

前 言 PREFACE

党的二十大报告指出："教育、科技、人才是全面建设社会主义现代化国家的基础性、战略性支撑。必须坚持科技是第一生产力、人才是第一资源、创新是第一动力，深入实施科教兴国战略、人才强国战略、创新驱动发展战略，开辟发展新领域新赛道，不断塑造发展新动能新优势。"这为推动当下和未来一段时间内我国科教及人才事业的发展、构建人才培养体系指明了基本方向。

近年来，直播电商成为时下最新的经济增长模式。各行各业竞相入驻直播电商平台，直播电商成为各行各业竞争的主赛道。种种迹象表明，直播电商的模式化、合规化正在加速。学习直播电商技能，前提是打牢电商思维、策划运营、数据分析等综合能力。本书在介绍直播电商的理论基础上，以全面系统地梳理直播电商运营过程为思路，以解决学生在网络直播运营中遇到的问题为目标，以学生掌握直播电商运营的流程和技能为重点，有效帮助学生提升直播电商的实操运营能力。

本书从直播电商行业现状及发展趋势、直播策划与前期准备，到直播团队搭建、直播货品管理、直播引流、直播语言，再到数据复盘，全方位、多角度地介绍了直播营销与运营人员必须掌握的各种知识和实战技能。此外，还分别从抖音、快手两大主流直播平台入手，介绍了主流直播平台的特点和运营规则，详细地讲解了各大平台的实操过程，着重培养学生对直播电商平台的运营能力。本书编写特色主要有以下四个方面。

第一，与时俱进，紧跟需求。本书立足新商业应用，紧跟直播电商发展趋势，围绕高质量实践教学内容，将"电商+直播""引流+算法"等新商业技术教学与实践需求紧密结合。通过直播策划及筹备，直播实施、执行与直播数据复盘，以及各主流直播电商平台的实操模块，帮助学生提高学习效果和实操技能。

第二，结构合理，注重应用。本书结合每章节具体内容与特点，设计了学习目标、思政课堂、章节实训及复习思考题，有利于将理论与实践相结合，增强学生对知识内容的理解和应用。逻辑清晰，结构合理，符合直播电商实战教学的需求。

第三，配套资源，丰富全面。本书配备了丰富的教学资源，其中微课及各章节的视频资源丰富、翔实，扫码即可跟随视频案例学习如何策划筹备、实施及运营一场直播。除此之外，还提供了教学课件、教学大纲、电子教案、课后习题答案、期末试卷及答案等，供师生教学及学习使用。读者可登录华信教育资源网（www.hxedu.com.cn）免费下载。

第四，课程思政，融会贯通。将思想政治教育内容与专业知识技能教育内容有机融合，积极融入社会主义核心价值观，激发学生爱国主义情怀，提高学生新商业应用领域"理论-运营-实操"能力，着力培养德智体美劳全面发展的具有高素质直播电商技能的人才。

本书由马骁骁、孔原担任主编，由马胜铭、王海霖担任副主编，马骁骁负责统稿。隋东旭老师对书稿进行了细致的审读。

同时在本书的编写过程中，还得到了电子工业出版社刘淑敏、姜淑晶两位老师大量的专业建议和悉心帮助。江苏信息职业技术学院厚浪直播工作室提供的实战案例，在此表示感谢。

编者

目 录 CONTENTS

第1章 直播电商 ················· 1
- 1.1 直播电商行业现状及发展趋势 ········ 2
  - 1.1.1 直播电商的概念与特征 ······ 3
  - 1.1.2 直播电商的运作内容与运作模式 ················· 4
  - 1.1.3 直播电商的优势 ············ 5
  - 1.1.4 直播电商行业现状与发展趋势 ················· 7
- 1.2 直播电商风险与防范 ············ 12
  - 1.2.1 直播电商风险概述 ·········· 12
  - 1.2.2 直播电商风险类型 ·········· 13
  - 1.2.3 直播电商风险管理的流程 ···· 15
  - 1.2.4 直播电商风险防范措施 ······ 16
- 1.3 直播电商相关法律、法规与政策 ···· 17
  - 1.3.1 直播电商相关法律、法规 ···· 18
  - 1.3.2 直播电商相关政策 ·········· 18
- 本章实训 ································ 19
- 复习思考题 ····························· 20

第2章 直播策划与前期准备 ········ 21
- 2.1 直播策划的基本流程 ············ 23
  - 2.1.1 确定直播目标 ·············· 23
  - 2.1.2 制订直播方案 ·············· 24
  - 2.1.3 直播后做复盘 ·············· 30
- 2.2 直播脚本的制作 ················ 30
  - 2.2.1 直播脚本的作用 ············ 30
  - 2.2.2 直播脚本的设计 ············ 31
- 2.3 直播间设备 ···················· 37
  - 2.3.1 室内直播设备 ·············· 37
  - 2.3.2 户外直播设备 ·············· 41
- 2.4 直播间布置 ···················· 44
  - 2.4.1 直播场地的要求 ············ 44
  - 2.4.2 直播间的布景 ·············· 45
- 2.5 直播间的灯光搭建 ·············· 46
  - 2.5.1 直播间的灯光类型 ·········· 46
  - 2.5.2 灯光的布光技巧 ············ 48
  - 2.5.3 直播间的布光方案 ·········· 49
- 本章实训 ································ 50
- 复习思考题 ····························· 51

第3章 直播团队搭建 ·············· 52
- 3.1 直播团队的类型 ················ 53
  - 3.1.1 个人直播团队 ·············· 54
  - 3.1.2 商家直播团队 ·············· 55
  - 3.1.3 MCN机构直播团队 ········· 56
- 3.2 直播团队组建 ·················· 60
  - 3.2.1 直播团队的选择 ············ 60
  - 3.2.2 直播团队的分工 ············ 63
- 3.3 直播角色定位 ·················· 65
  - 3.3.1 主播人设的打造 ············ 66
  - 3.3.2 助播的作用 ················ 68
  - 3.3.3 场控的工作职责与内容 ······ 70
  - 3.3.4 运营的支持 ················ 70
  - 3.3.5 策划团队 ·················· 70
- 3.4 直播团队的培训与考核 ·········· 71

3.4.1　直播团队的培训……………71
　　3.4.2　直播团队的考核……………75
本章实训…………………………………77
复习思考题………………………………77

第4章　直播货品管理…………………………78

4.1　直播间选品策略………………………80
　　4.1.1　分析人群画像………………80
　　4.1.2　定位好匹配度………………83
　　4.1.3　明确市场需求………………86
　　4.1.4　紧跟社会热度………………87
　　4.1.5　选择特色品类………………87
　　4.1.6　选择高性价比的商品………88
　　4.1.7　必须亲自体验………………88
　　4.1.8　实时查看数据………………89
　　4.1.9　严格精选货源………………91
4.2　商品定价策略…………………………92
　　4.2.1　根据直播平台选择价格区间…92
　　4.2.2　商品组合定价法……………94
　　4.2.3　花式价格策略………………96
4.3　直播间商品组合形式…………………97
　　4.3.1　直播间商品的组合…………97
　　4.3.2　直播间商品的陈列…………98
4.4　直播间商品精细化管理……………101
　　4.4.1　确定直播主题……………101
　　4.4.2　规划商品需求……………101
　　4.4.3　规划商品配置比例………102
　　4.4.4　保持商品更新……………102
　　4.4.5　把控商品价格与库存……103
　　4.4.6　已播商品预留和返场……103
本章实训………………………………103
复习思考题……………………………104

第5章　直播引流………………………………105

5.1　短视频引流…………………………106
　　5.1.1　短视频认知………………107
　　5.1.2　短视频拍摄………………111
　　5.1.3　短视频制作………………114
　　5.1.4　短视频运营与推广………120
5.2　直播预告……………………………124
　　5.2.1　爆款直播间内容标题选择…124
　　5.2.2　活动预热…………………127
　　5.2.3　福利吸引汇聚人气………127
　　5.2.4　用文案预告直播详情……129
5.3　直播间互动活动……………………130
　　5.3.1　巧妙派发红包……………130
　　5.3.2　设置抽奖环节……………131
　　5.3.3　连麦合作增流……………132
　　5.3.4　福利款开局………………133
　　5.3.5　爆款打造高潮……………133
本章实训………………………………134
复习思考题……………………………135

第6章　直播语言………………………………136

6.1　直播语言……………………………137
　　6.1.1　直播语言要点……………137
　　6.1.2　直播语言技巧……………138
　　6.1.3　直播语言原则……………140
　　6.1.4　直播常用语言技巧………141
　　6.1.5　直播禁忌词语……………146
6.2　直播间商品销售语言技巧…………147
　　6.2.1　需求引导语言技巧………147
　　6.2.2　引入商品语言技巧………148
　　6.2.3　赢得信任语言技巧………148
　　6.2.4　促成下单语言技巧………149
6.3　直播间主流类型商品讲解…………150
　　6.3.1　服饰类商品的讲解………150
　　6.3.2　美妆类商品的讲解………153
　　6.3.3　美食类商品的讲解………153
　　6.3.4　3C类数码商品的讲解……154
本章实训………………………………155
复习思考题……………………………156

第 7 章 数据复盘

7.1 直播间数据分析
- 7.1.1 数据分析的概念与来源
- 7.1.2 数据分析的意义
- 7.1.3 数据分析的目标
- 7.1.4 数据分析的方法
- 7.1.5 数据分析的流程

7.2 直播间数据分析指标
- 7.2.1 粉丝画像数据指标
- 7.2.2 流量数据指标
- 7.2.3 互动数据指标
- 7.2.4 转化数据指标

7.3 直播间数据监测与反馈
- 7.3.1 直播间数据监测
- 7.3.2 直播间数据反馈

本章实训
复习思考题

第 8 章 抖音直播

8.1 抖音平台认知
- 8.1.1 抖音平台概述
- 8.1.2 抖音直播平台规范
- 8.1.3 抖音直播运营规则

8.2 抖音直播实战
- 8.2.1 平台开通操作
- 8.2.2 开通商品分享权限
- 8.2.3 精选联盟选品
- 8.2.4 商品橱窗管理
- 8.2.5 设置直播预告
- 8.2.6 购物车商品管理
- 8.2.7 直播间更多设置

本章实训
复习思考题

第 9 章 快手直播

9.1 快手平台认知
- 9.1.1 快手平台概述
- 9.1.2 快手直播的入门知识
- 9.1.3 快手直播的运营规则

9.2 快手直播实操
- 9.2.1 开通快手直播
- 9.2.2 开通快手小店
- 9.2.3 快手选品攻略
- 9.2.4 选品中心选货
- 9.2.5 小黄车推广商品
- 9.2.6 管理佣金收入

本章实训
复习思考题

参考文献

第 1 章
直播电商

学习目标

◆ 知识目标：
1. 了解直播电商的概念、特征、运作内容和运作模式。
2. 了解直播电商的优势和发展趋势。
3. 掌握直播电商的风险防范。
4. 熟悉直播电商的相关法律法规。

◆ 技能目标：
1. 掌握直播电商行业现状的分析方法。
2. 掌握直播电商的风险管理流程。
3. 掌握直播电商的风险防范措施。
4. 了解直播电商的各地政策情况。

◆ 思政目标：
1. 尊重直播电商行业的从业人员，维护和保障消费者的权益。
2. 培养学生遵纪守法、开拓创新的职业精神。
3. 具备良好的法律意识和风险意识。

【思政课堂】

遵纪守法对直播电商的意义

2020年11月5日，在某短视频平台上，一条质疑某知名主播团队所售燕窝真伪的视频突然火了，视频中的小何（化名）吐槽在直播中买到的即食燕窝像糖水一样，没什么固体成分。此前该知名团队的主播曾于2020年10月25日在直播间推广这款即食燕窝产品。据了解，该产品共售出57820单，成交价1549万余元。

此视频一经发出，小何便遭到了该知名主播粉丝的抨击。该知名主播本人更是在直播间连开数罐该燕窝产品作为回应，称对方是敲诈、诽谤，称"倾家荡产也要告这些人"。

11月16日，该燕窝产品品牌方也做出回应，称此次发出的燕窝产品均为合格正品，将追究相关人员造谣诽谤的法律责任。

11月19日，"职业打假人"王海发布检测报告，称该知名主播团队所售燕窝产品中蛋白质和氨基酸的含量为0，且作为重要指标之一的唾液酸只含0.014%。

面对多方质疑和舆论轰炸，11月27日，该知名主播发道歉信回应，表示确实存在夸大宣传，愿意以退一赔三的方式赔付消费者，预计共需赔付6198万余元。

12月23日，快手平台公布了该燕窝事件的官方处罚结果，该知名主播个人账号被封停60天。同日，广州市市场监督管理局通报该知名主播直播带货即食燕窝事件调查处理情况。根据《中华人民共和国反不正当竞争法》的规定，市场监管部门拟对其做出责令停止违法行为、罚款90万元的行政处罚。

2020年12月15日，罗某发布《关于11月28日"交个朋友"直播间所销售"皮尔卡丹"品牌羊毛衫为假货的声明》，承认其所售出部分羊毛衫为假货。这一系列直播带货的乌龙事件让我们明确地认识到无论做何行业，都不能触碰法律这条红线。

带货主播在直播过程中销售有质量问题的商品或欺骗、误导消费者，都存在承担法律责任的风险；为其未使用过的商品或未接受过的服务做推荐、证明，或明知广告虚假仍在广告中对商品、服务做推荐、证明，可能面临市场监管部门的行政处罚；在直播过程中销售假药、伪劣商品等情节严重的，或虚假宣传情节严重的，可能被追究销售假药罪、销售伪劣产品罪、虚假广告罪等刑事责任。

直播带货市场的良性发展依赖市场监管部门的执法必严、直播平台的行业约束，更加依赖带货主播的责任意识和法律素养，应时刻谨记诚实守信和遵纪守法的职业精神，提升自身的大局观，并具备良好的风险意识及安全意识。

1.1 直播电商行业现状及发展趋势

近年来，随着科技和产业的变革，电子商务行业发展非常迅速，深刻改变了人们的生活和工作方式。自新冠肺炎疫情发生以来，人们都有切身体会，电子商务在复工复产和促进消费等方面的作用非常明显，而消费作为经济增长驱动力的第一引擎，如何持续提升消费者的消费意愿及如何使消费升级变得越来越重要，于是，直播电商成为商家和行业应对消费升级的必经之路。

1.1.1 直播电商的概念与特征

1. 直播电商的概念

从广义上来说，直播电商是主播通过网络直播平台或直播软件来推销相关产品，使受众了解商品的各项性能，从而购买商品的交易行为。

更进一步说，直播电商是电商企业平台推出的以直播形式销售商品，以高互动性、娱乐性、真实性和可视性为特点，提高消费者购物体验为目的的营销模式，也是数字化时代背景下直播与电商双向融合的产物。

直播电商以创新的方式重新定义了"人、货、场"。

2. 直播电商的特征

直播电商借助直播媒介开展电子商务活动，具有真实性、直观性、实时性、互动性和精准性5大特征。

① 真实性。一方面，在直播时，主播的举动被实时传输到观看直播的用户面前，在网络上的实时播放使主播难以"包装"自己，大大降低了用户在网络上的虚拟感，让用户获得更加真实的体验。另一方面，在观看直播的过程中，用户可以就商品的相关问题与主播进行实时互动，主动向主播咨询和获取商品的有效信息。

② 直观性。直播电商的商品展示形式区别于传统电商平台上的文字和图片，在直播活动中，主播不但能够将商品的设计细节更加直观地呈现给用户，而且还可以对商品的使用方法和技巧进行示范，这种对商品进行全方位展示的方式，让用户能够充分了解商品的信息并掌握商品的使用技能。

③ 实时性。借助电商直播平台，主播可以向用户实时分享自己的日常生活。这样的动态内容更具有信息的包容性，更利于传播。用户还可以通过发送评论与主播进行实时交流和互动。

④ 互动性。与传统的商品展示相比，直播电商具有较强的双向互动性。在直播过程中，通过弹幕实现用户与用户之间、用户与主持人之间的实时交互。弹幕在用户和主播之间、用户和用户之间搭建了一座沟通的桥梁，从而创造了一种虚拟体验，聚集在一起观看直播满足了用户社交方面的需求。

⑤ 精准性。面对互联网海量的信息，用户很难甄别信息的适用性，而直播电商能够对用户进行精准的传播——传播的内容对用户来说是有用的信息，进入直播间的用户本身就是对产品感兴趣的目标用户。这种行为是用户主动选择的结果，因此具有较高的精准性。

当用户以购物为目的接触直播电商时，主播可以通过精准互动把握用户需求。主播通过回答用户问题和展示产品，提高用户对产品的认知度，为用户提供准确、有价值的信息，轻松完成商品的销售。

1.1.2 直播电商的运作内容与运作模式

直播是近年来的销售主导行业,很多商家都抢着进入直播电商领域,收获直播带来的流量红利。在开始直播电商运作之前,首先要了解直播电商的运作内容与运作模式,这样才能更好地安排直播电商工作。

1. 直播电商的运作内容

① 在平台载体上,直播电商的内容有:
- 电商平台直播板块。如淘宝直播、京东直播等。
- 短视频平台直播板块。如快手直播、抖音直播等。
- 微信小程序。如微信里的直播功能插件。

② 在主播身份上,直播电商的内容有:
- 电商型达人。如东方甄选的主播。
- 明星、名人、KOL。如罗永浩、俞敏洪等人。
- 商家团队。如销售、导购、客服等。

③ 在场景类型上,直播电商的内容有:
- 线上直播间。如各类线上直播平台。
- 零售网店。如线下门店、摊位档口等。
- 供应链场景。如产地、工厂、专业市场等。
- 日常生活场景。如居家日常记录、教你下厨房烹饪美食等。

④ 在直播类型上,直播电商的内容有:
- 促销型。如秒杀、团购、粉丝日等。
- 品宣型。如新品发布、名人代言等。
- 事件型。如跨界合作、大型公益等。
- 日常直播。如记录生活、日常聊天等。

【小贴士】

什么是KOL?

在营销学上,为各商家宣传的专家或权威人士被称为关键意见领袖(Key Opinion Leader,KOL),其通常被定义为:拥有更多、更准确的产品信息,且为相关群体所接受或信任,并对该群体的购买行为有较大影响力的人。

与"意见领袖"不同的是,"关键意见领袖"通常是某行业或领域内的权威人士,在信息传播中,他们不依赖其自身活跃度,也容易被认可和识别出来。

2. 直播电商的运作模式

(1)电商直播模式

电商直播模式主要是直接在电子商务平台嵌入的直播功能,如淘宝直播和京东直播都直接使用平台自带的直播功能,即直播作为电子商务平台的附属而存在。该模式的主要特点是利用电子商务平台的流量驱动直播流量。而当直播平台有足够的固定流量后,直播流量被用来反馈给电商公司。

> 【小贴士】
>
> **什么是电商直播？**
>
> 电商直播是以直播的形式搭建的购物消费场景，使"内容输出"到"订单支付"更加便捷，创造出了新的流量入口。同时，直播的强交互性和内容的强互动性，可刺激用户需求，产生消费，实现最大程度的变现。电商直播是一个纯购物的场景，定位为购物类直播，这意味着它对主播的直播技巧要求并不是特别高，对内容的要求也相对较低。最重要的是，用户进入直播间的目的就是购物，但是现在主播过多，市场趋于饱和。需要有幕后运营团队，个人很难立足。

（2）短视频直播模式

短视频直播模式主要体现在短视频平台上，利用产品链接与电商平台建立联系，如抖音直播和快手直播。用户在观看短视频时，可以直接观看直播，点击视频中的产品链接进行购买。大多数专业短视频直播平台仍然主要依靠吸引粉丝打赏主播来盈利。

（3）直播电商模式

直播电商模式是以直播为主要方式的内容电商平台，这种模式才是真正的直播电商模式。目前，直播电商主要应用于美妆行业和跨境行业，通过直播的方式来现场展示商品，回答用户的疑问，直接促成交易。

1.1.3 直播电商的优势

无论是"电商+直播"还是"直播+电商"，直播电商归根结底还是基于电商。直播电商仍然离不开"人、货、场"三要素的结合。不同之处在于，直播电商创新了主播和场所，整合了主播、MCN 机构等参与者，在"产品详情页面"的基础上丰富了营销场景，促进了三者更紧密的融合。

通过对"人、货、场"三要素的创新，直播电商相较于传统电商的真正优势在于以下 6 个方面。

1. 信息呈现优势

传统的电子商务通常以图文的形式介绍产品，信息承载效率低，如果想展示更多的产品信息，必须增加图片和文字。这必然会增加消费者的阅读成本，容易造成消费者信息不对称。同时，在信息爆炸的时代，消费者注意力下降的时间很难抓住。对于消费者来说，他们希望能够在短时间内快速获取全面的产品信息。

一方面，相较于传统电商这种二维平面的信息呈现形式，直播电商具有立体化的信息传递形式。主播对商品进行 360°全方位的展示，在一定程度上可以规避商品详情页上的"文字陷阱"与"照骗"风险；通过主播对商品的介绍、描述及对消费者问题的实时互动回答，商品信息实现"语言化"，相对于图文形式，更易被消费者捕捉和接受。

另一方面，相较于传统电商的客服问答式互动，直播带货中主播可以通过评论、弹幕等与消费者进行实时互动，可以为消费者带来更好的购物体验。特别是对于体验性、操作性较强的商品，直播可以更加全面、细致地向消费者展示商品，让消费者获得更加准确和真实的商品信息。

2. 属性特征优势

直播是消费者娱乐的一种形式，实质上是一种商品消费与内容消费相结合的新模式。这种新模式为传统的网上购物注入了多种娱乐属性，如情节、时尚和兴趣等。据咨询公司统计，产品展示质量和直播内容是消费者在观看直播时最关心的两个因素。据统计，娱乐性较强的主播占据了主播榜的前列。

直播带货有其自身的娱乐属性，在吸引消费者的注意力方面比传统电商有明显的优势。据统计，2018年淘宝直播核心用户日均使用时间接近1小时，月使用时间约30小时。同期，全网移动购物用户月平均使用时间仅为6小时，已达到后者的约5倍。

3. 商业逻辑优势

直播电商把传统电商"人找货"的购物模式转变成"货找人"的模式，这种新型的商业逻辑改变了用户获取商品信息的途径，原来传统电商购物需要用户自行搜索所需商品，现在可以由网络主播直接将商品呈现给用户，并且通过主播的直播可以更加全面、细致地向消费者展示商品，让消费者获得更加准确和真实的商品信息，让产品更精确地找到"对的人"。

4. 商品价格优势

直播电商通常具有明显的价格优势，尤其是顶流主播的带货商品。在考虑了优惠券和礼品之后，他们的商品价格相对于品牌旗舰店有30%~70%的折扣，这种差价来自直播电商的供应链优势。一方面，直播电商通过聚集分散的用户获得巨大的购买量，因此，与上游供应商具有较强的议价能力；另一方面，主播依靠庞大的流量和专业的MCN选择团队直接联系供应链的上游，减少了不必要的中间环节，降低了流通成本，因此可以获得较低的采购成本。同时，通过主播的影响力对商品进行推广，节省了广告营销成本，进一步降低了商品的价格。

5. 互动性和转化率优势

直播电商为网上购物注入了互动属性，可以在主播和消费者之间建立信任关系。在直播中，主播可以通过视频来塑造自己鲜明的个性，通过内容输出可增强与消费者的情感联结，更容易与消费者形成信任关系。与传统电商相比，直播电商还可以通过弹幕、评论等互动增加主播与消费者、消费者之间的社会关系，这种社会关系的裂变进一步加深了主播与消费者之间的联系，可以大大提高客户的转化率。

6. 用户接受度优势

网络购物与直播观看习惯的培养，也为直播电商的蓬勃发展奠定了坚实的用户基础。

据中国互联网络信息中心数据显示，从2017年6月到2020年6月，网购与直播观看人数均实现稳步增长。截至2020年6月，直播观看人数与网购人数达到5.62亿人与7.49亿人（数据来源：CNNIC，36氪研究院），如图1-1所示。作为直播与电商融合的产物，直播电商越来越被网民所接受。

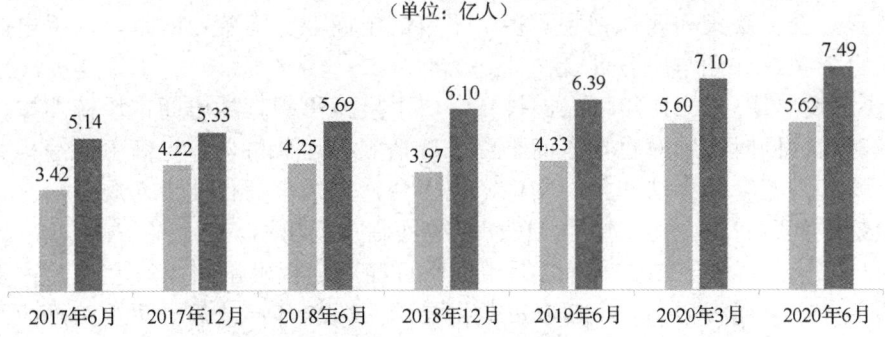

图 1-1　直播观看人数与网购人数

1.1.4　直播电商行业现状与发展趋势

2016 年被认定为我国直播电商的元年。蘑菇街最早将直播引入电商带货。同年，淘宝、京东的直播功能陆续上线。2016—2017 年是直播电商从萌芽到快速发展的时期。2018 年，凭借其可观的流量和众多现有主播，头部短视频平台开始入局，并在短时间内取得了良好的直播效果。随着 2020 年新冠肺炎疫情的暴发，直播电商成为各行业的救生渠道之一，发展速度超乎想象。各类直播平台和视频平台也纷纷推出技术升级和新的运营计划，直播电商进入了极盛期。

1. 直播电商行业发展史

在了解直播电商行业现状之前，首先要了解直播行业的发展史，即了解中国各个平台电商业务模式的变迁及其关键时间节点，以及各个电商平台直播上线的时间点。

（1）电商行业的变迁史

① 萌芽期。2016—2017 年的电商基本都是以广告模式为基础，淘宝链接占据大多数，但是外部链接的转化率并不高，ROI 为 1%~2%，通过鲁班电商跳转达到的 ROI 稍高，达 3%。

② 探索期。直播基本面搭建完成后，商家意识到粉丝可以转化为消费者。各平台直播间开始充当宣发角色，对产品进行宣传，吸引用户。淘宝直播开始兴起，各平台察觉到该模式的商业潜力。2018 年年底纷纷上线相关功能。

以上这两个时期处于广告电商期，关键词为：广告模式、意识萌发、探索阶段。

③ 发展期。2019 年上半年以完美日记为代表的美妆品牌选择抖音和 B 站作为短视频营销的基本阵地，引起大量的用户搜索，效果远超预期，成为短视频电商的成功案例之一。

④ 成熟期。2019 年下半年，抖音在流量充裕的情况下，开放短视频电商，并通过配合广告提升商业化增速。为解决短视频变现难的痛点，抖音开放了视频下方的购物车与商品橱窗功能，让每个平台达人都有了变现的通道，同时还鼓励店家开店做内容带货和分销。

以上两个时期为短视频电商期，关键词为：短视频营销、针对变现痛点出击、商业化脚步加快、建立供应链。

⑤ 融合期。抖音和快手乘直播火爆的风口，全力进军直播电商领域，纷纷结合自身

调性调整策略和平台氛围。2020年6月，字节跳动宣布成立"电商"级业务部门，并统筹旗下抖音、今日头条和西瓜视频等多个平台的电商业务运营；8月，快手电商推出新商家"双百"扶持计划与服务商合作计划。

⑥ 快速发展期。2021年以来，抖音、快手接力引领直播电商市场持续扩张，进入全民直播时代。同时，针对直播电商平台、直播服务运营机构、电商主播等相关直播电商参与主体的规范管理办法和指导文件密集出台，直播电商行业步入规范、有序发展阶段，政策趋严的背景下，尾部中小MCN机构面临市场出清。

在用户规模上：截至2021年12月，电商直播用户规模达到4.64亿人，占手机网民整体规模的45%，而根据Quest Mobile数据显示，2022年一季度，短视频月活已经突破9.9亿人，占手机网民整体规模的比例超过95%，考虑到短视频在移动互联网用户中的高渗透率及短视频与直播电商之间的高转化率，电商直播未来还有较大的提升空间。

在市场规模上：到2021年直播电商整体规模接近2万亿元，较2017年增长54.5倍，增速由283%放缓至90%。

在MCN行业规模上：2022年MCN机构对直播带货平台选择情况显示，抖音、淘宝直播、快手占比分别为95.8%、34.7%、29.6%。相比2021年，抖音对MCN机构吸引力增强，直播带货平台选择占比达到95.8%，相比传统电商平台，短视频内容平台对直播电商的吸引力更强。

以上这一时期正是当今红火的直播电商期，关键词为：发力直播、扶持KOL、达人明星化、拓展直播范围。

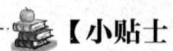【小贴士】

ROI

投资回报率（Return of investment，ROI），即总投资交易所得的收益或亏损，一般以年度回报百分比表达。计算方法为回报/投入，如投资了十元赚了一百元，ROI就是十。ROI主要用来衡量广告效果。

按照品牌畅想，ROI越高越好。即投入一定，回报越高越好。现实却是残酷的，ROI可以低至无下限，上限却比想象中低很多，并且不同行业能做到的ROI及对于ROI高低的认知也有所不同。

（2）各电商平台直播业务上线的时间点

- 2016年，蘑菇街、淘宝、京东先后上线直播功能或直播平台。
- 2017年，女装小程序上线（如蘑菇街直播功能）：组建商家联盟解决供应链问题；淘宝推出"超级IP淘计划"。
- 2018年，快手推出"快手小店"；同年，抖音推出购物车功能，开启直播带货元年。
- 2019年，淘宝上线直播App；网易考拉推出"考拉ONE物全网招募计划"；腾讯直播开始直播电商内测，并将其内嵌到微信小程序；斗鱼重启直播电商项目。
- 2020年，拼多多开启直播首秀；淘宝宣布投入500亿元资源包支持直播带货；抖音开放企业号直播特权。
- 2021年至今，多部门/地方出台直播电商相关政策，直播行业发展逐步规范化。

2. 直播电商行业发展现状

（1）2020年直播电商行业大事件

了解直播电商行业的发展现状，掌握电商行业动态，要先从宏观事件开始，让我们来看一看近年来直播电商行业发生的大事件，如图1-2所示。

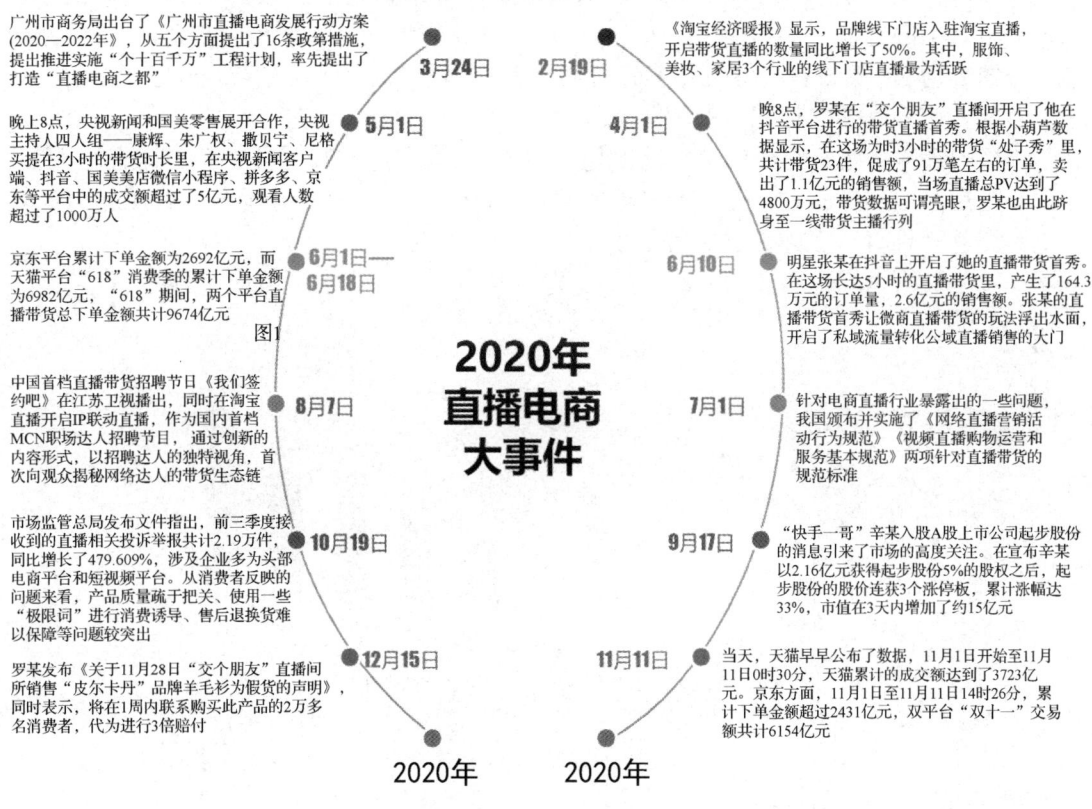

图1-2　2020年直播电商大事件

（2）全国直播电商特色地图

电商扶贫受到政府、企业、高校、国际组织等广泛重视，被列入《"十三五"脱贫攻坚规划》，成为脱贫战略行动之一。

直播电商的发展与当地产业基础息息相关。东南部沿海省份制造业相对发达，直播电商主要品类为服装、鞋类等，如杭州女装、海宁皮革、晋江鞋业等。中西部省份因气候、环境资源独特，直播电商以农副产品为主，如阿克苏苹果、中宁枸杞、柞水木耳等。

优质"新疆棉"

2021年3月，各大网络、媒体平台针对某些国际碰瓷、抵制新疆棉花事件，积极借助媒体优势，对该事件的"始作俑者"进行正面回击。

为此，我们需要更进一步地宣传推广新疆棉花及疆内名优农特产等资源，引导人们积极、主动地去了解新疆棉的优点并开展直播活动，通过独特的直播方式向镜头前的网友介绍新疆棉花及新疆棉制品的优点，对新疆优质的产品进行实时推送和介绍,让大家更为直观地了解新疆棉制品的优势所在。

通过直播活动让大家在购买新疆好物的同时,了解新疆本地的农优特产,推广农产出疆,助力乡村振兴。

(3) 直播行业交易规模

2018年,头部短视频平台开始尝试部署电子商务带货业务。在用户习惯的养成和商家产品与效率融合需求的推动下,2019年直播电商带货交易规模快速扩大,并在2020年保持继续增长。据统计,2019年我国直播电商交易总额达4168亿元,预计到2025年,这个数字将达到64172亿元,如图1-3所示。

直播电商购物模式与传统电商购物模式有着很大的差异性。直播电商的内容更丰富,更能满足用户的社交需求,受到越来越多用户的认可。据艾瑞咨询预测,到2025年,直播电商交易规模将占中国在线零售电子商务市场总交易额的23.9%左右。

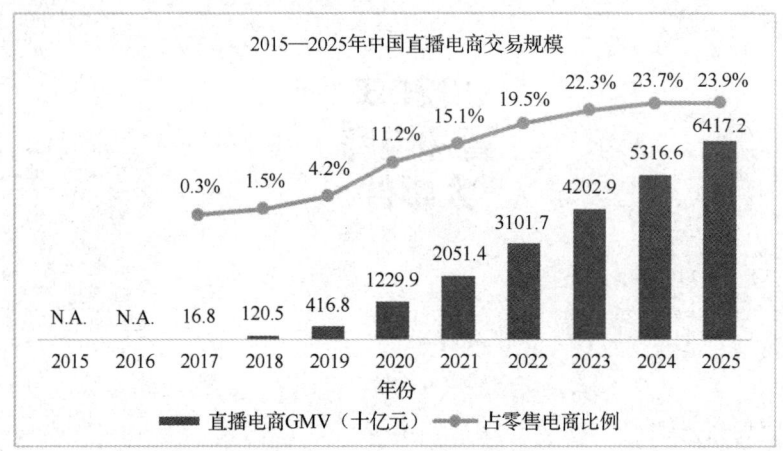

图1-3 中国直播电商行业交易规模

3. 直播电商的发展趋势

(1) 行业技术创新化

① 5G的发展提升用户体验。

随着我国5G正式走向商用,将给直播行业带来更多的发展空间。5G不仅可以消除网络卡顿,还可以让直播画质更好,画面传送能力更强,同时也会大大提高运营和变现的效率,提升观众体验。

5G的广泛使用能支持更高清晰度、更低延时、更流畅的直播,在直播中展示出商品更丰富、微小的细节,也能使主播与用户有更好的互动性,还能使用户购物的过程更加顺畅。同时,用户的购物意愿将会随着各方面体验的提升而增加,如图1-4所示。

② 人工智能的发展降低成本。

随着人工智能技术的成熟发展,使其被大量应用在直播中成为可能,一方面,它可以承担主播的部分职能,以拟人化的形象出现,进行全天候不间断的直播;另一方面,它还能担任客服,实时与用户沟通。人工智能对部分工作人员的替代,能起到降本增效的作用。

③ 数字化提升协作效率。

随着直播的各个环节引入数字化相关技术,与直播相关的工作流程将不再以人为的经验为主，而是全面以数据为基础，并且此流程并不仅仅局限于单独的主播和 MCN 机构之内，其还能与平台方、商家进行即时的信息互通，从而进一步提高直播的效率。

图 1-4　5G 赋能直播电商

（2）行业领域专业化

① 变现能力加强。

随着直播行业进入转型、调整期，对直播平台的商业模式、内容生产、主播培育和吸粉能力等方面提出了更高的要求。唯有精耕细作，才能形成自己的核心竞争力。在差异化模式下，更加专业化、精细化、个性化的内容制作，将会提升整个直播平台的内容质量和直播间氛围，给观众带来全新的视听体验。

② 短视频和直播融合加强。

直播具有即时互动性、沟通性强的特点，而短视频具有内容精细化、碎片化的特点，如果短视频与直播融合，就能使双方优势互补，共享用户流量池，推动内容差异化发展。

③ 供应链体系的加强。

在供应链方面，为更好地为主播服务、增强主播的带货能力，MCN 机构、平台方还将搭建直接对接全国甚至全球范围内的品牌方、工厂，且包括选品、售后的供应链体系，主播则只需要与其进行对接即可，不需要再分散精力分别进行一对一的商谈。

④ 营销渠道的加强。

店铺直播间作为重要的宣传推广渠道将被纳入品牌方的整合营销方案之中，作为其不可缺少的营销方向之一。而 MCN 机构、平台方则将独立发展或引入营销经纪机构，并以宣传主播为重点在不同渠道进行形式各异的立体式联合推广，以吸引更多用户的关注。

⑤ 专业流程的加强。

在直播电商热度不断增加的环境下，相关的人才也在不断地涌入，并且他们不是彼此职能的简单相加，而是随着对直播电商理解的加深，主播、助播、文案、场控、设计、客服等工种多方面能力的有机融合，并进行合理的流程规划安排。

⑥ 管理水平的加强。

平台方将基于公平效率、正面效应等原则不断完善规则，对 MCN 机构和主播进行管理，并建立优胜劣汰的机制，及时清退不合格的 MCN 机构和主播，同时建立第三方介入机制，以解决直播过程中产生的纠纷。

(3) 行业发展多元化

娱乐直播之所以一直是"直播"中的主角，是因为年轻人喜欢娱乐，有更加开放的心态。但直播不该只有娱乐，更应该支持多样化发展。随着资本、政策、用户、参与者持续涌入直播电商，行业呈多元化发展态势，从直播商品种类、主播类型、直播内容到直播场景与形式，均有望得到拓展。

(4) 服务定制化

如今是个性化需求的时代，过去靠规模化和标准化的作业模式已经不太适合时代的发展要求了，即客户需求在先，企业按客户需求下单生产。在很多商业领域，定制已经成为趋势，成为主流和必然，很多企业开始搭建专属自己的直播平台。

(5) 用户规模化

随着 5G 时代的到来，中国在线直播行业仍将保持稳健发展，使用直播方式的网民数量会持续增加，市场前景和规模会不断攀升。

(6) 用户认知深化

对于价格方面：随着国民整体收入水平的不断提高，大部分用户的购买力进一步增强，其价格敏感度随之逐渐降低，因此与直播刚起步阶段的情况不同，用户不再一味追求极致低价，而是基于主播的服务能力、诚信度，以及商品的性价比、品牌、设计、调性等方面因素综合做出判断。

对于服务方面：主播及其 MCN 机构的服务能力在用户购买决策中占据了越来越重要的地位，用户对其选品的标准、范围、精准度，以及售后处理的速度、效果等要素有了更高的要求，同时个性化的服务项目，如小批量定制、独家赠品、节假日关怀等也将受到用户越来越多的关注。

对于习惯方面：在平台、商家向直播电商逐渐加大投入的情况下，将会有越来越多的用户将直播视为寻常的购物方式，并且还会有不少用户将直播作为购物方式的第一选择，随着对直播购物认识的加深，用户激情化消费的情况会逐步减少，理性的消费习惯将成为直播购物的主流。

1.2 直播电商风险与防范

1.2.1 直播电商风险概述

1. 风险与直播电商的风险

风险是指某种特定的危险事件（事故或意外事件）发生的可能性与其产生的后果的组合。

直播电商的风险是指在直播环境下，某种损失发生的可能性。由于直播电商具有群体效应和双向强互动的特点，这就使直播电商的风险性相对以广播电视为代表的传统媒体更强。

2. 直播电商的风险特征

(1) 客观性

在直播的整个过程中都存在风险，包括直播前期的品类选择、产品议价，直播现场的直播嘉宾反应、推销话术，直播后期的直播团队分成、售后退货等，这些风险是客观存在的，无法人为消除。

（2）同质化

现在的直播电商虽然很火爆，但是没有更多的创新，几乎所有的电商直播都是通过主播在线直播介绍产品，再用红包、抽奖等互动方式来刺激消费者的购买欲望，提高成交率。导致电商直播平台内容单一化主要原因包括电商平台的性质、主播的专业程度、内容的审核机制、品牌的引导和运营等。

（3）可预测性

在直播电商中，我们可以通过实时的评论和弹幕加强对风险的可控性管理，通过分析、统计进行风险的预测和有效规避，在直播开始前也要做好准备工作。

（4）可变性

在直播电商行业的高速发展下，随着各个电商直播平台规则的更新及行业相关的法律法规、政策的不断出台，直播电商的风险会有相应的改变，同时随着行业的更新迭代，旧风险与新风险也会不断发生转换。

1.2.2 直播电商风险类型

直播电商有哪些风险？一般来说，直播电商常见的风险类型有以下3种。

1. 法律风险

电商平台直播的普及，不仅因为新冠肺炎疫情下消费者对电商平台的依赖程度增加，还因为运营商也可以通过电商平台实现低成本、高收益。然而，无论是商品的生产者和经营者，还是商品的推荐人，都面临法律风险。结合《消费者权益保护法》的规定，构成虚假宣传的销售者和推荐者都有可能面临民事赔偿和行政处罚的风险。

2. 内容风险

电商平台可以看作是一个集文本、图片、音频和视频的多形式内容平台。它的审核系统比其他平台更复杂，审核流程也更困难。在实时交付场景中，内容风险无处不在。在直播室观看的观众往往能达到上万人，由头部主播主持的一次直播甚至能达到千万人次观看。观众实时发送的弹幕和评论的内容质量有好有坏，甚至可能包含政治、色情、恐怖主义、垃圾邮件等不良内容。如果不能及时识别和过滤，就会面临违规的风险，影响直播室的内容质量和用户的浏览体验。此外，用户的昵称、头像、签名，以及商家展示的产品描述和产品图片，都存在内容违规的潜在风险。

3. 产品风险

头部主播的选品标准是不是真的很高？

消费者基于对于主播的信任来相信他推荐的商品，一般来说，头部主播的团队非常完善，每一个细分品类都有10～20个商品，爆品非常多，选品也非常严格。但实际上，头部主播每个月都要播300多个品牌，半年下来要有1000多个品牌来满足直播的长度和消费者的新鲜度。因为大牌数量有限，主播需要大量的中小品牌来填补时长，所以直播刚开始的时候有选品的标准和逻辑，但如今随着直播品牌数量的大量增长，这种时长和档期的要求无法做到,有大量的"长尾商品"、初创品牌、新品进入头部主播的直播间,相关品牌旗下产品的品质良莠不齐,由此带来的产品风险,需要谨慎对待。

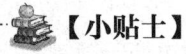【小贴士】

长尾商品

长尾商品是需求不旺或销量不佳的产品,在信息不流通的年代,它们往往是被尘封的产品。

"长尾"这一概念是由美国《连线》杂志主编克里斯·安德森在2004年提出的。安德森用真实发生的几件事向我们直接勾画出了长尾现象:在线音乐店Rhapsody里下载量排行10万名以后的那些歌,在任何一家最专业的唱片店都找不到,每月下载次数只有几次、几十次的这些歌,加起来却占了所有歌曲下载次数的15%;在线DVD租赁店Netflix销量占末尾21%的碟片在任何一家线下碟店都找不到。这些"多出来"的冷门产品每样都卖得少得可怜,但因为品种数目庞大,加起来却能带来不小的销售。这就是长尾商品。

4. 主播个人风险

在带货高强度的压力下,网络主播需要应对高负荷、高压力的工作,一旦主播个人方面出现任何状况,对于品牌来说都是一个巨大的风险。所以整个直播对于品牌力的构建、优势与风险并存。

5. 商业模式风险

完善的分销渠道(实体店经营商)是传统企业销售的生命线,也是目前电商巨头线下竞争的焦点。以格力为例,当年就是靠"分销渠道"才抗住了当时中国最大的家电连锁国美的冲击,实现了可持续发展。

然而,电商的崛起原本已经对实体店造成了很大的影响,直播电商出现后,实体店经销商的流量又被截走一部分,对于实体店经销商来说,房租越来越高,店铺获利越来越少,线下经销商的商铺运营或将难以为继。如果品牌方不能做好线上直播和线下分销的商业平衡,势必会造成巨大的渠道冲突,成为其商业模式上的风险。

6. 售后和供应链风险

从之前的多次直播情况来看,直播电商的退货率很高,平均为20%~30%。其中退货原因大致有两点:一是粉丝的冲动消费,购买后就后悔了;二是网络主播存在利用"水军"刷单的行为。虽然主播最终的收益是按实际成交来计算提成的,但是主播与主播之间的攀比助长了刷单的风气。

由于这种超高退货率的存在,过快的交付时效反而会造成巨量的未发货截单、已发货截单、已签收退货等工作量,并在产品的整条供应链,尤其是售后环节产生了大量不必要的成本。

另外,新冠肺炎疫情下工厂生产、物流、电商等行业均会受到一定程度的影响,供给产业链很容易出现脱节。

> 【小贴士】
>
> **为什么直播电商退货率这么高？**
>
> 电商退货率高是常态。对于女装，消费者的退货理由通常是衣服有色差、尺码不合适、不喜欢、穿上没有想象中好看等，因质量问题退货的情况不到 1%。退货的主要原因是顾客的期望值太高，但期望值太高有时也是因为商品介绍过度夸张，或照片拍得不符合实际，消费者被模特误导。所以现在越来越多的商家聘用的模特或主播会更接地气，不会选长相太出众的。
>
> 退货率高与销售方式也有关系，大部分商家在各种销售节点如"双十一"和直播中都鼓励冲动型消费、过度消费。有时，退货竟然只是为了凑折扣，比如必须达到满减金额才能使用折扣，使用了折扣后再退货，都会导致退货率上升。而电商行业整体退货率高达 20%～30%，退货率居高不下成为行业的痛点。

1.2.3 直播电商风险管理的流程

基于直播电商的风险概念、特征和类型，应对直播电商中的各个环节进行风险识别、风险控制和风险规避,在收益与成本之间进行权衡并在不同的情况下采取相对应的措施，对风险实施有效控制和妥善处理风险所致的后果，从而以最小的成本使直播电商中的各个主体获得最大的安全保障。

当前还没有单独针对直播电商行业出台的风险管理流程体系，对此，借鉴较为成熟的企业风险管理流程，直播电商风险管理同样遵循以下 6 个基本步骤。

1. 风险管理规划

风险管理规划是定义如何实施风险管理活动的过程，规划风险管理的重要性在于为风险管理活动安排充足的资源和时间，并为评估风险奠定一个共同认可的基础。规划风险管理过程在项目构思阶段就应开始，并在项目规划阶段的早期完成。

2. 风险识别

风险识别是判断哪些风险可能影响项目并记录其特征的过程。识别风险是一个反复进行的过程，因为在一个事件的周期中，随着事件的进展，新的风险可能产生或为人所知。反复的频率及每一轮的参与者因具体情况而异。风险识别的方法有：参考历史数据、检查类似的风险清单并与当下情况对比、专家的判断、头脑风暴、风险评级点阵图、事故树分析法等。

3. 定性风险分析

定性风险分析是评估并综合分析风险的概率和影响，对风险进行优先级排序，从而为后续分析或行动提供基础的过程。根据风险发生的相对概率、风险发生后对目标的相应影响及其他因素来评估已识别风险的优先级。对风险建立优先级列表，可以为实施定量风险分析奠定基础。为了确保与风险的实时变化保持同步，在整个事件的周期内应该反复开展定性风险分析。

4. 定量风险分析

定量风险分析是就已识别的风险对事件整体目标的影响进行定量分析的过程。实施定量风险分析过程就是对潜在的有重大影响的风险进行分析。它可以为每个风险单独进行量化评级，或者可以评估所有风险对事件的总体影响。定量风险分析通常在定性风险分析之后进行。

5. 规划风险应对

规划风险应对是针对事件目标，制订提高机会、降低威胁的方案和措施的过程。规划风险应对过程在实施定性风险分析过程和实施定量风险分析过程之后进行。在规划风险应对的过程中，需要根据风险的优先级来制定应对措施，并把所需的资源和活动加进管理计划中。

6. 风险的监测和控制

风险的监测和控制是在整个项目中，实施风险应对计划、跟踪已识别风险、监测残余风险、识别新风险和评估风险过程有效性的过程。

1.2.4　直播电商风险防范措施

作为一个新兴行业，直播电商中存在大量因信息不对称、法律法规不完善而产生的各种风险。因此针对直播带货的商业模式并基于直播电商的风险类型，以下 6 个风险管理的防范措施，能够帮助消费者、主播、品牌方、直播电商平台各方规避风险，协助这一新兴行业更好地发展。

1. 行业政策分析

帮助主播、品牌方、直播电商平台等识别政策要点，及时调整应对策略。例如，在行业政策的规范下，直播电商平台除了提供直播工具，还有责任去规范和维护平台健康发展，严控品牌方资质审查、打击品牌方与主播的虚假广告、提高支付工具安全性及提高平台服务的友好度，从而使政策满足保护消费者、健康商业生态的需求，同时有助于直播电商的整体发展。

2. 商业模式重塑

剖析各行业前沿的商业模式，为零售行业提供具有建设性的商业模式建议。在 5G 新技术背景下，消费模式朝着共享、透明、娱乐化的方向发展，必将会带来商业模式的创新。通过创新设计思维，为客户量身定制符合当下环境的商业模式，在一定程度上可以规避当前直播电商中存在的法律风险与运营风险。

3. 产品质量控制

头部主播即便再有号召力，消费者最终关心的还是商品质量。品牌方、直播电商平台、头部主播提供基于流程优化与制度优化的产品质量控制措施，便于各方通过控制点监控所销售产品的产品质量，通过为消费者提供放心的产品积累口碑。

第 1 章 直播电商

4. 供应链与物流管理

为了严格把控供应链的质量、提高物流速度，有实力的平台和主播纷纷选择搭建自己的供应链，与厂家直接对接，打通采购、销售、物流、售后等整个流程。而在大多数情况下，直播带货还需要依赖电商平台或品牌方的物流渠道。基于电商供应链的实际情况，优化供应链与物流渠道，识别物流重要控制节点，在保证产品服务质量的同时，节约物流搭建的成本。

5. 售后服务管理

将注意点集中在售后商品质量追踪、退换货、产品满意度评价等多个直接触及消费者的场景，通过分析消费者在各环节可能产生的售后问题，品牌方、直播电商平台、主播需优化各自的售后服务。

6. 加强防范意识

直播电商需要平台管理规范，需要主播强化责任，也需要相关部门监管，但最重要的还是需要消费者能够理性消费。调查发现，在直播电商消费中，消费者冲动消费较严重，风险意识相对薄弱。所以，直播电商中的消费者应在网购过程中及时保留相关视频、图片、文字记录和电子票据等证据，也应注意理性消费，同时当自己的权益受损时，应当主动、积极、有理有据地维护自己的合法权益。

> **思政导入**
>
> **维护和保障消费者的权益**
>
> 在电商直播业务爆发式发展下，消费维权问题也十分凸显，针对集中显现的直播带货消费问题，作为一名合格的主播，不能推卸责任，针对直播中涉及的产品的质量及消费者权益保障等方面的事宜，主播团队应做出积极表率，并加强维护消费者权益的力度及方式方法上更深层的认知。

1.3 直播电商相关法律、法规与政策

在未来相当长的一段时间内，直播电商仍将保持高速发展，这主要受资本、平台与政府政策扶持等因素的影响。加之 2020 年"双十一"期间直播电商相关内容的热度发酵与强势出圈，如某主播的直播间衍生的热词"琦乐吾穷"频上热搜，吸引了更多人对直播电商的关注。

而政府政策与平台的扶持，则在更深层次上驱动直播电商的高效、有序运转，如图 1-5 所示。

除了激励、扶持政策，针对电商直播乱象的治理与监管方针也陆续出台。例如，2020年 11 月北京市场监督管理局联合包括公安局、网信办等在内的 16 个机构，开展"网剑"计划，规范直播电商运行流程，推动行业自律公约形成，驱动直播电商行业在高速发展的同时维持理性业态。

政府政策	平台扶持
2020年4月，习近平总书记鼓励直播电商工作人员，肯定直播电商的社会效益，将直播电商提升至国家战略层面；各地政府制定电商扶持文件或纲要，尤其是广州，致力于成为中国直播电商第一城	电商平台与社交平台针对流量引入、主播孵化与培育、MCN机构入驻等环节制订扶持计划，打造高效的直播电商业态；疫情期间，各平台纷纷以补贴、流程优化等形式鼓励商家开启直播营销

图 1-5　政府与平台对直播电商的扶持

1.3.1　直播电商相关法律、法规

随着电商直播行业的发展，诸多问题也逐渐凸显，导致行业乱象丛生，直播带货监管的相关标准和制度有待完善。在推动行业高质量发展过程中，法治发挥着固根本、稳预期、利长远的重要作用。

外部政策监管、平台内部治理共同推进直播电商行业的规范化程度。2020年以来，一系列监管政策出台，厘清多方责任。相关法律法规的出台意味着产业链各方的合规成本提高。随着低质量商家和主播面临清退，行业将进入规范发展阶段。

1.《网络直播营销行为规范》

中国广告协会于2020年6月26日发布国内首份《网络直播营销行为规范》，规定了商家、主播、平台及其他参与者等各方在直播电商活动中的权利、义务与责任。其中明确禁止刷单、炒信等流量造假行为及篡改交易数据、用户评价等行为，商家不得发布信息，虚假宣传产品、服务，欺骗、误导消费者。

2.《网络交易监督管理办法》

2021年5月1日起施行的《网络交易监督管理办法》（以下简称《管理办法》）第二条规定，在中华人民共和国境内，通过互联网等信息网络销售商品或者提供服务的经营活动及市场监督管理部门对其进行监督管理，适用本办法。在网络社交、网络直播等信息网络活动中销售商品或者提供服务的经营活动，适用本办法。

养成良好的法律意识、风险意识

对于网络直播而言，其面对的最明显的一个风险就是在传播内容上的法律风险，而且现在消费者的自我保护意识和法律意识不断增强，越来越多的人开始注意在直播购物中维护自身的权益。对于主播来说，在工作中应建立起较强的风险意识和法律意识，提高预见问题的能力，避免直播带货纠纷的发生。整个团队也应在工作中提高各种风险意识和法律意识，加强自身素质，避免违法行为的发生。

1.3.2　直播电商相关政策

直播电商作为新兴行业蓬勃发展，有望成为未来经济发展的重要引擎。在此背景下，

广州、杭州、成都、重庆、济南、义乌等地纷纷出台政策，抢占直播电商行业的高地。广州具有深厚的商贸基础和服务业基础，2021年3月，广州率先发布直播电商政策，大力发展直播电商，创新商业新模式，将广州打造成为全国著名的直播电商之都。杭州市余杭区是电商直播高地，集中了"淘宝直播"等约20个直播平台。公布了12条"直播电商"支持政策，称要"以最强决心、最大力度、最高标准、最实举措、最优服务打造直播经济第一区"。

1. 直播电商治理逐步规范，保证消费者权益

在相关政府陆续出台法律法规、直播电商监管日益规范之后，各地政府接连出台直播电商发展规划、行动计划等政策文件，为直播电商营造良好的发展环境。

2. 政策引导，促进直播电商有序发展

直播电商市场规模的迅速扩大与各地的扶持政策是分不开的。随着直播电商在推动消费、促进就业、创造经济新增长点等方面的作用日益凸显，多地政府明确提出要打造"直播电商之都""直播经济总部基地"，并将电商主播列入人才引进政策，出台了一系列相关人才培养的扶持政策，掀起一波发展直播电商的热潮。

本章实训

为更好地理解直播电商的基本理论知识，打好对直播电商的实践基础，下面通过实践训练进行练习。

【实训目标】

1．了解直播电商的类型和优势。
2．掌握直播电商的现状和趋势。
3．掌握直播电商的风险管理和风险防范措施。
4．掌握直播电商的专业术语。

【实训内容】

1．列出直播电商的3种类型，说明这3种类型各自行业或领域的代表。
2．简单阐述直播电商行业的过去、现在和未来。
3．分别从法律、个人、品牌方、直播电商平台方面分析行业存在的风险。
4．分析直播电商行业的高退货率问题并提出解决方案。

【实训要求】

1．了解直播电商的行业背景，了解和掌握直播电商行业的优势和趋势。
2．提升对于直播电商行业和品牌方面的分析能力，能够准确捕捉行业发展动向。
3．熟悉直播电商的行业风险，能举出有效的风险管理流程和防范措施。

复习思考题

1. 直播电商的特征有哪些？
2. 什么是 KOL？什么是 ROI？
3. 直播电商与电商直播的区别是什么？
4. 目前出台的直播电商行业法律法规主要有哪些？

第 2 章

直播策划与前期准备

学习目标

◆ 知识目标:
1. 掌握直播策划的基本流程。
2. 掌握直播脚本的主要内容。
3. 熟悉直播间的设备使用及灯光布景要求。

◆ 技能目标:
1. 掌握高效直播的关键、直播脚本的写作。
2. 掌握直播流程策划与准备工作。
3. 能够配置直播设备,布置直播间和灯光。

◆ 思政目标:
1. 培养学生不盲目攀比、夯实基本技能、务实做事的精神。
2. 培养学生严以律己、宽以待人的职业素养。
3. 培养学生自信、积极的人生观。

【思政课堂】

良好的开端是成功的一半

在如今的电商行业，直播带货这种模式是非常受商家欢迎的。

虽然我们平时看直播时，总觉得做起来很简单，事实却与之相反，在开始直播带货之前要做很多准备，例如做好心理准备，了解竞品，熟悉平台规则，确定直播定位，准备应急方案等，思则有备，有备无患，要真正做到未雨绸缪。

关于准备工作的细节，本章的正文部分已经讲述了很多内容。在这里将重点放在"做好心理准备"，因为调整好心态、养成良好的心理素质是做好工作最基本的条件，也是准备工作中需要最先做好的。对于直播来说，刚开始做直播带货时，主播可能受到观众数量少、直播效果不理想等方面的影响，这时主播要及时调整好自己的心态，做好持久战的心理准备，不要走进消极的死胡同里。

那么怎样才能保持一个良好的直播心态呢？

1. 学会自信

想保持良好的直播心态，必须学会自信，自信是成功的前提，也是快乐的秘诀。唯有自信，才能在困难与挫折面前保持乐观，从而想出办法战胜困难与挫折。"自信人生二百年，会当水击三千里。"俗话说得好："尺有所短，寸有所长。"可能你现在还是一个小主播，但是要相信你也可以成为大主播，每个人都有自己无限的潜能。做主播也一样，不能只盯着自己的缺点和现状，只有你喜欢自己了，用户才会喜欢你。如果你自己都觉得自己不行，那么用户怎么会欣赏你呢？所以，想让别人喜欢你，就需要学会自信。

2. 不盲目攀比

做主播千万切记不要总拿自己的缺点与人家的优点比，那样真是人比人，气死人。一定要学会欣赏自己，悦纳自己，勉励自己。如果做不到，可以想办法，例如，积累自己收到"跑车"的体验和经验，坚持写直播日记，参加主播培训。把自己的优点罗列在纸上，同时写一两句能激励自己的名言警句或座右铭，贴在墙上等随处可见的地方，每次直播都看到它们。总之，要想办法让自己相信自己，同时不要和别的大主播攀比，因为这样容易打击自己的信心。直播70%靠运气，20%靠实力，10%靠团队。

3. 鼓励自己

直播的快乐就是收礼物，收得越多越快乐。可是没有礼物的时候，主播一定要学会调节自己的直播心态。直播是千变万化的，喜怒哀乐都在所难免。一次被商家提出无理的要求，一场直播的误会，一句过激的话语，一次被挖的经历，都会影响心情，生活中的不顺心事总是很多，这就需要我们学会调节自己的心态。最简单的做法就是用积极的暗示替代消极的暗示。

平时要养成积极暗示的习惯。要对自己说"加油，我能行""太好了，还有救"。学会正向思维，换位思考，多角度思考。

4. 胸怀坦荡

许多主播都可能在直播中遇到过"黑粉"，这些"黑粉"各种低俗的话语会让人难以接受，影响自己的心情。所以一定要学会培养自己宽广的胸怀。当一个主播心胸狭窄，只关注自己时，就容易生气，闷闷不乐，斤斤计较。而当主播胸怀宽广时，就会容纳别的主播，欣赏别人，宽容别人，自己的心境就能保持乐观，正所谓"退一步海阔天空"，这样才能成就辉煌的未来。

我们应该善待直播间的每位粉丝，深切地理解每个人，相信自己，也相信别人，严以律己，宽以待人。有了宽广的心胸，才能放眼未来。

2.1 直播策划的基本流程

一场直播活动看似只是一个或几个人对着镜头说说话、卖卖货，只不过是一场小活动而已，但其背后都有着非常明确的营销目的，如提升企业品牌形象、促进产品销量、引流涨粉等。将营销目的巧妙地设置在直播的各个环节中，这就是直播策划的整体思路。如果没有整体思路的指导，整场直播很有可能只是好看、好玩而已，并不会达到实际的营销效果。

在准备直播营销方案前，必须先把整体思路厘清，然后有目的、有针对性地进行策划，确保直播活动开展的完整性和有效性。

2.1.1 确定直播目标

目标的设定是直播的第一步，也决定着整个直播的规模，为直播团队指定了方向。直播是一件需要持之以恒的事，不可能一蹴而就，必须有长期作战的准备，在开始直播之前，一定要确定整体目标是什么。要根据目前运营团队的运营能力或产品的现状制定直播目标，也就是对直播效果的期望。

直播目标可以分为长期目标和短期目标，通过直播想获得用户量、成交量还是销售额？确定一个明确的目标，围绕这个目标制定直播策略，并完成一套完整的直播方案。

① 短期目标。如直播一个月后，主播粉丝需增长至多少人，可以具体到每一场直播的直播间观看人数要达到多少、销售额要达到多少、品牌口碑如何、转化率是多少等，先确定好各参数的具体目标，再围绕目标分解直播任务。直播目标的制定详情示例如表 2-1 所示。

表 2-1 直播目标制定

目标制定维度	直播目标
直播间增粉数	2000 人
直播间观看人数	20 万人次
直播销售额	8 万元
品牌口碑	店铺搜索指数达到 5 星

② 长期目标。长期目标可以根据直播活动是主营销还是主卖货来制定。如果是主营销，电商直播的目标主要有以下 3 个。

- 通过直播来宣传引流，从而提高商铺的知名度。
- 通过直播来推荐商品，从而提升店铺形象。
- 通过直播来打造品牌，从而为后期的运营打基础。

【小贴士】

直播目标除了长期目标和短期目标，还有直播营销目标。直播营销绝不是简单的线上才艺表演或游戏分享。直播营销策划者需要综合产品特色、目标用户和营销目标，提炼出此次直播营销的目的。例如，以成交量为目标，我们需要思考如下这些问题。

① 以多少成交量为目标？将目标量化，并围绕这个目标展开工作。

② 选择哪个直播平台进行直播？不同的直播平台，人群画像也不一样。

③ 选择的直播日期是否合理？需要避开一些不利于成交的外部因素。

④ 达成目标成交量需要多少用户基数？看看通过已有的资源能完成多少，需要外部资源完成多少。

⑤ 目标成交量有多少可以通过已有的用户达成？有多少需要通过拉新渠道来完成？

⑥ 通过存量达成和拉新渠道完成的目标量，如何接通渠道资源？

⑦ 完成制定的目标的成本是多少，存量和拉新渠道完成的成交量成本各是多少？

总之，在直播营销目标的确定过程中，我们要确定这次活动的主题和目的，如吸引用户的关注、实现转化来提高销售或提高品牌的知名度等，确定直播主题后再来制订后续计划。

2.1.2 制订直播方案

俗话说："兵马未动，粮草先行。"我们需要完善直播营销方案。在确定直播目标后，需要根据企业或品牌的调性，在颜值营销、明星营销、稀有营销、利他营销等不同的直播营销方式中，选择一种或多种进行组合。做电商直播时，要先做好直播方案。在选择好直播营销方式后，需要对场景、产品、创意等模块进行组合，设计出最优的直播策略。

1. 设计直播主题

制订直播方案的第一步是明确直播主题。

直播主题设计的三大要素是：主题要突出产品特点，主题要有特色，主题要贴近生活，如图2-1所示。

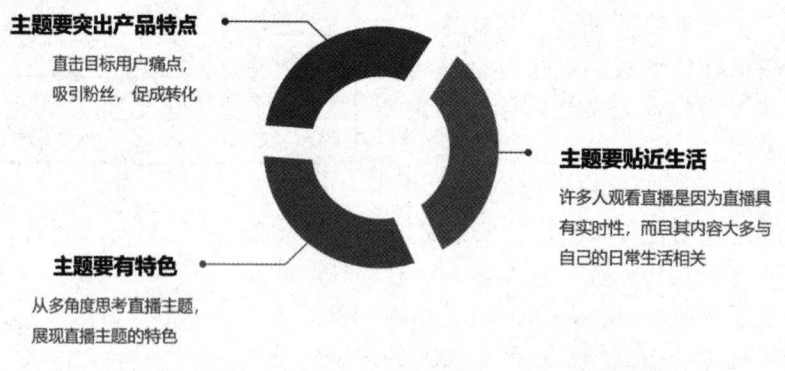

图 2-1　直播主题设计的三大要素

直播主题可以根据店铺定位、粉丝需求、节日话题、平台大促及直播产品和品牌元素来制定，如图2-2所示。通常，日常直播的主题规划可以分为日主题、周主题和月主题，如图2-3所示。

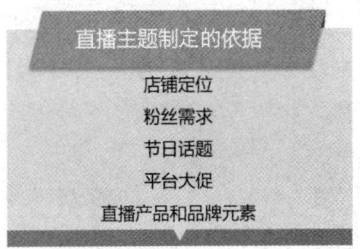

图 2-2　直播主题制定的依据

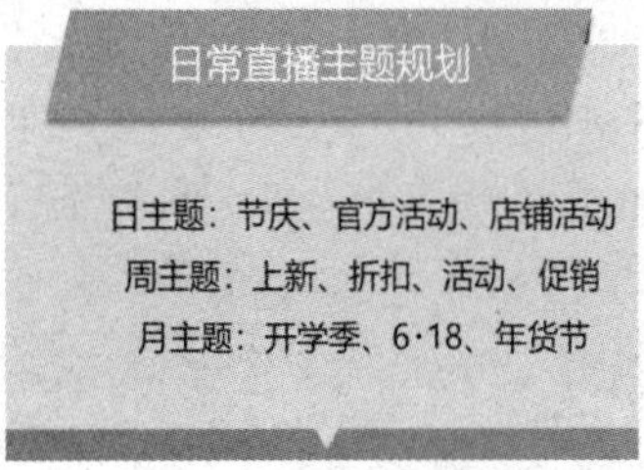

图 2-3　日常直播主题规划

2. 定位目标人群

我们需要通过直播目标来精确地定位人群、市场和用户画像等特征，如图 2-4 所示。并结合产品对目标受众进行心理分析，了解目标用户群的心理特点，如图 2-5 所示，这样不仅能给直播带来最大的流量提升，同时也能避免团队在后续实施中出现偏差。

图 2-4　直播间用户分析

图 2-5　直播受众心理分析

3. 直播间人员设定

对直播团队的人员进行分工，明确每个人的职责。场上人员一般有主播、助播和场控，直播间场上人数最好保持在 3～5 位。场下人员包括负责造势的人员和客服，具体岗位和分工如图 2-6 所示。

场上人员：主播、副播、助播　场下人员：负责造势的人员和客服

主播：主要负责介绍产品，统筹全场

副播：带动气氛，介绍促销活动，提醒节点抽奖，提醒卖点

助播：数据运营，场外监控，数据跟踪，复盘优化，画外音互动

造势：通过文字带动直播间氛围，引出问题让主播回答

客服：负责抽奖等活动的登记，查找商品及回复粉丝产品相关问题

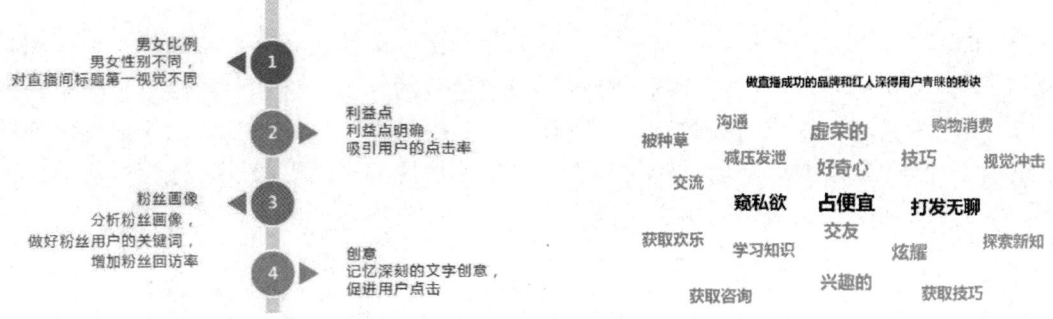

图 2-6　直播间人员设定

4. 确定直播时间和直播活动

几点开播？直播多长时间？通常一场直播活动 2～4 小时，对于不同类型的主播，安排的时段有所不同。比如 5:00—10:00 适合新人主播，这个时段开播主播少，竞争压力小；13:00—17:00 适合中小主播，这个时段大主播没有上线，容易成交；19:00—24:00

适合有冲劲的主播，这是黄金时段，高手云集，直播平台流量多，大主播相对有优势；0:00—4:00适合小主播，这个时段人的意志力是最为薄弱的，也是最没有理智的，竞争压力也比较小。同时，也要考虑主播能在直播间控场多长时间，直播多久不至于让观众感到疲惫等因素，各时段直播特点如图2-7所示。

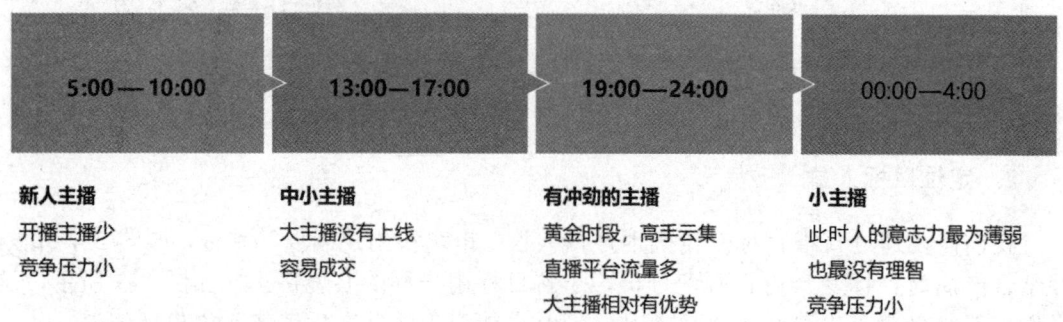

图2-7 直播时段特点

也可以把直播按场次划分，例如，划分为前半场、中场休息和后半场，直播时要把控好每一个场次的节奏，规定好每一个场次应该达成的目标。例如，前半场以吸引粉丝为主，在流量高峰期做一些福利活动，留住粉丝；中场休息以娱乐为主，穿插游戏调动直播间的气氛和状态；后半场以转化为主，对高性价比的产品做描述、促销等活动，保持直播间的活跃度。直播不同场次可以安排设置的直播内容如图2-8所示。

图2-8 不同场次可以安排设置的直播内容

5. 直播间互动方式选择

直播期间要进行高频的互动，增加粉丝黏性。直播场景十分利于主播与粉丝间的互动，问题可以得到及时的解答，主播也可以通过回答粉丝的问题使其迅速转化为意向客户。互动形式有随时解答问题、向买家提问、私域引流和商品亲身体验（试用、试吃）。互动内容包括不断重复产品的优点和卖点、分享品牌故事、资质证明展示等。

6. 设置促销活动

可以在直播间设置促销活动，提高粉丝转化率，最终促成销售。直播间一般的促销活动有以下4种。

① 开场福利：为了聚集人气，刚开播时可以进行送优惠券的活动，如观看直播达到多少人，就可以开始活动。直播间优惠券的发放如图2-9所示。

② 抽奖：为了留住用户，在整点或关键节点进行抽奖活动，每到整点，截屏抽奖，

让粉丝持续关注直播。也可以进行问答抽奖，在直播间设置问题，答中抽奖如图2-10所示。

③ 限量秒杀：爆款单品做限量秒杀，在直播间氛围较冷清时可以瞬间拉高人气，如选择季节性爆品做限量秒杀。

④ 神秘礼盒：直播礼盒包括福袋、盲盒、商品搭配促销、一口价等，如图2-11所示。

图2-9　直播间优惠券的发放　　　图2-10　答中抽奖　　　图2-11　直播礼盒

7. 商品推荐语言

主播要拿出专业的态度介绍产品的功能、设计、规格等。对于产品的卖点，不仅要熟知，最好还要亲身体验一遍，这样才能更好地介绍产品。可以选择1～2个最突出的产品进行深度介绍，或者结合直播间粉丝的喜好反馈进行重点讲解。商品推荐语言可以参考以下常用技巧。

① 捆绑式促销：今天呢，我给大家带来一个重磅福利，这款保暖内衣是我们公司一直都没有卖的，我们研发部才上新的一款保暖内衣，今天我给大家做福利活动，这款保暖内衣原价是499元，现在大家看到我手中这款羽绒服，那么加5元钱拍这个羽绒服，我们就可以直接换购这一套保暖内衣，5元钱直接把499元的保暖内衣带回家！

② 全天随机发放红包，宝宝们要及时抢噢！

③ 在直播页面下方展示赠品，然后点赞、关注、点小红心随机抽赠品，上点关注下点红心，今年就要旺旺旺！

④ 今天的促销力度是买一件七折，第二件六折，第三件直接半价。

⑤ 在右上角领福利，看5分钟领5元优惠券，看10分钟领10元优惠券。

⑥ 比价、返现：看吊牌价是1599元，现在我们直播间的价格是冰点价1399元，然后现在拍下，收货好评后可以返现100元。

⑦ 买高卖低：作为收官福利，把以前的老款囤货和新款放在一起销售，买价格高的

衣服，就送一件价格低的衣服。

⑧ 冷场语言：有喜欢的宝贝可以先直接拍下免费试穿，我们所有宝贝都给大家赠送了运费险，七天无理由退换货。

8. 预告下次直播时间及做好二次传播

为下次直播设置悬念，吸引粉丝观看下次直播。直播结束并不意味着营销活动的结束，需要将直播涉及的图片、文字、视频等进行再次包装、加工，通过互联网进行二次传播，让未观看直播的粉丝也能接收直播信息，实现直播效果最大化。

> 【小贴士】
>
> 在制订直播方案时，除了上文介绍的 8 个主要内容，也可以按阶段来制订直播方案。在做电商直播前，要先明确一场直播展开需要涵盖的三个阶段，也就是直播前、直播中、直播后。直播前，主要是直播引流阶段，商家需要向用户预热直播内容、直播活动及直播福利，吸引更多的用户来观看直播，其中，商家可以在微博、微信朋友圈等自媒体平台进行宣传。除此之外，直播前 15~20 天要进行选品，确定主播人选，确定直播方式；直播前 7~15 天，确定直播间活动类型和实施方案；直播前 5 天，准备创建直播间所需的相关材料；直播前 3 天左右，直播宣传预热。直播前的策划准备工作详细排程，如表 2-2 所示。
>
> 表 2-2 直播前的策划准备工作详细排程
>
> | 时间 | 工作内容 | 具体说明 |
> | --- | --- | --- |
> | 直播前 15~20 天 | 选品 | 选择直播的商品，并提交直播商品链接、直播商品的折扣价 |
> | | 确定主播人选 | 确定是由品牌方直播，还是与达人主播合作 |
> | | 确定直播方式 | 手机还是计算机，室内还是室外 |
> | 直播前 7~15 天 | 确定直播间活动 | 确定直播间活动类型和实施方案 |
> | 直播前 7 天 | 寄样品 | 如果是品牌方直播，则无须寄送样品。如果是请达人主播或者专业的 MCN 机构做直播，则品牌方需要向达人主播和 MCN 机构寄送样品 |
> | 直播前 5 天 | 准备创建直播间所需的相关材料 | 准备直播间封面图、直播标题、直播内容简介、直播间商品链接 |
> | 直播前 1~5 天 | 直播宣传预热 | 通过微淘、微博、微信、抖音等渠道对直播进行充分的宣传 |
>
> 直播中，商家需要向用户输出直播内容，如产品介绍、品牌故事、分享干货等，同时通过红包、抽奖、优惠券等互动活动来提高用户的活跃度，实现良好的互动和转化率。
>
> 直播后，一定要做好粉丝维护。商家需要通过查看直播后台的直播数据（如观看人数、评论人数、用户画像等），同时通过回放来检查主播在直播过程中的优势与不足，避免下一次直播继续犯同样的错。总体而言，直播过程中的方案要点归纳如表 2-3 所示。

表 2-3　直播方案要点归纳

要点	工作内容
直播目标	明确直播需要实现的目标、期望吸引的用户人数等
直播简介	对直播的整体思路进行简要的描述,包括直播的形式、直播平台、直播特点、直播主题等
人员分工	对直播运营团队中的人员进行分组,并明确各人员的职责
时间节点	明确直播中各个时间节点,包括直播前期筹备的时间点、宣传预热的时间点、直播开始的时间点、直播结束的时间点等
预算	说明整场直播活动的预算情况,包括直播中各个环节的预算,以合理控制和协调预算

【示例】可以用思维导图的方式来制订直播方案。

以一场文具用品的直播方案为例,按照提供的思维导图(见图 2-12)执行以后,直播进行得很成功。通过画思维导图的方式来制订直播方案是一种很好的方法。这场活动中的内容、产品都非常贴合用户需求,且因在直播间中设置了不同金额的优惠券,用户响应很积极。有趣的内容+实在的利益点+清晰的表达是此次直播得以成功的主要原因。

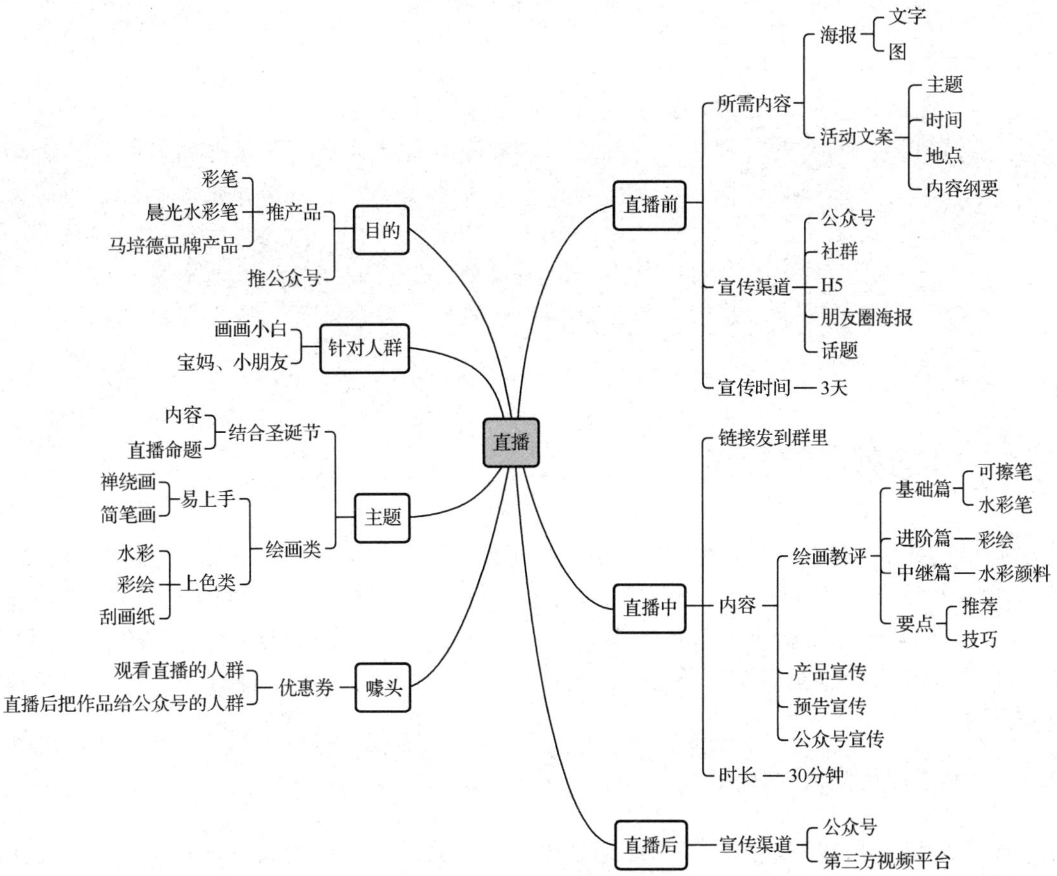

图 2-12　直播策划思维导图

2.1.3 直播后做复盘

直播完成后，必须进行直播复盘。总结这次直播的经验与问题，下次还需要优化哪些流程。例如，统计直播数据，与之前的直播数据进行比较，判断此次直播效果。复盘的形式可以是组织团队讨论，总结此次直播的经验与教训，做好团队经验备份。每一次直播结束后的总结与复盘都可以为下一次直播提供优化依据或策划参考。

值得注意的是，虽然"后期传播"与"效果总结"都是在现场直播结束后进行的，但是作为直播组织者或策划者，必须在直播开始前就做好准备。例如，提前设计数据收集统计代码、路径；如果直播网站后台的数据分析功能不够细化，可以提前安排统计人员，对不同时间段、不同环节下的互动情况进行统计，便于后续分析。这也意味着复盘其实存在于各个环节之中，如图2-13所示。

1. 每个分工都要复盘（不同角度的经验总结、团队成员互相打气）
2. 每个流程都要复盘（流程衔接、配合等是否有问题）
3. 每个商品都要复盘（介绍时长、内容、用户反馈等）
4. 组织团队看回放（总结现场细节）
5. 数据复盘（最高在线、累计互动、商品销售等）
6. 进阶数据（各时段人流、促销活动人群变化、商品下单变化等）

图2-13 复盘内容

> **思政导入**
>
> 直播复盘的重要性：直播结束后的复盘是直播团队对直播活动的总结，一场直播的开展不管成败都应该进行总结与反思。直播复盘也是增进团队凝聚力和向心力的一个很好的过程。在直播复盘中有4点需要注意：①强化目标：可以加快后期工作的进度，方便对工作进行量化。②发现规律：通过总结规律可以使整个工作流程化，减少不必要的精力和时间消耗。③复制技巧：吸取成功经验并复制经验，不断提高个人能力。④避免失误：总结失败的原因，避免下次再犯，让下次直播更成功。

2.2 直播脚本的制作

一份清晰、详细、可执行的直播脚本，是一场直播流畅并取得效果的有力保障。直播脚本也是把控直播节奏、规范直播流程、达到预期目标最关键的一步。直播是动态的过程，涉及人员配合、场景切换、产品展示、主播表现、促单活动等综合因素。有了脚本，就能使直播筹备工作更加方便，直播间参与人员之间的配合也会更加默契、有条不紊。

2.2.1 直播脚本的作用

很多刚接触直播带货的主播，经常会出现以下问题：对着镜头无话可说，语无伦次，逻辑混乱；直播时不知道怎么调动直播间氛围；不知道怎么留住进入直播间的粉丝；更不知道如何在直播间把自己的产品推销出去。具体来说，直播脚本的作用分为以下4个方面。

① 把控直播节奏。一份合格的直播脚本是具体到分钟的。例如，8点开播，前10分钟梳理当期产品预告，最后10分钟预告下期内容……一款产品介绍多久，口播和展示分别几分钟，每个整点截图有福利，点赞到10万个或20万个时，提醒粉丝截图抢红包等，所有在直播里面的内容，都需要在直播脚本中细化出来。

② 梳理直播流程。做直播最忌讳的就是开播前才考虑直播的内容和活动，特别是有的店铺直播直接把店铺的活动扔给主播。此外，主播如果没有事先预习当天的直播内容和产品，那么这场直播就不可能有好的效果。所以，做脚本首先要解决的就是梳理直播流程，让直播有条不紊。

③ 调度直播分工。一个好的直播脚本可以对主播、助播、运营人员的动作、行为、语言做出指导。有了脚本就可以非常方便地让主播清楚地知道在某个时间该做什么，还有什么没做。此外，可以借助主播传达出更多的内容，包括参与直播人员的分工，如主播负责引导观众、介绍产品、解释活动规则等；助播负责现场互动、回复问题、发送优惠信息等；后台客服负责修改产品价格、与粉丝沟通、处理订单等。

④ 控制直播预算。做好单场直播成本控制。中小卖家可能预算有限，在脚本中可以提前设计好能承受的优惠券面额、数量或优惠券馈赠、赠品支出等。提前控制直播预算。

2.2.2 直播脚本的设计

一个优秀的直播脚本一定要考虑到每一个细节，要让时间、场景、人员、道具、产品、品牌充分融合到一起。直播脚本分两类，一类是单品脚本，一类是整场脚本。

1. 单品脚本

单品脚本就是以单个商品为对象，包含商品解说、品牌介绍、功能展示等内容的脚本。在一场2～6小时的直播中，主播会推荐多款产品，其中每一款产品都应当有一份对应的单品脚本。单品脚本建议以表格的形式呈现，这样能把产品的卖点和利益点非常清晰地体现出来，在对接的过程中也不会产生疑惑点和不清楚的地方。品牌介绍、利益点强调、引导转化、直播间注意点都是表格中应该有的。相对整场脚本，单品脚本的撰写相对简单，基本围绕产品卖点，再突出价格或赠品优势就足够了。单品及整场脚本具体写作步骤和写作内容如表2-4、表2-5所示。

【示例】以一款某品牌电热锅的单品脚本为例，看一下这个商品的单品脚本制作要点都有哪些，如表2-6所示。

【示例】表2-7所示为直播大品类——服装类商品的产品卖点提炼，也可以参考借鉴。

表2-4 单品脚本七步法

		单品直播脚本七步法
一	引出话题	1. 找到话题
		2. 说观点
		3. 说理由
		4. 说事实

续表

		单品直播脚本七步法
二	提出痛点	1. 模拟用户,这款产品能解决自己的什么需求
		2. 询问用户买这款产品的目的
		3. 对用户的具体需求一层层细化分析
		4. 找到竞品,分析竞品具体满足的需求
		5. 用户对竞品的差评是什么
		6. 有没有其他领域的需求
三	建立信任	1. 突出原料、产地、工艺复杂性
		2. 体现畅销
		3. 借势权威、打造专家人设
		4. 顾客证言
		5. 产品演示
四	产品卖点	略
五	使用体验	略
六	诱导消费	1. 场景法
		2. 价格锚点
		3. 正当消费理由
		4. 帮用户算账
		5. 偷换用户心理账户
七	组合销售	1. 商品活动组合
		2. 跨类目商品组合
		3. 老新款组合
		4. 用户场景需求组合

表2-5 整场直播策划

	整场直播策划				
直播目标	直播时间		直播时间		
	目标用户				
	直播人员	主播	助播	场控	
	直播场地				
	直播商品	A	B	C	D
	活动目的				
	预估效果	直播时长	观看人数	购买人数	购买转化率
		客单价	直播GMV	预计销售额	总备货量

续表

整场直播策划					
营销活动	店铺活动				
	直播活动				
	活动主题				
	直播标题				
	道具及成本	名称	数量	成本	备注
直播流程	预热开场				
	产品介绍				
	结尾部分				
	参考资料				

表 2-6 电热锅单品脚本

项 目	商品宣传点	具体内容
品牌介绍	品牌理念	某品牌以向用户提供精致、创新、健康的小家电产品为己任，该品牌主张以愉悦、创意、真实的生活体验丰富人生，选择该品牌不只是选择一个产品，更是选择一种生活方式
	用途多样	具有煮、涮、煎、烙、炒等多种烹饪功能
	商品具有设计感	1．分体式设计，既可以当锅用，也可以当碗用 2．容量适当，一次可以烹饪一个人、一顿饭的食物 3．锅体有不粘涂层，清洗简单
直播前 7~15 天	"双十一"特惠提前享受	今天在直播间内购买此款电热锅享受与"双十一"活动相同的价格，下单时备注"主播名字"即可
直播时的注意事项		1．在直播进行时，直播间界面显示"关注店铺"卡片 2．引导用户分享直播间、点赞等 3．引导用户加入粉丝群

图 2-7 服装类商品的产品卖点信息

产品名称	产品卖点	日常价	直播活动价	核心卖点
大力水手联名款，初语 2021 年春装新款，刺绣宽松圆领套头灰色女卫衣	1．大力水手 IP 联名款 2．小图案设计，基础又个性	479 元	189 元	2 件 5 折+400 减 50 优惠券
初语秋季新款，韩版百搭，哈伦风小脚中腰九分裤，休闲女裤	1．九分裤设计，露出性感的小脚踝，很好看 2．哈伦裤的版型，超适合丰臀女性，遮肉效果很好	299 元	99 元	2 件 5 折+400 减 50 优惠券

2．整场脚本

整场脚本是对整场直播的规划，以整场直播为单位，规范直播节奏、流程和内容。在直播过程中，最重要的就是对直播思路进行规划和安排，重点是逻辑和活动的设计及对直播节奏的把控。整场脚本一般包含直播主题、直播目标、主播介绍、直播时间、注意事项、人员安排、直播的流程细节等要素。整场脚本要点如表 2-8 所示。

表 2-8 整场脚本要点

整场脚本要点	具体说明
直播主题	从用户需求出发，明确直播主题，避免直播内容没有营养
直播目标	明确直播目标，是积累用户、提升用户进店率，还是宣传新品等
主播介绍	介绍主播、助播、嘉宾
直播时间	明确直播中需要注意的事项
人员安排	明确参与直播人员的职责，例如，主播负责引导关注、讲解商品、解释活动规则；助播负责互动、回复问题、发放优惠券等；后台/客服负责修改商品价格、与粉丝沟通、处理订单等
直播的流程细节	直播的流程细节要非常具体，详细说明开场预热、商品讲解、优惠信息、用户互动等各个环节的具体内容、具体讲解多长时间、什么时间抽奖等，尽可能把时间都规划好，并按照规划来执行

其中，直播流程包括详细的时间节点及在该时间节点主播要做的事和要说的话。整场直播 4~6 小时，中间不休息。整场直播流程展开可以划分为以下 5 个环节。

① 开场预热：打招呼、介绍自己、欢迎粉丝到来，今日直播主题介绍。

② 话题引入：从直播主题或当前热点事件切入，目的是活跃直播间气氛，调动粉丝情绪。

③ 产品介绍：根据产品单品脚本介绍，重点突出产品性能优势和价格优势。

④ 粉丝互动：在直播间用福利留住粉丝，方式有点关注、送礼、抽奖、催单、回答问题等。

⑤ 结束预告：对整场直播进行回顾，催付；感谢粉丝，引导关注；预告下次直播时间、福利和产品。

3. 直播脚本执行环节操作要点

① 直播开场：通过开场互动让用户了解本场直播的主题、内容等，使用户对本场直播产生兴趣，并停留在直播间。

② 直播过程：借助营销语言、发红包、发优惠券、才艺表演等方式，进一步提高用户对本场直播的兴趣，让用户长时间停留在直播间，并产生购买行动。

③ 直播收尾：向用户表示感谢，并预告下场直播的内容，引导用户关注直播间，将普通用户转化为直播间的忠实粉丝，引导用户在其他媒体平台上关注直播商品。

接下来对整场直播脚本的执行操作环节进行阐述。整场直播活动流程如表 2-9 和表 2-10 所示。

① 开播后马上进入直播状态，实施签到环节，和最先进入直播间的粉丝打招呼。

② 第 1~5 分钟，近景直播，边互动边推荐本场直播 1~2 款爆款，互动方式建议选择签到打卡抽奖，不断强调每天定点开播，等待大批粉丝进入直播间。

③ 第 5~10 分钟，剧透今日新款和主推款。

④ 第 10~20 分钟，将今天所有的商品走马观花介绍一遍，不做过多停留，但潜在爆款可以重点推荐。整个剧透持续 10 分钟，助播跟上，服装、日化、食品等商品可以配套展示。整个过程不看粉丝评论，按自己的节奏逐一剧透。

第 2 章 直播策划与前期准备

表 2-9 整场直播活动流程（一）

直播活动概述				
直播主题	秋季护肤小课堂			
直播目标	吸粉目标：吸引 10 万名用户观看；销售目标：从直播开始至直播结束，直播中推荐的 3 款新品销售量突破 10 万个			
主播、助播	主播：××、品牌主理人、时尚博主；助播：××			
直播时间	2020 年 10 月 8 日，20:00—22:30			
注意事项	1. 合理把控商品讲解节奏 2. 适当延长商品功能的讲解时间 3. 注意对用户提问的回复，多与用户进行互动，避免冷场			
直播流程				
时间段	流程安排	人员分工		
		主播	助播	后台/客服
20:00—20:30	开场预热	暖场互动，介绍开场截屏抽奖规则，引导用户关注直播间	演示参与截屏抽奖的方法，回复用户的问题	向粉丝群推送开播通知，收集中奖信息
20:30—22:00	活动剧透	剧透今日新款商品、主推款商品，以及直播间优惠力度	补充主播遗留的内容	向粉丝群推送本场直播活动

表 2-10 整场直播活动流程（二）

直播流程				
时间段	流程安排	人员分工		
		主播	助播	后台/客服
20:00—20:40	讲解商品	分享秋季护肤注意事项，并讲解、试用第一款商品	配合主播演示商品使用方法和使用效果，引导用户下单	在直播间添加商品链接，回复用户关于订单的问题
20:40—20:50	互动	为用户答疑解惑，与用户进行互动	引导用户参与互动	收集互动信息
20:50—21:10	讲解商品	分享秋季护肤补水的技巧，并讲解、试用第二款商品	配合主播演示商品使用方法和使用效果，引导用户下单	在直播间添加商品链接；回复用户关于订单的问题
21:10—21:15	赠送福利	向用户介绍抽奖规则，引导用户参与抽奖、下单	演示参与抽奖方法	收集抽奖信息
21:15—21:40	讲解商品	讲解、试用第三款商品	配合主播演示商品使用方法和使用效果，引导用户下单	在直播间添加商品链接；回复用户关于订单的问题
21:40—22:20	商品返场	对 3 款商品进行返场讲解	配合主播讲解商品，回复用户的问题	回复用户关于订单的问题
22:20—22:40	直播预告	预告下一场直播的时间、福利、直播商品等	引导用户关注直播间	回复用户关于订单的问题

⑤ 开播半小时后正式逐个推荐产品。根据粉丝需求重点介绍,每个产品介绍 5 分钟,直播脚本参考上文的单品脚本。

⑥ 直播中,场控根据在线人数和每个产品的销售数据,引导主播进行重点介绍的调整。

⑦ 最后 1 小时,做呼声较高产品的返场介绍。

⑧ 最后 10 分钟,主播剧透明天的新款,助播回复关于今日商品的问题。

⑨ 最后 1 分钟,强调关注直播间,明天开播时间,明日福利。

【小贴士】

直播脚本执行过程通常有两种方式,分别是过款式直播流程和循环式直播流程。过款式直播流程是指在直播中按照一定的顺序逐一地讲解直播间里的商品,如表 2-11 所示。循环式直播流程是指在直播中循环介绍直播间中的主推商品,如表 2-12 所示。

表 2-11 过款式直播流程

时间安排	直播内容
20:00—20:10	热场互动
20:10—20:30	介绍本场直播第一款商品
20:30—20:50	介绍本场直播第二款商品
20:50—21:00	与用户互动环节
21:00—21:40	介绍本场直播第三款商品
21:40—21:50	介绍本场直播第四款商品
21:50—22:00	再次将本场直播中所有商品快速介绍一遍

表 2-12 循环式直播流程

时间安排	直播内容
20:00—20:10	热场互动
20:10—20:40	介绍本场直播中的一款主推款商品
20:40—20:50	介绍本场直播中的二款"引流款"商品
20:50—21:20	介绍本场直播中的三款主推款商品(第一次循环)
21:20—21:30	介绍本场直播中的一款主推款商品
21:30—21:50	介绍本场直播中的二款"引流款"商品
21:50—22:00	介绍本场直播中的三款主推款商品(第二次循环)

下播之后,别忘了对本场直播进行复盘。复盘内容也可以呈现在直播脚本里面,对不同时间段里的优点和缺点进行讨论。例如,今天为什么卖得好或不好,粉丝产生购买欲望的原因是什么,为后面的直播做优化工作。以上就是关于撰写直播脚本的详细步骤。需要注意的是,脚本不是一成不变的,需要不断优化,不断调整。这样一来,直播次数多了,自然对直播脚本怎么写了然于胸,对于直播脚本的运用也会更加得心应手。

第 2 章 直播策划与前期准备

> **思政导入**
>
> 直播脚本是一场直播活动顺利开展的必要保障。在制作脚本的过程中,一定要注意避免已知可能出现的问题,例如,直播脚本中应标注提示主播不要说违规和低俗的词汇,还应注意和用户互动的态度和表述方式等。直播脚本准备的充分程度会直接影响直播的风格和效果。

2.3 直播间设备

新人直播都需要买什么设备?职业主播搭建一个直播间,都需要买些什么东西呢?接下来分别从室内和室外两个场景介绍直播设备的准备工作。

2.3.1 室内直播设备

专业的直播间和专业的直播设备对于一场直播的开展至关重要,很多公司都会搭建直播间供主播使用。那么,一个直播间需要哪些设备呢?一个标准的室内直播间及需要的主要直播设备如图 2-14 和图 2-15 所示。

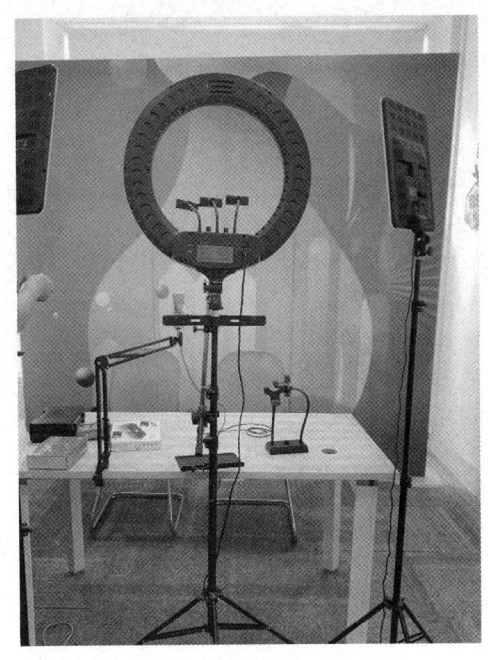

图 2-14 室内直播间

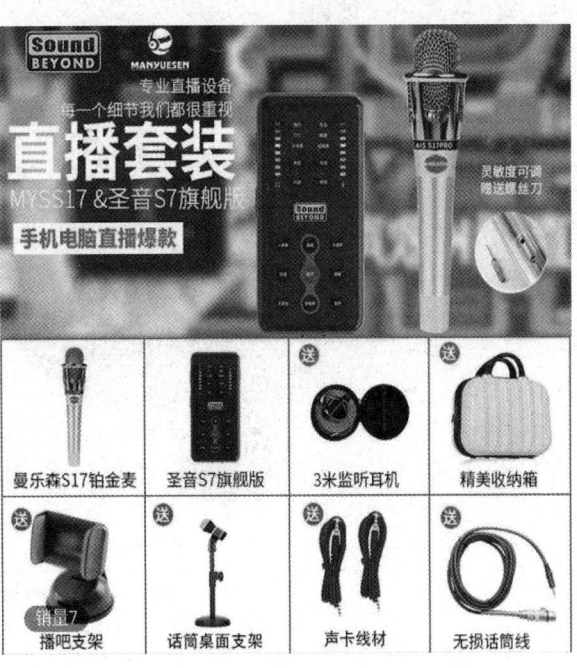

图 2-15 室内直播间设备套装

接下来对一个室内直播间需要的各种设备进行详细说明。

1. 高清摄像头

市面上的摄像头分为两种:自带美颜功能的摄像头和高清摄像头。手机直播可以不选择自带美颜功能的摄像头,因为现在很多手机的摄像头拍出来的人像都具有美颜效果。如果是用计算机直播,最好配备一个美颜摄像头,条件允许的话可以选择罗技品牌摄像头，如图 2-16 所示。大部分主播会选择高清摄像头，如图 2-17 所示，细节还原度好，画面更真实，结合布光调整，可以达到非常好的效果。总而言之，摄像头的作用是美化皮肤，增强视频效果，通过各种虚拟视频插件实现美化的效果。所以，一款效果不错的摄像头能为主播带来很大收益。

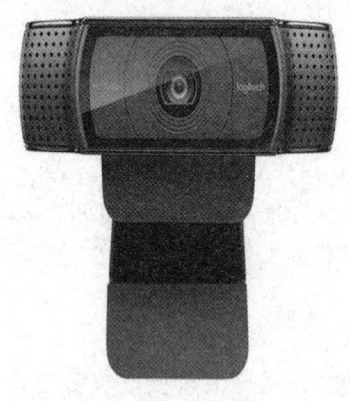
图 2-16　罗技摄像头

图 2-17　高清摄像头

2. 麦克风（话筒）

一场直播动辄几个小时，使用麦克风（话筒）来辅助主播增加音效是必须的。直播麦克风分为动圈麦和电容麦，如图 2-18 所示。不同的麦克风适用的场景也不同：动圈麦灵敏度低，拾音范围小，不需要电源供电，适合户外直播、现场演唱使用；电容麦音质清晰、灵敏度高，分为 48V 和 5V，使用门槛和环境要求比较低，一般的手机声卡和计算机声卡都可以直接使用，无须额外供电。

动圈麦　　　　　　　电容麦

图 2-18　动圈麦和电容麦

3. 直播声卡

直播不仅强调视频画面效果，还强调声音的输出效果，直播声卡就是增强声音的输出效果的设备。不管主播自身的声音条件如何，只要输出的声音好听、直播间氛围打造得好就可以。声卡是直播时使用的专业的收音和声音增强设备，直播声卡按形式分为内置声卡和外置声卡。内置声卡安装在计算机内，通过软件使用，较少作为直播声卡的选择。直播通常选择外置声卡，外置声卡通常为 USB 接口，只要连接好就可以在直播中使用，音效的切换用按钮操作，简单便捷。直播中外置声卡的连接方式如图 2-19 所示。

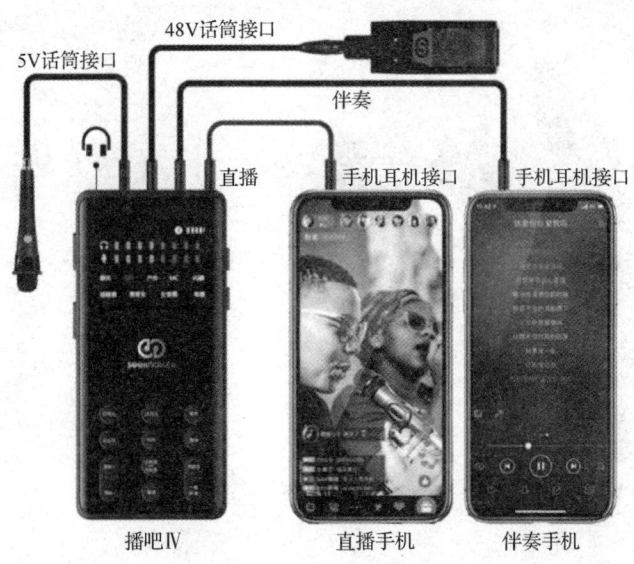

图 2-19　声卡连接方式

4. 耳机

耳机主要用来监听自己的声音,有入耳式和头戴式两种,如图 2-20 所示。一般情况下选择入耳式,根据需要可选择双插头或加长线。监听耳机主要实现对直播间的声音实时监控,以便及时做出调整,按直播类型判断是否有必要监听。

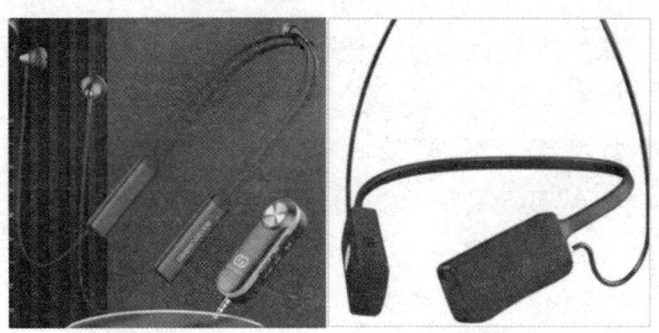

图 2-20　入耳式和头戴式耳机

5. 两台手机

一台用来直播,一台用来做伴奏。手机应能够拍摄高清、稳定,内存足。

6. 手机支架

手机支架可以很好地避免画面晃动和不稳定的现象,也可以借助手机支架调整到最合适的上镜角度。手机支架的形式非常多,有多个机位(手机+声卡+麦克风+补光灯)一体的(见图 2-21),也有分开单个独立的,还有落地式(见图 2-22)、台式等,根据自己的需求选择即可,重点考虑的是稳定性、不占空间。

图 2-21 多功能手机支架

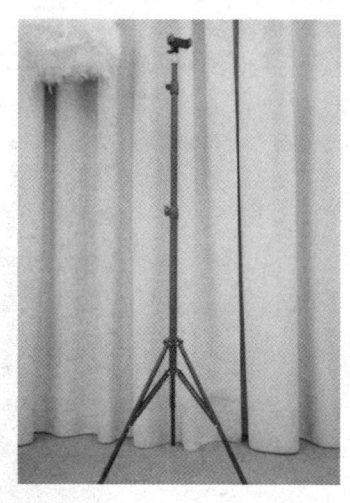

图 2-22 落地式独立手机支架

7. 补光灯

手机直播选择环形的、可调节光（暖光、白光、柔光）的补光灯，俗称美颜灯，大小一般在 10~18 寸（1 寸≈33.3 毫米），根据直播场景选择。例如，前面一个白光灯、一个暖光灯，后面也是如此，如图 2-23 所示。或用补光灯+柔光罩组合，如图 2-24 所示。灯光的种类分为主光、辅助光、轮廓光、顶光、背景光等。很多主播不论白天还是晚上都会选择将窗帘拉上，自己布置灯光，这样出来的效果要比自然光更好看，脸部更立体，轮廓更好。补光灯则起到美颜的效果，例如，想让主播的皮肤看起来细腻有光泽，一般都会用圆圈补光灯，既能补光又能柔光。辅助背景灯一般安装在主播身后，打开背景灯，明暗对比，画面更加立体。

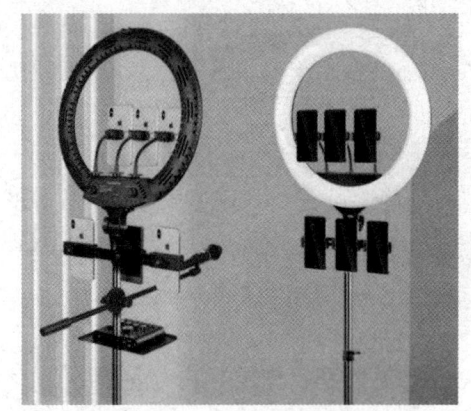

图 2-23 补光灯

图 2-24 补光灯+柔光罩组合

8. 计算机

如果不懂组装计算机，可购买组装好的品牌机，配置要求一般 CPU i5 以上，最好是 i7，内存 8G，有独立显卡和声卡，直播时计算机的使用情况如图 2-25 所示。

图 2-25 直播时计算机的使用情况

9. 网络

网络一定要稳定，网络速度直接影响直播画面的画质及用户的观看体验，保持直播不断线。

10. 背景装饰

背景装饰包括背景墙、壁画、窗帘、摆件、地毯、彩灯、玩偶、挂件等，可根据主播的风格进行装饰，或结合特殊的节日更换风格。服装类直播间背景如图 2-26 所示。

图 2-26 服装类直播间背景

2.3.2 户外直播设备

随着直播行业的高速发展，各大直播平台和商家为了吸引更多的关注度，一改传统的在直播间直播的方式，越来越多的主播都跑到到户外去直播，将直播玩出更多的新花样，而直播的发展也让更多的大型户外活动和商业带货同步到线上。相较于室内直播，户外直播需要配置的设备主要有以下 6 种。

1. 手机

手机是影响户外直播画面、音质、信号最重要的设备，如果手机不行，再好的麦克风、声卡效果也发挥不出来。户外直播最需要的就是一部内存充足、摄像头像素高、性能稳定的手机，如图 2-39 所示。

2. 手持稳定器（自拍杆）

最主要的拍摄设备准备后，还需要一些专业的辅助设备。在户外直播最重要的就是稳定，因为在户外做直播通常是需要走动的，地势也不平坦，走动时镜头容易抖动得厉害，这样拍出来的画面不平稳，会影响观众的体验，这时就需要一个手持稳定器。手持稳定器主要用来解决在户外

图 2-27　户外直播手机

直播中，设备拍摄不够稳定的问题。虽然选择的拍摄设备有光学防抖功能，但无法满足要求，需要更多的辅助设备来保证拍摄效果和画面稳定性。手持稳定器如图 2-28 和图 2-29 所示。

图 2-28　手持稳定器

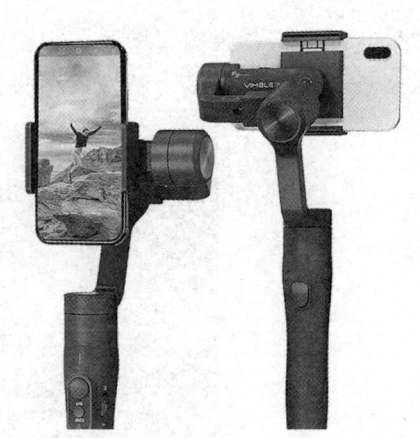

图 2-29　手持稳定器

3. 运动相机

最基本的直播工具是手机。对于一些不满足于手机平淡视角的户外直播爱好者来说，可以选择品类众多的运动相机，如图 2-30 所示。最好选择佩戴方式多样、小巧、便携的运动相机，它们的独特优势就是拥有广阔视角和可拍摄慢速视频，如大疆的灵眸系列套装户外运动相机，如图 2-31 所示。用相机连接解码器，在解码器中输入直播平台的地址和直播码，连接无线网络即可开启直播。运动相机的优点是比手机拍摄的画面更加清晰，效果更好。

图 2-30　运动相机

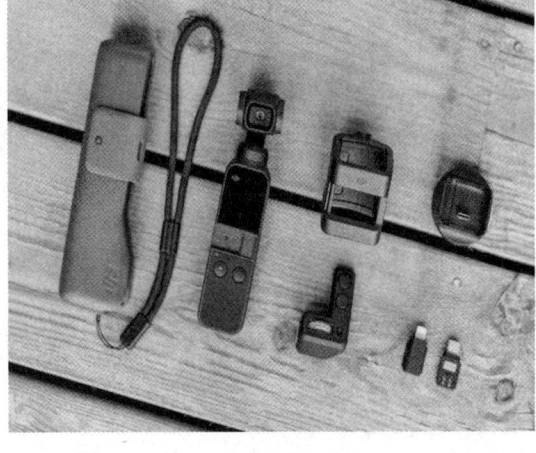

图 2-31　大疆灵眸系列套装

4. 小型麦克风（收音设备）

稳定器有了，直播画面平稳了，下面应该优化的是收音的设备。为减少杂音和获得较清晰的音效，可以使用手机自带的耳麦，有效提升音质的同时，投资也最小。另外，智能降噪的无线手持麦克风也是不错的选择，声音灵敏度高，即插即用，还可以降低噪声。小型麦克风如图 2-32 和图 2-33 所示。

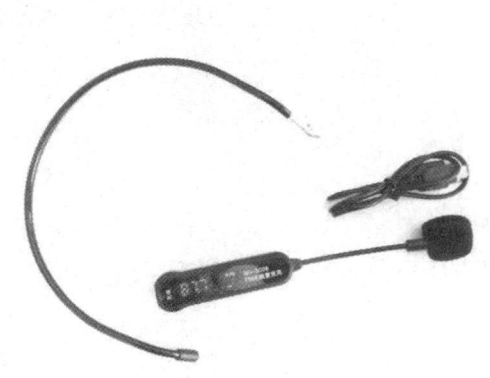

图 2-32　小型麦克风

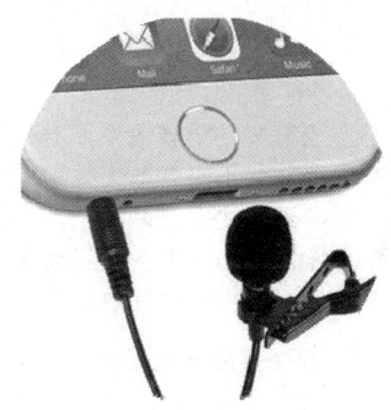

图 2-33　小型麦克风

5. 上网流量卡

直播需要网络信号，直播中保证信号的稳定才是最基础也是最重要的。在户外做直播，往往会遇到信号弱、不稳定的情况，如果信号断断续续，直播出现卡顿情况，声画不一致或画面加载不出来，用户观看体验就会很差。

6. 充电宝

直播设备用电量消耗巨大，充电宝必不可少，而且需要不止一个。建议多准备几个大容量的充电宝备用。

> **思政导入**
>
> 直播间设备的采购和管理一定要有专人负责。一个标准的直播团队一定会安排专人负责直播设备的管理，一场直播开播前与直播中，设备的保障性尤为重要。例如，直播时，手机突然没电，造成断播，会带来不可预估的损失。所以，直播是一个需要环节把控非常缜密的活动，一个微小的细节都会决定成败。直播团队的设备管理和调试就是一个很好的例子。

2.4 直播间布置

直播带货三要素：人（主播）、货（产品）、场（直播间）。除了人和货，场（直播间）也很关键，这就涉及直播间布置和直播设备的配置了。

2.4.1 直播场地的要求

直播场地一般分为室内场地和室外场地。室内场地适用于对光效、细节展示要求高的产品，如服装、美食等。室外场地适用于体积或规模较大的产品及需要现场采购等一系列存在场地特殊需求的产品，如现场挑选海鲜、果园直播等。

1. 室内直播场地要求

室内直播场地主要是住所、办公室、咖啡厅、店铺、发布会现场等。室内直播场地要求主要有如下 5 条。

① 有较好的隔音效果，避免外界嘈杂。
② 有较好的吸音效果，避免有回声。
③ 光线充足，以减少色差，提升视觉效果。
④ 面积合适，避免展示商品不全，影响美观。
⑤ 有足够的空间摆放道具和设备，保证工作人员走动自如。

2. 室外直播场地要求

室外直播场地主要是公园、景区、商场、广场、街边和游乐园等。室外直播场地要求兼顾产品特点，从设备要求和费用成本方面来综合衡量。还要有良好的天气环境，室外场地不宜过大，背景不能过于杂乱。

3. 室内直播间空间划分

室内直播场地的空间使用，一般包括主播与货品及直播背景组成的直播区：主要用于开展直播活动与直播货品展示。直播背景可以通过货品陈列或者放置品牌 Logo 墙和液晶显示大屏等体现直播间调性和特点的道具装饰。设备与人员区：主要是放置直播使用的摄像机、手机及直播间的各种灯光设备，设备区域通常也是场控、运营人员所工作的区域，如图 2-34 所示。

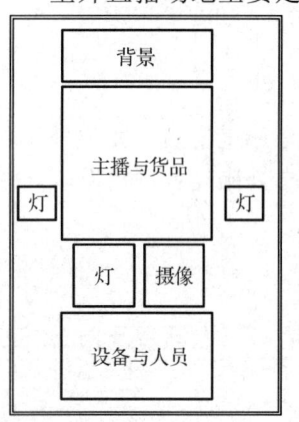

图 2-34　直播间场地划分

(1) 主播与货品及背景组成的直播区

主播与货品及背景区域即直播区，是直播过程中主要展示给粉丝的区域，以主播为中心，旁边摆放直播的样品，货品陈列的布置应尽量靠近主播的活动区，以方便主播取用、展示货品为原则，但注意不要遮挡直播画面。例如，服装类直播间，开播前可以将样品、装饰搭配物摆放好，给顾客以美的感受。直播区域是直播间布置的重点，是吸引粉丝的关键因素。

(2) 设备与人员区

根据直播间的定位选择设备的大小和设备类型，以呈现最佳直播画面效果为布置标准。确定主要设备的摆放位置后，进行测试，调试到最佳效果后，做好位置标记。此外，直播过程中需要其他工作人员的配合，一般的带货直播后台需要安排一个助理和 1~2 名运营辅助直播人员，设备区域通常也可以作为工作人员的活动区域。

2.4.2 直播间的布景

整洁、温馨、有文化内涵的直播布景能给主播带来自信，也为主播的颜值加分。反之，则容易留不住粉丝。直播间的布置方式分为硬装、软装和高科技幕布。硬装的效果最佳，但成本也最高；软装的选择性较多；高科技幕布的成本最低。下面分别介绍这 3 种布景方式的特点。

1. 硬装

硬装可以根据直播规模、直播预算、直播类目等选择整装或单背景装修。真实的布景比背景布的效果要好很多，高级感更强。直播间的背景墙最好选择浅色系和灰色系，灰色系是最适合摄像头的背景色，不会曝光，视觉舒适，简洁大方。直播间的地面要尽量选择浅色的地毯、地板或木地板。硬装效果虽然极佳，但是装修工程大，工期长，费用高，灵活性差。

2. 软装

软装常用的有 KT 板、背景布和窗帘。软装相对简单，成本较低，适用于大部分中小规模卖家，可以根据直播主题随意更换，可选择性更强。

3. 高科技幕布

高科技幕布通常需要平台功能的支撑，根据平台能识别的颜色选择幕布，可在计算机上设置虚拟图片背景，展示在粉丝眼前的是虚拟图片，这种方案几乎零成本，但是呈现效果一般。新人直播可以考虑购买虚拟背景幕布，能够有效降低成本。

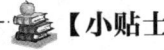【小贴士】

直播间道具准备注意事项

(1) 产品作为直播的主角，需要在直播镜头内多次出现。

(2) 直播时使用的产品、演示道具、宣传物料都需要提前准备。

(3) 宣传物料范围较广，如定制化海报、台标、胸卡、贴纸、气球等。

> 在布景时不要出现低俗不雅的内容。有的直播间为了哗众取宠,会出现不合适的图片或道具,这样会被封号。

2.5 直播间的灯光搭建

很多新人因为不懂如何布置直播间,光线要么昏暗,要么曝光太过,视觉观感太差。其实直播间要做到专业打光并不难。在一般情况下,一套完整的灯光设备包括环境灯、主灯、补光灯及辅助背景灯 4 种。

2.5.1 直播间的灯光类型

1. 环境灯

环境灯起照明的作用,负责整个直播间的亮度,一般是直播间的顶灯或 LED 灯,如图 2-35 所示。

图 2-35 环境灯

2. 主光源

直播间的主光源承担着主要照明的作用,可以使主播脸部受光均匀,是灯光美颜的第一步。主光源要放置在主播的正面,与摄像头镜头光轴呈 0°～15°夹角,如图 2-36 所示。从这个方向照射的光充足均匀,使主播脸部柔和,达到磨皮和美白的效果。缺点是由于从正面照射,没有阴影,使全脸看起来比较平,缺乏立体感和层次感。

图 2-36 直播间的主光源

主光源建议使用球形灯，打出来的光最柔和，显色度96%以上的球形灯为最佳，放置于主播的前中后皆可，暂不建议使用环形灯和摄影灯。

3. 补光灯

补光灯可起到美颜的效果，让主播的皮肤看起来细腻有光泽，一般使用圆圈补光灯，既能补光又能柔光。

4. 辅助背景灯

辅助背景灯是辅助主光的灯光，能够增加画面立体感，起到突出侧面轮廓的作用。辅助背景灯一般安装在主播身后，注意亮度要调节好，避免因光线太亮使面部出现过度曝光和部分过暗的情况。光线强度不能强于主光，以免干扰主光正常的光线效果，且不能产生光线投影。辅助背景灯的类型有射灯、壁灯等，如图2-37所示。

图2-37 辅助背景灯

以上的灯光设备是一个直播间必不可少的，每种灯光都各有优缺点，可以配合使用。需要耐心调试，找到适合自己的灯光效果。

【小贴士】

直播间里的灯主要分主灯和辅助灯

通常用一个柔光双灯组合来补光，一个柔光双灯组合里通常包含两个柔光罩、两个柔光灯箱、两个LED灯和两个灯架。柔光灯的白色光线能极大地改善主播的肤色，让主播更加靓丽。这里要注意的是，柔光双灯组合要放在主播的两边，并离主播较远的地方。主播上方也需要安装一个顶灯，最好选择现在流行的LED灯，LED灯具有光线明亮、节能的优点。房间需要足够明亮，所以一般主播要自备灯（台灯也可以）。光线不足就要开启室内灯（白色灯光），一般先开启顶灯，做到房间明亮，光线充足均匀分布。当顶灯开启后，如果光线依然不足（可能因为顶灯瓦数太小），可用1个或两个补光灯照在面前的墙上，再反射到主播脸上。当房间光线特别差时，可以把补光灯打到主播脸上，适当放远一点，避免刺眼。背景墙也可以单独打光，让房间整体看起来明亮一点。直播间灯光设备的推荐产品类型如图2-38所示。

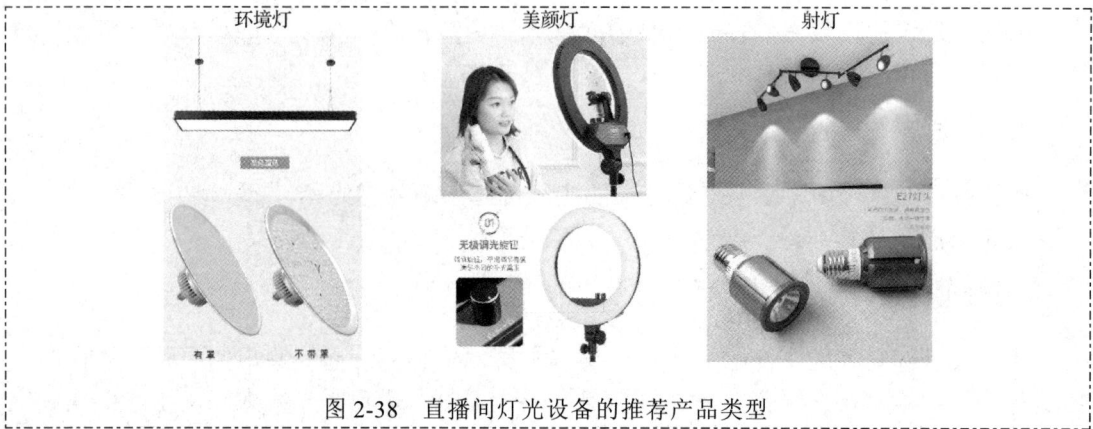

图 2-38　直播间灯光设备的推荐产品类型

2.5.2　灯光的布光技巧

了解了灯光的类别，接下来要学习灯光的摆设和照射方向，不同角度和不同灯光的组合搭配都会创造出不同的光影效果。灯光的分类有很多，光源、光照角度、亮度、色温这些因素的不同组合也都会产生各不相同的作用和效果。

1. 主光

主光是指映射主播和产品外貌形态的主要光线，承担着主要照明的作用，可以使主播的面部比较柔和，同时起到磨皮美白的效果，何以让产品看起来受光均匀。

2. 辅助光

辅助光是辅助主光的灯光，可增加画面立体感，起到突出侧面轮廓的作用。辅助光从主播左右侧面呈 90°照射，从左前方 45°照射的辅助光可以使面部轮廓产生阴影，打造立体质感。从右后方 45°照射的辅助光可以使后侧的轮廓被打亮，与前侧光产生强烈反差，更利于打造主播整体造型的立体感和质感。但要注意光的调节，避免光线太亮使面部出现过度曝光和部分太暗的情况。

3. 轮廓光

轮廓光又称逆光，放置在主播的身后，勾勒出主播的轮廓，可以起到突出主体的作用。从背后照射出的光线不仅可以使主播的轮廓分明，更可以将主播从直播间背景中分离出来，突出主体。作为轮廓光，一定要注意光线亮度调节，如果光线过亮会造成整个画面部分过黑，同时摄像头进光的情况，容易引起反作用。

4. 顶光

顶光是仅次于主光的光源，从主播头顶位置照射，给背景和地面增加照明，同时加强瘦脸效果。顶光可产生浓重的投影感，有利于轮廓的塑造。需要注意的是，顶光位置最好不要超过主播位置两米。顶光的优点很多，缺点是容易在眼睛和鼻子下方形成阴影。

5. 背景光

背景光又称为环境光，主要作为背景照明，起到让室内光线均匀的作用。但需要注意的是，背景光的设置要尽可能地简单，切忌喧宾夺主。将主播的轮廓打造完毕，直播间会呈现出主播的完美肌肤效果，但细心的主播会发现即使在装修很好的直播间背景下效果仍会显得非常黯淡，这就需要安置背景光了。但需要注意，背景光的作用是均匀灯光效果，因此应采取低光亮多光源的方法布置。

> 【小贴士】
>
> 为什么有的主播看上去皮肤白皙透亮，有的主播看上去却黯淡无光呢？直播间灯光怎么放？怎么调试？用什么样的灯光？
>
> 想要瘦脸，让五官更立体，可以采用斜上光源的方式。斜上光是从主播头顶左右两边45°的斜上方打下的光线，在调试灯光的过程中，主播可以发现自己眼睛下方会出现一块明亮的三角形光斑，这就是非常有名的伦勃朗布光法。
>
> 想要瘦脸，可以在头顶偏前的位置布置光源，这种布光方法会让主播的颧骨、嘴角和鼻子等部位的阴影拉长，从而拉长面部轮廓达到瘦脸的效果，但是这种方法不适用于脸型较长的主播。
>
> 灯带是最好的选择，一冷一暖两根灯带可以任意调节，效果更好，同时能提高画面清晰度，使色彩更艳丽。应注意，一定要使用可调亮度的灯光！

2.5.3 直播间的布光方案

究竟如何布光？以下有3种布光方案。

1. 经济型方案

在经济型布光方案中，LED环形柔光灯即美颜灯放在计算机显示器后方，稍高于显示器，亮度调到不刺眼的程度，成本300～600元。优点是成本低，架设方便，适用于手机直播。缺点是亮度不足，光线长时间直射眼睛容易造成负担，产生疲惫感。

2. 双灯方案

在双灯方案中，顶光灯采用100W LED摄影灯，底部补光灯用60W LED摄影灯。柔光罩推荐使用八角柔光罩，用天地柱或大力夹作为稳固设备，成本约2500元。在正常室内照明情况下，主灯放在斜上方45°方向。优点是设备搭建方便，占地空间小，可以充分优化室内光线。缺点是面部可能不够立体。

3. 专业型灯光

专业型灯光是在双灯方案的基础上加一盏60W的侧光灯，成本3000～3500元，这是比较完善标准的灯光方案，可通过灯光配比达到非常好的效果，光线充足柔和的顶光作为主光源可起到补充室内灯光亮度的作用。上下打灯的方式适合在镜头前显胖的主播，能使人脸显瘦，突出面部立体轮廓。缺点是成本高，搭建复杂。

【小贴士】

除以上专业直播间的布光方案，还有一些适用于手机直播的简易布光方案，如图 2-39 和图 2-40 所示。现在手机直播渐渐成为主流，对于灯光的投入也不用像计算机直播那样动辄几千元甚至几万元，手机直播只需要一个简单的美颜灯。因为每个人的脸型都是不一样的，调整方式也千变万化，每个人都要根据自己的环境明亮程度添加一盏或多盏灯，不同的灯效叠加在一起，慢慢调整到最佳角度。

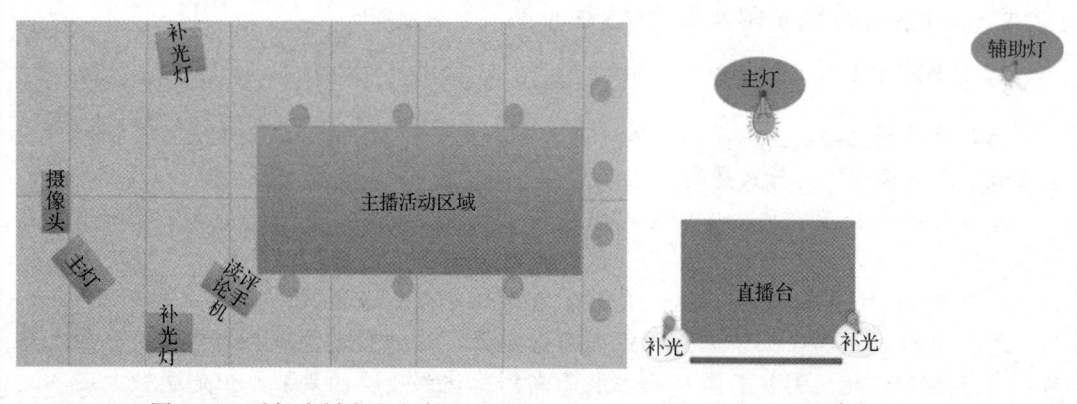

图 2-39　手机直播布光方案（一）　　　图 2-40　手机直播布光方案（二）

思政导入

直播间的安全管理非常重要。大多数直播间陈列的商品种类比较多，导致直播间物品摆放杂乱，引起商品丢失。所以，直播团队要经常对直播间的商品进行管理和盘点。另外，直播间的灯光布置很重要，但使用的灯具设备的安全性更重要。曾发生过因直播时间过长，灯光长时间、近距离直射布料等物品引起火灾的情况，所以直播时间较长、直播间较狭小的直播活动，用电安全尤为重要，要经常梳理直播间的用电安全隐患。

本章实训

为更好地理解直播电商的基本理论知识，打好针对直播电商的实践基础，下面通过实践训练来进行练习。

【实训目标】

1. 掌握高效直播的关键和直播脚本的写作。
2. 了解直播间的灯光设备及布景准备。
3. 掌握直播流程策划与准备工作。
4. 能够配置直播设备，布置直播间和灯光。

【实训内容】

1. 小组直播实践：宜兴板栗快成熟了，请策划一场直播带货活动，撰写脚本，并解读分享。

2．结合宜兴板栗的直播策划脚本，组织同学完成一场直播带货活动。直播时请重点关注以下内容。

（1）设备设施及备用电池、麦克风等的准备。

（2）拍摄角度、位置和光线调整（尤其是镜头转化路径）。

（3）直播时间安排。

（4）现场人、物配合契合度（卡点、卡位、顺畅自然）。

（5）直播语言（开场语、互动语、结束语）。

（6）产品使用演示（避免示范意外、品牌错位等）。

（7）现场风险预测及评估（如机器演示、产品切换等）。

（8）流程统筹、团队配合（避免断档、断位等）。

【实训要求】

1．掌握直播电商策划的基本流程。

2．掌握直播脚本的主要内容。

3．熟悉直播间的设备使用。

4．了解直播间的布景和灯光要求。

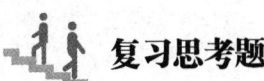

复习思考题

1．直播电商策划基本流程有哪些？

2．直播间的布景和灯光都有什么要求？

3．室内直播间和室外直播间的直播设备各自有哪些？

4．直播脚本要涵盖哪些基本要素？

第 3 章
直播团队搭建

📎 学习目标

◆ 知识目标：
1. 了解直播电商的团队类型。
2. 了解 MCN 机构的概念。
3. 熟悉直播角色定位及培训考核方式。

◆ 技能目标：
1. 掌握个人直播团队的组建成员和团队架构。
2. 掌握直播团队的主播人设打造。
3. 掌握直播团队的职责和分工。
4. 掌握直播团队的考核标准。

◆ 思政目标：
1. 培养学生的团队精神和合作意识，在面对复杂的工作时，积极组建团队，发挥团队合作的优势。
2. 培养学生良好的心理素质，在工作中保持良好的心态。

第3章 直播团队搭建

【思政课堂】

能用众力，则无敌于天下；能用众智，则无畏于圣人

最近新东方旗下的直播间——"东方甄选"突然火了。

一个自嘲长得很像兵马俑的英语老师董宇辉，在直播间里双语直播，一边上课，一边卖货。他直播的那段视频，幽默风趣，令人耳目一新。

东方甄选直播间在6月9—10日的观看人数超过了760万人次，单日销量总额也超过了1500万元。而在48小时之前，直播间的观看人数只有65万人次，单日销量总额才一两百万元。简直是爆炸式增长。

东方甄选直播间在抖音的用户平均观看时间暴涨，主要原因是平台不断地提供更大的流量扶持，而直播间持续稳定地为平台产出销售额，帮助平台达成业绩目标。如何做到"持续稳定"地产出，简单来说，就是每天直播、长时间直播，那单靠一个董宇辉能做到吗？一定是不行的，他一个人体力不够。就连很多直播劳模，每次平均直播时长也就三小时左右。但是东方甄选，他们每天平均开播时长是14小时，其实董宇辉不是一个人在战斗！

想把直播做好，团队很重要。

俞敏洪曾经在接受采访时说过，在新东方成立之后，他就开始组建自己的核心团队，然后用自己的核心团队，去吸引更多的人才，这样才能在新东方建立起自己的影响力。如果他没有一个核心团队，其他人都只是听从命令，他就不可能发挥出全部的实力。新东方的教育品质为何如此重要？这不是他一个人做的，是需要整个核心团队一起讨论，最终达成一致的。对于一个普通的直播团队来说也是同样的道理，很多人总认为只要专注于找个优秀的主播或运营即可，虽然一个优秀的主播固然重要，但是更离不开团队合作。组建团队的确有很多困难，但一定要想清楚组建团队的重要性，毕竟我们在面对复杂工作时，积极组建团队，发挥团队合作的优势还是比单干更有效。

对于一个已经组建好的直播团队来说，如果一个团队的管理者把团队成员的各方面特性都凝聚在一起。通过团队合作，可激发团队成员的学习动力，提高团队的整体能力；通过团队合作，营造一种工作氛围，可使每个队员都有一种归属感，使团队成员可以很好地相处与沟通，有着团队荣誉感和使命感，提高团队成员的积极性和效率；通过团队合作，可使团队产生新颖的创意；通过团队合作，实现"人多好办事"，完成个人无法独立完成的大项目；通过团队合作，能提高团队的决策效率。有良好的团队合作基础，就会有事半功倍的效果，使整个直播团队更加良好地向前发展。

3.1 直播团队的类型

近年来，直播的势头非常强劲，直播电商迎来了红利期。无论对于个人、企业还是MCN机构，都是直播的好时机。越来越多的领域涌入直播电商，它们都在推动直播行业向规范化和专业化的方向发展。

·53·

3.1.1 个人直播团队

1. 个人直播团队的构成

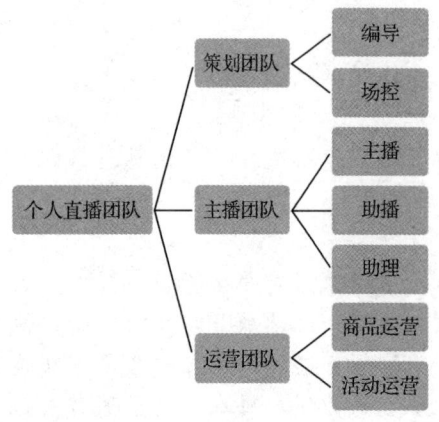

图3-1 个人直播团队架构

虽然个人直播相对实力较弱，但其作为整个电子商务直播组织结构的一部分，是不可或缺的。可以说，在商家机构和供应链出现之前，电子商务直播发展的源头就是个人直播。如今个人直播团队要做到这一点越来越困难，许多主播转向商家或机构等平台。但在这个时代，永远不会缺少追求梦想的创业人。个人直播团队架构如图3-1所示。

① 主播：主播是进行直播、熟悉产品信息、介绍产品、与粉丝互动、介绍活动、复盘直播内容的人。

② 助播：助播是主播团队的一员，需要协助主播直播、与主播进行配合及对用户说明直播间规则。

③ 助理：助理也是主播团队的一员，负责配合直播间所有现场工作，包括灯光设备调试、商品摆放等。

④ 编导：编导是策划团队的一员，是负责编写直播脚本的人，并负责根据主播的人设、粉丝属性、商品来撰写直播策划方案。

⑤ 场控：场控也是策划团队的一员，负责操作直播中控台、控制直播节奏等工作。场控需要管理直播间的中控台，商品临时的上架和下架，发送优惠信息和红包。当有些直播间的促销方案开始时，需要场控及时修改库存和价格。另外，场控还有一个很关键的作用，就是整个直播间的节奏掌控，主播有时会脱离直播主题，此时需要场控暗示主播，把节奏拉回来。所以，场控需要的是能够随机应变的人，不能很死板，因为在直播过程中存在诸多变化。

一般来说，一个完整的个人直播团队包括5~6名人员，每个人的具体岗位各不相同，具体如下。

① 主播1名：负责直播、互动、导购、策划工作。

② 助理1名：负责协助主播、策划、直播间预告工作。

③ 场控1名：配合互动，发送优惠信息，产品上、下架，直播间调试。

④ 策划1名：负责产品内容、促销脚本、内容制作和分发、直播脚本。

⑤ 商务1名：负责产品招商、佣金管理、对接店铺、产品信息整理。

⑥ 数据分析1名：负责数据收集、数据分析，提出优化建议。

但在实际工作中，团队人数不是固定不变的，是非常灵活、根据预算和规模来设置的，是可以一人身兼多职的。一般来说，成熟的直播团队4个人左右，标准的直播团队3人左右。

2. 个人直播团队的优势

（1）产品类目优势

个人直播团队不同于化妆品类、服饰类、皮鞋皮包类的直播团队。这些品类竞争的人很多,越是热门的类别竞争越激烈。普通的个人直播团队可以避开这些热门品类,可以做一些小众但不冷门的产品。

因为个人直播不受品类的限制,所以,自己没有货源的主播可以选择小众的产品来发挥团队自身的优势。而这些对于趋向品牌化的商家直播团队来说,是相对难以实现的。

(2)货源优势

对于个人直播团队来说,直播选品及其货源很重要,因为个人直播团队可以做到货品的每天更新,而有自己货源的商家直播团队相对来说货源更新比较慢。因此,在一些小众品类的直播间里,选品的重要性甚至比主播本身的重要性更高。

3. 个人直播团队的劣势

(1)主播账号限制

只能由开通直播账号的人直播,直播间主播不能更换,所以直播的时间是有限的。个人直播团队在运营上偏被动,受时间和市场的影响。

(2)对主播的要求较高

个人直播团队最大的特点是主播的人格化,因此,主播需要有自己的粉丝群体,零粉丝或粉丝很少的话前期很难做。

3.1.2 商家直播团队

1. 商家直播团队的构成

商家直播团队主要有两类,一是商家自己不直播,和个人主播或 MCN 机构合作;二是商家搭建自己的直播电商团队直播。

商家直播团队架构如图 3-2 所示。

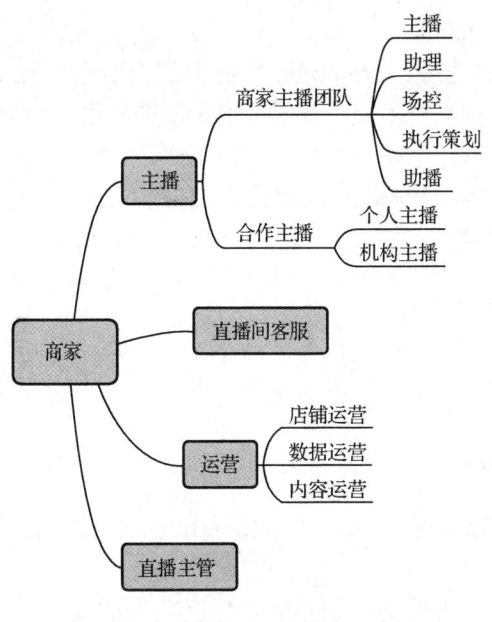

图 3-2 商家直播团队架构

商家直播团队配置和个人直播团队配置基本相同，但商家直播团队还会与个人直播团队或机构团队合作办直播。同时，商家直播团队还有服务于直播间的客服。另外，由直播团队的上级主管来管理整个团队和负责商家的直播电商整体运营。

2. 商家与个人直播团队的区别

除了在团队构成上与个人直播团队有区别，在直播电商的整体运作上，商家直播团队与个人直播的区别在于以下几个方面，如表3-1所示。

表 3-1 商家与个人直播团队的区别

项目	商家直播团队	个人直播团队
品牌定位	偏品牌化、IP化	人设化
服务定位	私域流量	公域流量
主播时长要求	无限制	有限制
主播轮换	可以轮换，24小时轮播	无法轮换
主播颜值要求	无要求，或低要求	高要求
主播水平要求	低要求	高要求
流量渠道	直播频道+商家自身流量	单一流量
货源渠道	自有货源，更新慢	非自有货源，上新快

3.1.3 MCN 机构直播团队

1. MCN 的概念

多频道网络（Multi-Channel Network，MCN）这种行业模式和机构最初是从 YouTube 上衍生出来的，可以将其理解为 YouTube 平台上的内容创作者和平台之间的中介。

① 专业的 MCN 机构的工作包括网红的筛选和孵化、内容的开发、技术性支持、持续性的创意输出、用户的管理、平台资源对接、活动运营、商业变现等繁杂的工作。

② 在直播电商产业链中，MCN 机构在确定品牌商及自身需求后，对已有资源进行分配，并将任务发放至签约主播，之后再通过自身流量渠道进行推广，从品牌商提供的服务费、平台提供的销售分成及消费者的相关消费中获得收入。

③ MCN 机构为品牌商匹配符合其需求的主播并提供渠道资源支持，为主播选题、组织内容生产、拍摄、剪辑等阶段提供专业、高效的支持，为直播电商平台提供丰富的优质内容，以构建更完善的内容生态环境。

2. MCN 机构的构成

MCN 机构在团队构成上相对个人主播团队和商家主播团队又有很大的不同，其主要构成如图3-3所示。

MCN 机构有自己招募主播的渠道，也有自己特有的商业团队和供应链团队，结构更复杂和更专业。另外，还可与商家直播团队合作进行代播或直播代运营。

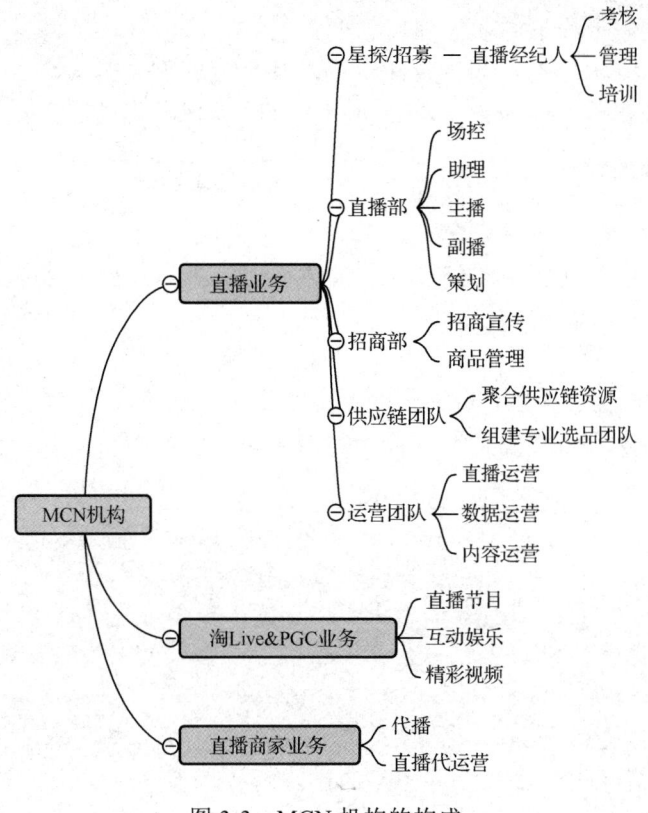

图 3-3 MCN 机构的构成

3. MCN 机构的优点

（1）流量扶持

通过 MCN 机构的加持，直播团队可以获得平台巨大的流量扶持，可以获得更高的曝光率，这些平台包括抖音、快手、西瓜视频、微视、小红书等。入驻扶持平台前后可获得的单作品曝光量差异可高达 5 倍。

（2）品牌溢价提升

对于同样的一支原创广告，没有入驻 MCN 机构的直播团队可能只报价 2 万元，但是已经入驻 MCN 机构的直播团队的报价可以达到 10 万元。在大部分情况下，机构的力量要比个人直播团队的力量强很多。

（3）允许账号发布混剪视频

所谓混剪，就是把不同影视作品中的画面素材挑选出来，重新组合成一个故事。个人账户私自发布混剪视频会限流、降权，而加入 MCN 机构后可自由发布。

（4）品牌包装，打造个人 IP

MCN 机构利用自由渠道和媒体资源对入驻账号进行品牌包装、个人 IP 打造及价值提升和提供专业的运营指导建议。

（5）预知热门话题

MCN 机构会优先收到官方通知，预知热门推荐话题，并优先推送给入驻账号。如果主播已知明天官方会推广某个话题，并提前拍好，流量自然不会少。

（6）机构提供线上线下专业培训

某些专业的 MCN 机构，如抖音和快手，都有市场公关团队、专业的编剧、摄影团队，可以给予入驻账号专业指导，避免犯错，及时进行舆情风控，妥当处理公关危机。

4．MCN 机构的缺点

（1）创作自由受限

个人直播团队在更新频率和创作内容等方面比较自由，加入 MCN 机构后，在创作自由方面可能受到一定的影响。

（2）合作风险

现在的 MCN 机构有很多，水平参差不齐，要求也五花八门。有些 MCN 机构还要收取一定的费用，有些易进难出，加入前一定要先咨询清楚相关问题，加入并与之合作一定要慎重。

商业有风险，合作须慎重

2021 年 10 月 25 日，四川子柒文化传播有限公司起诉杭州微念品牌管理有限公司（以下简称杭州微念）一案正式在绵阳市中级人民法院立案。一时间，网络上一片哗然，议论纷纷。媒体从相关知情人士处获悉，四川子柒文化传播有限公司起诉杭州微念的主要原因是杭州微念不遵守合约，这是一场"守约之诉"。

当下网红与所属 MCN 机构的法律纠纷屡见不鲜，大多集中在利益分配权与实际控制权不对等方面，这些都亟须通过行业自律和完善的法规来解决。但作为一名主播来说，不管是不是网红，在选择与 MCN 机构进行商业合作时，都必须谨慎。

 【小贴士】

认识 MCN 机构

1．MCN 的本质是什么？

多频道网络（Multi-Channel Network，MCN）诞生于美国，为内容生产者和 Youtube 之间的中介机构，协助对接、聚合优质内容并进行持续变现。国内早期 MCN 多称为"内容聚合平台"，以图、文、短视频内容运营为核心，后随着各类短视频平台直播、淘宝直播的崛起，基于新平台的 MCN 机构不断涌现。内容生产平台的进化推动了 MCN 机构迭代革新，主要包括以下几个发展阶段。

> 萌芽期（2012—2014 年）：随着微博等自媒体影响力的提升，国内开始出现早期 MCN 机构，多由广告营销公司转型而成，少部分自行成立。该阶段由于缺乏一定的市场基础和平台支持，MCN 机构发展得较为缓慢。

> 成长期（2015—2016 年）：一方面，微博、微信、短视频平台等自媒体走向成熟；另一方面，电商类 MCN 机构如涵电商、缇苏电商开始孵化网红个人电商品牌，淘宝直播开始培育主播，电商直播成为网红产业的变现模式。

> 爆发期（2017—2018 年）：各类内容平台投入资本扶持 MCN 机构，短视频直播行业的发展也进一步带动 MCN 机构实现爆发式增长。

➢ 进化期（2018—现在）：在此阶段，MCN机构在输出内容的基础上深化商业输出模式，淘宝直播商品交易总额（Gross Merchandise Volume，GMV）增长迅猛，网红直播带货成为新的营销方式。

MCN机构发展历史如图3-4所示。

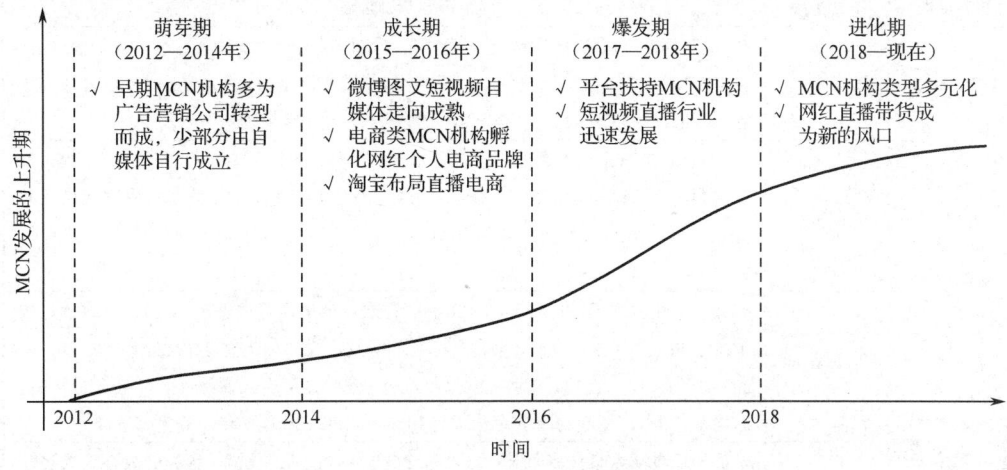

图3-4 MCN机构发展历史

2. MCN机构的商业模式有哪些，市场规模有多大？

MCN机构主要包括电商型、泛内容型和营销型，如表3-2所示。电商型MCN机构以电商为主要变现渠道，其业务不仅涵盖红人孵化、内容生产运营，更为核心的是商品供应链的管理。泛内容类与营销型MCN机构则有更加多元的变现渠道，主要包括广告营销、IP产业链变现与知识付费等。

表3-2 不同类型MCN机构一览表

MCN机构类型	运营模式	代表企业
电商型	孵化个人电商品牌，一般网红负责商品设计及内容产出，MCN负责供应链管理和店铺运营； 与商家品牌合作获取货源，利用社交电商平台进行直播带货； 凭借优质内容生产运营积累流量，转化为内容电商，实现变现	如涵 谦寻文化 微念
泛内容型	以内容制作能力为核心竞争力，产出精品短视频IP品牌	二更 新片场 洋葱集团
营销型	与网红签约合作，提供网红孵化、培养和变现的业务生态，同时为广告主提供营销方案，多渠道分发触达潜在消费群体，全维度分析，为广告主推荐最优化的KOL矩阵组合	蜂群文化 青藤文化 papitube

克劳锐调查数据显示，目前MCN机构最主要的变现方式为广告营销，该种变现方式收入占总收入的比例，MCN机构达80.6%，平台补贴和内容电商次之，占比分别为48.4%和35.5%。头部MCN机构多为混合型，在生产运营内容的同时进一步拓宽电商变现渠道；中小型MCN机构偏好深耕垂直领域内容变现，开展IP授权服务，谋求差异化发展。

3. 主流 MCN 机构情况

目前，主流 MCN 机构的主营平台及机构概况如表 3-3 所示。

表 3-3 主流 MCN 机构的主营平台及机构概况

机构名称	主营平台	机构概况
交个朋友	抖音	"交个朋友"成立于 2020 年 4 月，是一家直播电商领域的头部机构与营销平台，旗下有罗永浩、朱萧木、黄贺、李诞、戚薇等知名主播。"交个朋友"以直播为核心，为品牌提供 MCN、整合营销、供应链、品牌/渠道代运营等服务
美 ONE	淘宝	美 ONE 是一家艺人网红孵化服务平台，提供艺人网红杂志化履历包装工具，并在多角色用户间构建圈内人脉网络，通过产品机制实现工作共享、资源互换，并提供拍摄、推广、主播、电商分销等多项服务。隶属于贵州美腕网络科技有限公司
谦寻文化	淘宝	谦寻文化成立于 2017 年 4 月 28 日，是新内容电商直播机构 TOP1。目前公司旗下共有 40 余位主播，并在北京建立明星直播基地。在 330 淘宝直播盛典上蝉联 2017—2018 "年度 TOP 机构"奖项，2018 年至今，谦寻文化连续荣获阿里 V 任务机构榜、淘榜单 TOP1，更获得天猫金妆奖"2019 年度优秀合作伙伴"等多个奖项
遥望	快手	杭州遥望网络科技有限公司成立于 2010 年 11 月，是国内领先的综合性数字营销服务提供商之一。公司以"科技简化工作，产品美化生活"为愿景，通过自研数字营销服务平台及产品体系构建，深度整合互联网及移动互联网端媒体与内容资源，为个人与企业用户提供优质的数字内容服务。遥望网络于 2018 年与上市公司星期六合并成为头部 MCN 机构，2019 年连续 5 个月成为快手 MCN 第 1 名，在多平台 MCN 机构排名中均名列前茅。2020 年 9 月获快手"磁力聚星年度影响力机构"

3.2 直播团队组建

无论是个人直播团队还是商家直播团队，要想真正做好电商直播，就必须建立一个直播团队进行运作。根据直播工作计划、工作流程、具体内容等元素，个人或商家可以组成不同层次的直播团队。在构建团队时，首先要考虑的是工作设置，其次是工作内容，然后是工作流程，最后是制度，不同的公司和业务有不同的内部管理机制，不能完全复制照搬。

3.2.1 直播团队的选择

1. 商家选择主播的策略

有些商家在选择主播时是盲目的。他们认为只要主播受欢迎，带货能力就不会差。事实上，他们忽视了一个重要的问题，即高流量不等于高转化率。商家在选择主播的时候，其实是有一定的规则和策略要遵循的。在选择主播时可以先确定主播的类型，如图 3-5 所示。

第 3 章　直播团队搭建

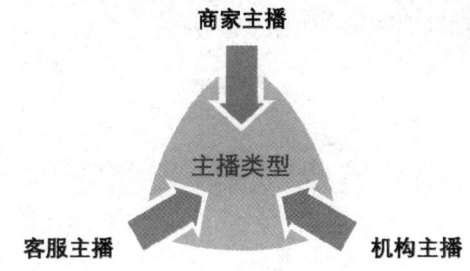

图 3-5　主播类型

2. 商家选择主播的流程

① 通过网络数据平台可以找到直播榜单中的任何主播，如图 3-6 所示。

图 3-6　找主播

② 进入直播间与主播联系，如图 3-7 所示。

图 3-7　联系主播

③ 联系主播所在的MCN机构，如图3-8所示。

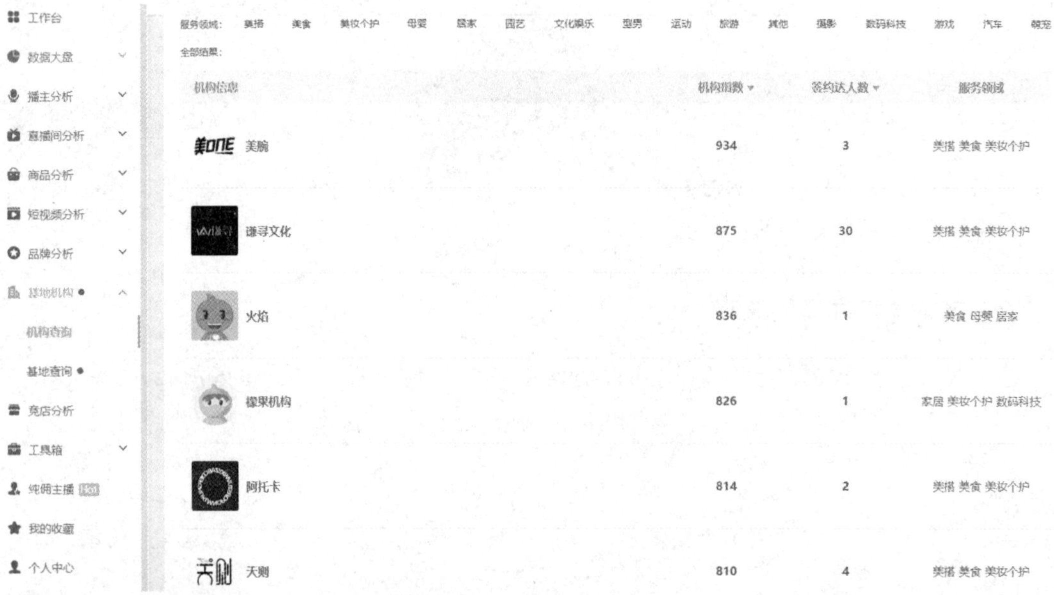

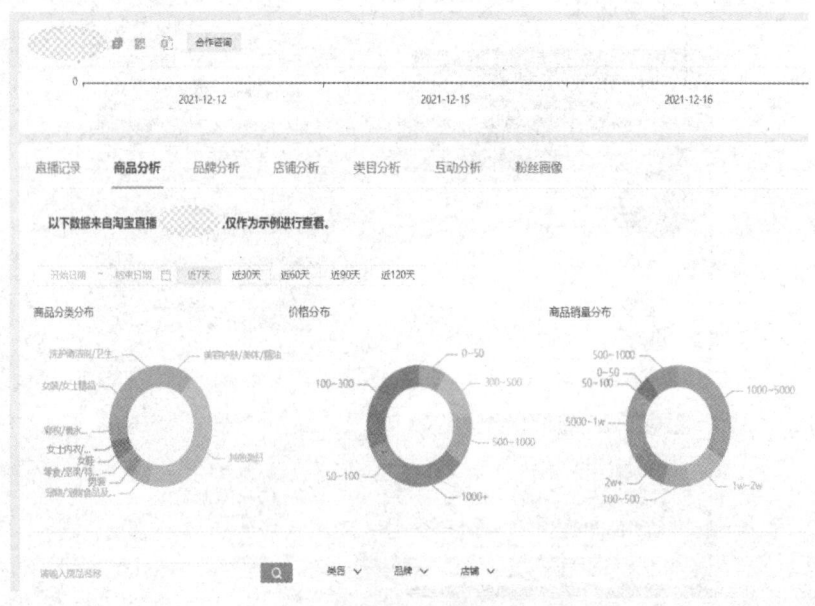

图3-8 联系主播所在的MCN机构

④ 商家明确自己的诉求。

商家不要盲目追求主播以往带货的销量有多高或直播间有多少人。也可以这样要求，例如直播间观看10000次以上、点赞数2500个以上等。

⑤ 了解主播擅长销售的商品。

商家需要了解主播所擅长销售的商品，这些直播数据可以通过一些网络工具直接查询，如"灰豚数据"，如图3-9所示。

图3-9 通过"灰豚数据"查看主播的商品分析

⑥ 了解主播的互动能力，如图 3-10 所示。

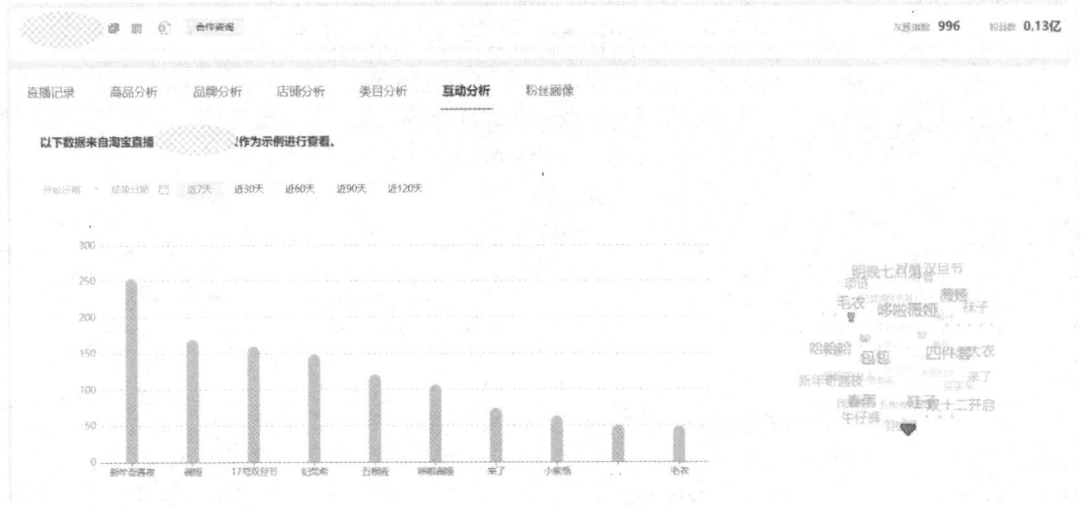

图 3-10　了解主播的互动能力

3.2.2　直播团队的分工

① 低配版团队人员职能分工，如表 3-4 所示。

表 3-4　低配版团队人员职能分工

人员	运营 1 人			主播 1 人
职能	营销任务分解 组织货品 品类规划 结构规划 陈列规划 直播间数据运营	商品权益活动 直播间权重活动 粉丝分层活动 排位赛制活动 流量资源策划	商品脚本 活动脚本 关注语言脚本 控评语言脚本 封面场景策划 下单角标设计 妆容、服饰、道具等	直播设备调试 直播软件调试 保障视觉效果 发券配合表演 后台回复 数据即时登记反馈	熟悉商品脚本 熟悉活动脚本 运用语言 做好复盘 控制直播节奏 总结情绪、表情、声音等

② 标配版团队人员职能分工，如表 3-5 所示。

表 3-5　标配版团队人员职能分工

人员	运营 1 人	策划 1 人	编导 1 人	场控 1 人	主播 1 人
职能	营销任务分解 组织货品 品类规划 结构规划 陈列规划 直播间数据运营 一般可作为直播负责人	商品权益活动 直播间权重活动 粉丝分层活动 排位赛制活动 流量资源策划	商品脚本 活动脚本 关注语言脚本 控评语言脚本 封面场景策划 下单角标设计 妆容、服饰、道具等	直播设备调试 直播软件调试 保障视觉效果 发券配合表演 后台回复 数据即时登记反馈	熟悉商品脚本 熟悉活动脚本 语言运用 做好复盘 控制直播节奏 总结情绪、表情 声音等

③ 升级版团队人员职能分工，如表 3-6 所示。

表 3-6 升级版团队人员职能分工

人员		职能
主播团队（3人）	主播	开播前熟悉直播流程、商品信息，以及直播脚本内容； 介绍、展示商品，与用户互动，活跃直播间气氛，介绍直播间福利； 直播结束后，做好复盘，总结语言、情绪、表情、声音等
	助播	协助主播介绍商品，介绍直播间福利，主播有事时担任临时主播
	助理	准备直播商品、使用道具等； 协助配合主播工作，做主播的模特、互动对象，完成画外音互动等
策划（1人）		规划直播内容：确定直播主题；准备直播商品；做好直播前的预热宣传；规划好开播时间段，做好直播间外部导流和内部用户留存等
编导（1人）		编写商品脚本、活动脚本、关注语言脚本、控评语言脚本，做好封面场景策划、下单角标设计、妆容服饰道具等
场控（1人）		做好直播设备如摄像头、灯光等相关软硬件的调试； 负责直播中控台的后台操作，包括直播推送、商品上架、监测直播实时数据等； 接收并传达指令，例如，若运营有需要传达的信息，场控在接到信息后要传达给主播和助播，由他们告诉用户

④ 不同配置的自建团队分工。

不同配置的自建团队架构，如图 3-11 所示。

图 3-11 不同配置的自建团队架构

想把直播做好，团队很重要

想要在直播行业立足要靠团队，既然我们知道了团队的重要性，那么团队成员从哪里找？在组建团队的时候会遇到什么样的问题？

问题 1：为什么有经验的人不愿意和你合作？

很多机构在招募运营的时候，想要一个全心全意为自己做事的人，并且这个人要有经验，可以负责招募和管理主播等工作。直播经纪公司有服务直播和培训的职责，然而有经验的主播都会选择"挂靠"。众所周知，经纪公司是靠拿主播的提成来盈利的，但是假如你的利润和主播自己"挂靠"的利润相同，那么主播就没有理由与你合作。所以要清楚原因——你目前不是一个成熟的经纪公司，大家同处于初级阶段，位于同样的位置，为何人家要与你合作？

问题 2：怎么给有经验的人开工资？

很多时候，你能够找到有经验的人，但往往最终因为不知道怎么给他们开工资而谈不下来，甚至不欢而散。直播行业很少有公司能给底薪，大部分仅设置保底工资，而保底工资和底薪的区别很大。对于有经验的人，如果他愿意做，很可能就是过来混底薪的。

问题 3：我没有足够的资金实力和人脉可以做起来吗？

很多经纪公司出现过资金链方面的问题，有钱可以解决很多麻烦，但没钱也可以一样做到优秀，只是需要花费成倍的时间和努力。

事实上，组建团队的确有很多困难，但是想清楚以上 3 个问题会对组建团队有很大的帮助。

3.3 直播角色定位

定位就是做最适合自己的、自己最擅长的、比竞争对手有优势的、能够长期发展的特质。

角色定位就是通过打造特定人设获得竞争优势。目前常见的人设定位如图 3-12 所示。

主播是直播团队的重要人物，在直播前找到主播的定位很重要，先想清楚要打造一个什么样的主播人设。如大众熟知的某网红主播的人设定位就是"大姐大"，她能帮粉丝们砍价，抢到更多高性价比的产品。

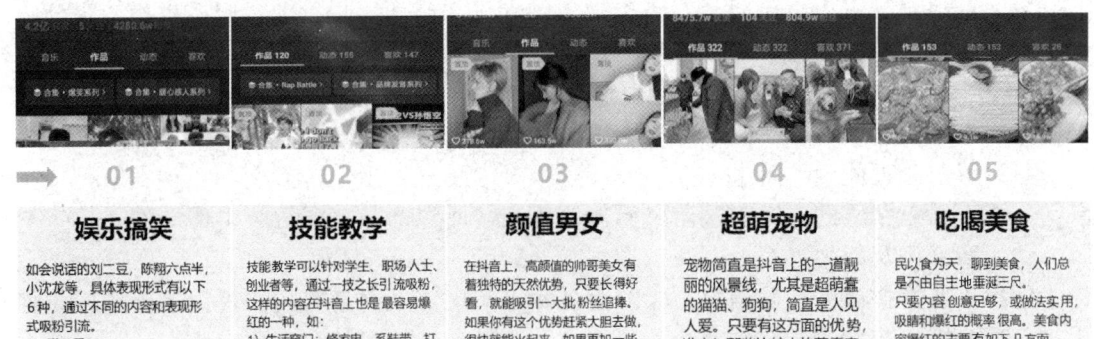

图 3-12　常见的人设定位

假如没有精准定位，那么粉丝和消费群体也是不精准的，用户只会通过几秒来锁定主播，不在最短时间内吸引住他们就马上会流失。利用定位吸引用户的眼球的方法，如图 3-13 所示。

当然，直播电商不仅指直播这一件事或主播一个角色，而是环环相扣的，不管哪个环节或角色出现问题，都不能称之为成功的直播。所以要为直播团队的每一个岗位做好角色定位。

01 昵称	02 签名	03 封面	04 标题	05 背景
主播昵称的重要性不言而喻！主播的昵称不需要多么响亮，但一定要好听好记，定位及标签清晰	签名相当于你的名片，可以让用户对你有初步的认知	直播间封面是用户最初认识你的必要途径，封面越漂亮，越容易在人海茫茫中被发现，让用户有兴趣点击进去一探究竟	一名合格的网络主播不仅要颜值高又多才多艺，同时也要给直播间起一个吸引用户的标题！在互联网高速发展的今天，引人注目的标题才能收获大量粉丝	直播间布景很关键，如果你不够靓丽，可以通过有效的布景给自己加分

图 3-13 利用定位吸引眼球

3.3.1 主播人设的打造

一个主播几乎每天都会出现在大众面前，但是每个成功的主播除了有着优秀的直播技能和水平，出色的人格魅力也是不能缺少的。人格魅力就是主播对自己人设的定义，是主播的固有外在形象及性格带给粉丝的印象。

电商直播已经进入 3.0 时代，越来越多的人进入电商直播行业，门槛也相应提高。如果想要快速吸粉，主播人设的打造已经不容忽视。

1. 主播的基本能力

（1）形象管理能力

需要主播有精致的妆容，整洁、得体的着装，所选商品特质符合主播形象。

（2）商品讲解能力

主播需要掌握商品基础信息，了解商品卖点，能够及时解答用户提出的问题。主播的语言要幽默、有亲和力，与观众积极互动，有效沟通，表达内容要丰富。

（3）控场能力和灵活应变能力

主播需要熟悉场景化的营销模式，能洞察用户心理，抓住用户需求，针对不同商品营造不同场景，为用户提供有针对性的解决方案。

2. 构建主播自身调性的方法

构建主播自身调性的方法，如表 3-7 所示。

表 3-7 构建主播自身调性的方法

要点	方法
直播方式	直播方式有幽默式、表演式、严肃式等，选择合适的直播方式
镜头感	对着镜子锻炼镜头感，努力给用户营造面对面交流的感受

续表

要点	方法
情感	建立情感桥梁，让用户表达自己的观点、看法和想法，以达到情感共鸣
情绪	用饱满的情绪表达，模仿、学习各种表情，带给用户愉悦的体验
语速、语调	语速稍快，为平时的 1.5 倍，语调高低起伏、自然切换
音量	音量稍大，清晰地传达信息，用热情感染用户

3. 主播人设定位的 5 个维度

主播人设定位的 5 个维度，如表 3-8 所示。

表 3-8 主播人设定位的 5 个维度

人设定位的维度	说明
我是谁	确定身份，如发起人、创始人、传播者、联合创始人等； 确定形象，使形象统一，增加识别性； 直播间的名字要与主题呼应，信息明确
面对谁	用户群体的地域、年龄、性格、偏好、收入状况、消费能力
提供什么	突出自己的核心竞争力，如推荐的商品质优价廉
在什么地方	电商类，如淘宝、京东、拼多多等； 短视频类，如抖音、快手等； 线下类，如供应链基地、实体店等
解决什么问题	满足用户需求； 提供品质好的商品

4. 多渠道渲染主播人设

主播可以在各大社交平台主动宣传人设，如在微信公众号、微博、淘宝、抖音、快手、视频号等平台上发布内容，吸引平台用户的广泛关注，如图 3-14 所示。

图 3-14 通过三大社交平台渲染主播人设

5. 做好一个主播的准备工作

（1）心态准备

近年来，直播被平台炒得火热，让很多人都以为"只要开播就能赚钱"。其实，盈利的机构和主播都熬过了早期最难的流量关，积累了适合主播的产品和粉丝。而社群直播具有天然的流量优势，已经节省了不少时间。但需要给团队时间来培养主播，测试产品，丰富直播内容。

（2）内容准备

直播看似简单，但想真正做到持续性开播，培养粉丝在私域流量中看直播买货的习惯，还需要针对各社交平台及社群特点进行深度直播内容策划。

（3）策略准备

如果通过按主播人数收费来盈利，就需要培养几个转化能力强的导师型主播；如果通过靠销售商品盈利，就要在选品上下功夫，同时在直播裂变运营模式上不断优化。考虑清楚直播的本质，结合企业盈利的核心。互联网营销的核心是产品、流量和转化力。

> 【案例】
>
> **讨喜人设：真性情**
>
> PDD 曾经是顶尖的电竞职业选手，如今却靠幽默的语言出名。大司马也是凭借自己温文尔雅的形象，给自己定位成一个老师的角色。他们都是有实力却更愿意活得轻松自在的主播，当一个"谐星"没什么不好的。
>
> 主播要注重真实，做直播和看直播都是为了开心，当你给自己营造完美人设时，要考虑能不能撑得住。有时候不完美但真实，也同样讨喜。

> **思政导入**
>
> **怎样才能保持一个良好的直播心态呢？**
>
> ✓ 学会自信。
>
> 想保持良好的直播心态，就必须学会自信，自信是成功的前提，也是快乐的秘诀。
>
> ✓ 不盲目攀比。
>
> 不要总拿自己的缺点与人家的优点比，要学会赏识自己，悦纳自己，勉励自己。
>
> ✓ 胸怀坦荡。
>
> 主播要学会宽容，培养自己宽广的胸怀。主播的宽容让行业内的正能量更多，这也能帮助成就自己辉煌的未来。
>
> 应该善待直播间里的每位粉丝，深切地理解每个人，相信自己，也相信别人，严以律己，宽以待人；心胸宽广，放眼未来，保持良好的心态。

3.3.2 助播的作用

直播绝不是一场单人"脱口秀"，其考验的是主播和助播的配合默契度。现在大多数直播间中都有助播，助播和主播一样是不可或缺的存在。没有助播，主播很难在展示和介绍商品之外很好地兼顾运营。

1. 助播的工作职责

助播的工作职责主要是介绍促销活动、卖点提醒、引导关注。作为助播，需要时刻关注直播的内容，对于主播遗漏的卖点进行提醒。当主播换装、休息时，助播需要出现在镜头前，维持直播间的活跃。助播的工作职责如表 3-9 所示。

表 3-9　助播的工作职责

助播类型		工作职责
前场助播	出镜	主要充当主播的模特，试穿衣服，试用商品，帮助主播补充介绍商品信息，回答用户提出的问题，向用户演示领优惠券方式或下单流程等，调动直播间的气氛，把控直播的节奏，主播有事时临时充当主播的角色
	不出镜或很少出镜	在场外通过画外音或文字的形式对主播提到的商品或优惠信息做补充，配合主播完成直播
后台助播		负责配合直播间的所有现场工作，如灯光设备调试、商品摆放、修改商品价格、上线优惠链接、转化订单，解决发货及售后等问题

2. 助播的必备技能

助播的必备技能如表 3-10 所示。

表 3-10　助播的必备技能

必备技能	技能说明
广告传媒能力	懂得如何吸引更多的粉丝，使直播间人气更高，如设计一张足够吸引粉丝的直播封面，策划一场有利于"吸粉"的直播活动等
团队沟通协作能力	助播必须与主播保持紧密、良好的沟通，有时主播只用一个眼神或动作，助播就马上明白他的需要并做出反应，达到"心有灵犀"的默契程度
商品销售能力	助播需要了解直播商品的基本信息和商品卖点，例如，某款衣服最适合哪类人穿，怎样挖掘用户的痛点，提供满足用户需求的方案等
直播引流与运营能力	助播需要了解直播平台的推荐机制和直播间的运营技巧，研究如何通过提高直播间曝光量来尽可能多地获取自然流量，也要深度了解直播的技巧和需要避开的点，从而得到更优质的商业流量

3. 助播的工作内容

助播的工作就是协助主播进行直播，包括前期直播脚本准备、流程核对、及时反馈用户的问题并在后续跟进，直播结束后的粉丝维护，助播也要对产品的特性和作用了如指掌，引导用户下单。

值得一提的是，助播还有以下 3 个特殊工作。

① 一场直播至少要在两小时以上，助播要配合主播在长时间段里，让直播间不冷场，还要活跃气氛，刺激消费者消费。

② 如果主播在某些方面的能力出现短板，如对产品不够了解、脚本的执行完成度不够等，这时就需要助播进行补充，主播缺什么就补什么。

③ 有时直播时间过长，主播忘记脚本导致卖不出去货，优秀的助播也可以在很大程度上影响直播的成交额。

3.3.3 场控的工作职责与内容

1. 开播前要进行相关软硬件的调试。
2. 场控主要负责操控直播后台、控制整场直播节奏、库存核对、活动优惠设置、小店后台设置、PC直播端产品讲解配合。
3. 场控需要及时上商品链接。当主播在直播中提到优惠活动时，需要以最快的速度进行改价。
4. 在直播中要实时监控直播间留言，尤其注意是否有人发送对主播、品牌和产品不利的言论，如有，应及时处理，避免不良影响扩散。

3.3.4 运营的支持

1. 运营的工作职责

① 负责短视频、直播的运营，也要负责视频拍摄创意。并且前期要配合选品，制定直播目标，申请并确定产品折扣，及直播后的复盘总结工作。

② 在直播开始前，最好投放短视频进行宣传预热，短视频的创意以小剧场或问答的形式为佳，需要运营人员进行思考和规划，同时对于每次投放的数据进行监测。

③ 团队协作。包括外部协调，如封面图的拍摄与设计、产品抽样、奖品发放、仓库部门协调等，还有内部协调，包括协调直播人员的情绪、控制直播时间及解决直播间出现的问题等。

④ 复盘。复盘是在工作执行完成以后，根据部门人员的表现和消费者数据的反馈，针对前期制订的方案和目标进行详细的数据复盘，给出合理的总结和建议。

⑤ 是否投放短视频进行宣传预热，以何种形式投放，都需要运营人员进行思考和规划，同时还要对每次投放的数据进行检测。

2. 视频剪辑的工作内容

在运营的支持工作中，与短视频预热分不开的就是视频剪辑。

① 直播前最好投放短视频进行预热，那么此时就需要人员对短视频进行拍摄和剪辑。建议直播前提前取景，确定好直播的场景并进行预拍摄。

② 短视频预热不仅可以提升直播间人气，还能将直播间的素材最大化利用。

3.3.5 策划团队

策划团队的工作职责

① 日常直播管理：根据主播的人设和粉丝属性策划直播脚本，包括营销方式、促销活动、商品介绍等，优化内容质量。

② 维护主播、粉丝及平台方关系，争取平台资源，建立长期稳定的合作关系。

③ 根据公司计划，配合主播完成各平台直播收入目标。

④ 负责直播业务各环节的运营，包括人员招募、设计互动方式。

⑤ 负责跟进与主播合作过程中出现的咨询、投诉、建议、反馈等，并进行有效处理。

⑥ 监控收集各主播平台运营数据，掌握准确的运营数据及调整策略。

策划团队的工作实况如图 3-15 所示。

图 3-15　策划团队的工作实况

3.4　直播团队的培训与考核

3.4.1　直播团队的培训

> 【小贴士】
>
> **素人主播**
>
> 素人主播不一定是销售岗位出身，可以由其他岗位调配而来，但最好招聘一批专职主播。这些人的角色与淘宝店或天猫店的客服是一样的，他们是导购员，而不是销售员。
>
> 在电商平台上的店家和品牌的直播间里，除了付费请来的网红明星，大多是自己的员工或老板本人，产品相对稳定，都是自家店里卖的，直播内容就是单调的卖货，一般销量也不高。
>
> 我们简单地把主播分为网红主播和素人主播，两者最主要的区别在于网红主播靠人设来卖货，而素人主播靠运营来卖货。
>
> 抛弃亲手打造网红主播团队的想法，从身边的资源下手，可能没有光鲜的噱头，但可以拥有一支实实在在卖得了货的直播导购团队，批量化生产素人主播。
>
> 素人主播的培养成本并不高，关键是要形成一套标准作业流程（Standard Operating Procedure，SOP），从招聘选用、培训上岗、事后复盘三个点入手，如选人时不用太考虑颜值，也不要求太多的销售经验，而是这个人能上镜，口头表达和逻辑思路顺畅。
>
> 培训会涉及产品知识、互动技巧、应变技巧及客服语言，直播的销售技巧虽然重要，但并非一朝一夕就能复制的，随着直播时长的积累，素人主播也能够学会巧妙地引导消费者去消费。
>
> 素人主播的考核和客服岗位类似，在上岗后还应调整心态，如开播后直播间没人就挂机，或应对突发事件、消费者在线投诉时不冷静，妄想着一开播就有订单，极力地向消费者推销商品并夸大宣传等情况，都应在 SOP 里面规范起来，对主播进行管理。

复盘除了可以不断改进运营效果,同时也是对素人主播进行培训的过程,针对数据上反馈出来的问题整理出解决方法,并与素人主播进行讨论,增加他们的直播带货知识。

当然,直播除了素人主播,背后还需要一个运营团队,其中包括助播、场控、策划等人员。

1. 培训目的

培训的目的是使现有人员能够胜任当前的岗位工作,使培训工作能够有计划并系统地完成,如图3-16所示。

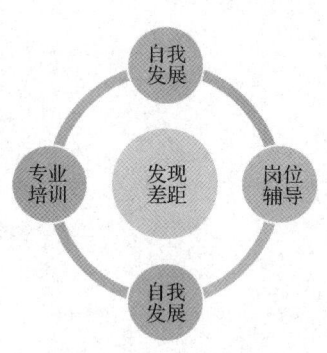

图3-16 培训目的

2. 培训对象

参与直播工作的人员。

3. 培训目标

职业能力是从业者从事某项职业必备的能力,它要求从业人员熟练掌握一项或几项相关技术,"厚基础、重技能"的是基本职业能力培养方法。

(1)主播岗位

主播岗位是直播电商的核心岗位,决定着直播的成败,其工作职责及能力要求如表3-11所示。

表3-11 主播岗位工作职责及能力要求

岗位职责	技能要求	素质要求
◇ 负责完成整场直播主持,是直播间的主要角色。 ◇ 熟练掌握直播语言,能在直播不同环节中进行语言的调整。 ◇ 具备销售心理学基础知识,能及时预判销售机会,及时完成转粉和销售转化。 ◇ 熟悉整个直播流程策划,能与助播及运营进行良好配合,了解直播不同环节的侧重点,能控制直播间节奏。 ◇ 参与运营团队选品策划,了解用户喜好,善于从用户角度观察直播电商选品逻辑,熟悉选品匹配度。 ◇ 能遵守稳定的开播时间,保证一定的开播量,一般每月至少直播20天以上,每天至少直播4小时以上	◇ 基础能力:口头表达能力优秀,熟练掌握相关产品知识,能熟练进行产品介绍,对产品卖点敏感,有熟练的销售技巧。 ◇ 状态要求:敢于在镜头面前进行表达和表演,并能接受长期稳定的开播时长要求。 ◇ 心态要求:敢于面对直播过程中用户的争议,坦然面对用户尖锐的提问,具备一定的控场和应变能力。 ◇ 其他要求:有颜值或有其他表演才艺等加分项(歌曲、舞蹈或其他才艺),能在直播过程中保持饱满的精神状态,具备一定的心理承受能力,能控制负面情绪	◇ 具备较高的思想素质和良好的道德素养、人文素养、科学素养及职业素养。 ◇ 具备较高的网络文明素养、电子商务诚信与信用素养、信息安全与保密素养。 ◇ 具备良好的人际沟通素质和团队合作素质。 ◇ 具备基本的创新精神及创业意识

(2)助播岗位

助播岗位是直播电商中的重要岗位,主要负责辅助主播推进直播进度,其工作内容如表3-12所示。

表 3-12 助播岗位工作内容

岗位职责	技能要求	素质要求
◆ 直播间的辅助角色，能协助主播推进直播进度。 ◆ 深度参与直播流程策划，在整个直播过程中能配合主播在不同环节的转换和调整；熟悉直播平台管理规则，能提醒主播避免出现违规操作及用语。 ◆ 熟悉选品原则，对产品有深度了解，能帮助主播补充产品的相关使用知识。 ◆ 掌握相关的销售心理学，懂得在直播过程中洞察用户的心理变化，创造活跃的互动氛围。 ◆ 有良好的个人素养，能坚持做幕后策划人，成就主播的人设建立。 ◆ 能保持稳定的开播时间，能保证一定的开播量，一般每月至少直播 20 天以上，每天至少直播 4 小时以上	◆ 基础能力：较好的口头表达能力，较强的协调和配合能力。 ◆ 状态要求：有临场应变能力，能对直播过程中的突发事件进行应急处理。 ◆ 心态要求：愿意给主播当助手，不喧宾夺主。 ◆ 其他要求：对行业有专业了解	◆ 具备良好的道德素养、人文素养及心理素质。 ◆ 具备较高的网络素养、信用素养。 ◆ 具备良好的人际沟通和团队协作素质。 ◆ 具备基本的创新精神及创业意识

（3）运营岗位

运营岗位是直播电商中的综合岗位，主要负责直播电商的整体规划和统筹，其工作内容如表 3-13 所示。

表 3-13 运营岗位工作内容

岗位职责	技能要求	素质要求
◆ 负责直播电商的整体统筹和执行，能匹配主播人设定位；熟悉掌握不同直播平台的特点及优劣势，能根据直播内容及产品选择合适的平台。 ◆ 熟悉掌握直播电商的策划操作，能策划直播操作流程及规范。 ◆ 熟悉供应链的相关专业知识，能确定选品操作规范。 ◆ 具备数据分析能力，能分析平台数据，及时调整直播的策划及优化选品	◆ 基础能力：有良好的观察能力，注重细节，执行能力强。 ◆ 状态要求：有内部资源沟通和协调能力，能判断对直播最有价值的资源。 ◆ 技术要求：熟悉平台规则，具备内容策划能力，能根据产品策划直播活动。 ◆ 其他要求：熟悉产品供应链，能根据选品及时调整定价及内容策划	◆ 具有多个电商岗位实践经验，具备较强的管理能力。 ◆ 有良好的职业素养和抗压能力，适应直播电商快工作节奏。 ◆ 有良好的个人素养，善于总结问题并自我调整。 ◆ 有良好的自我学习能力，具有创新素质

（4）策划岗位

策划主要负责短视频脚本的撰写，策划岗位的工作内容如表 3-14 所示。

表 3-14 策划岗位工作内容

岗位职责	技能要求	素质要求
◆ 策划主播或助播的人设定位，确定粉丝画像。 ◆ 围绕人设进行内容创作，负责短视频项目的开发及策划。 ◆ 负责项目创意脚本撰写，设计戏剧性桥段并创作分镜脚本	◆ 技能基础：熟悉短视频内容市场，了解年轻用户喜好。 ◆ 状态要求：阅读涉猎广泛，文字功底扎实。 ◆ 技术要求：熟悉不同内容的策划流程及创意思路，有相关写作经验，有优秀的创意和文字能力，叙事逻辑清晰	◆ 内容敏感度高，执行效率高。 ◆ 网感好，脑洞大，思维活跃。 ◆ 有良好的沟通能力和抗压能力。 ◆ 熟悉当下热点和网络文化

（5）短视频制作岗位

短视频制作主要负责短视频的拍摄和剪辑，短视频制作岗位的工作内容如表 3-15 所示。

表 3-15　短视频制作岗位的工作内容

岗位职责	技能要求	素质要求
◆ 负责短视频内容的拍摄和剪辑，调度与控制现场。 ◆ 结合产品特性，进行短视频的内容脚本策划、细化脚本和拍摄脚本。 ◆ 管理和维护拍摄和后期制作设备。	◆ 技能基础：熟悉短视频的拍摄手法和剪辑操作、熟悉短视频的音乐运用。 ◆ 状态要求：对视频类媒体趋势有研究和分析，能进行时尚风格视频创作。 ◆ 技术要求：具有优秀的美术功底与视觉感，对构图、色彩及镜头语言有清晰的认识	◆ 吃苦耐劳，有责任心。 ◆ 具备良好的逻辑思维、协调和沟通能力。 ◆ 思维活跃，想象力丰富，有一定的创新力、动手能力和创新思维

4．建立胜任力模型

胜任力模型（competence model）是针对特定职位要求组合起来的胜任力结构，是一系列人力资源管理与开发实践（如工作分析、招聘、选拔、培训与开发、绩效管理等）的重要基础。

麦克利兰认为胜任力模型是"一组相关的知识、态度和技能，它们影响个人工作的主要部分，与工作绩效相关，能够用可靠标准测量和通过培训和开发而改善"。

吉尔福德（Guilford）则认为："胜任力模型描绘了能够鉴别绩效优异者与绩效一般者的动机、特质、技能和能力，及特定工作岗位或层级所要求的一组行为特征。"

直播电商人员的胜任力模型分为 4 个大类和 17 个具体要素，4 个大类分别是工作能力、专业态度、环境适应力和发展潜力，如图 3-17 所示。

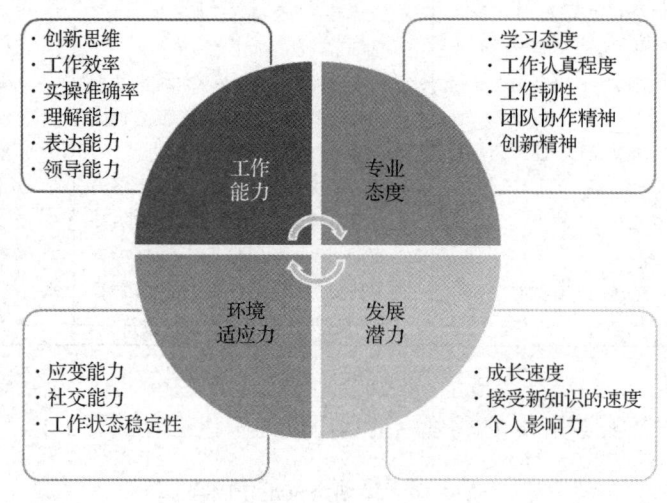

图 3-17　胜任力模型

基于胜任力模型的工作分析进一步提出了人与组织之间的匹配。

员工既要满足直播电商工作岗位的需要，同时也要使个体的内在特质与组织的基本特性相一致，因为直播机构之间，或直播机构与非直播机构之间的特点是有差异的。

根据直播电商的胜任力模型，可建立直播电商的人才培养体系。

5．建立培训体系

① 服务当下：培训工作的重点内容是使现有的人员能够胜任目前的工作，使培训工

作有计划、有系统地完成，完善培训制度体系、培训资源体系和培训运作体系。

② 面向未来：在确保能解决目前人才培养问题的同时更注重对企业未来所需人才的培养。体系设计以企业的发展战略为导向，使所建立的人才培养体系能够符合企业长期发展的要求。

③ 重视实践：借鉴培训体系中的先进经验，根据企业的实际情况进行量体裁衣的个性化再设计，以使所建立的体系既有先进性又具备实操性，如图 3-18 所示。

图 3-18 建立培训体系

6. 完善培养过程

初级、中级直播电商从业技能的获得和成长主要包括认知、实习、熟练和专业 4 个阶段。

（1）认知阶段

在这个阶段，要注重对业务知识相关概念、业务过程基本原理的理解，对具体的软件操作有经验，了解本技能与哪些技能存在关联。

（2）实习阶段

在认知阶段的基础上，基本掌握软件操作，在模拟环境或实际环境下完成完整的相关流程。

（3）熟练阶段

在从事直播电商工作一段时间后，熟悉软件操作细节，了解相关规则和注意事项，能有效地解决一些常见问题。

（4）专业阶段

深刻了解业务知识，能够整合其他技能，在日常工作中体现创新思维，并能承担技能指导和相应的管理工作。

3.4.2 直播团队的考核

1. 直播电商人才技能考核

人才标准是将行业从业者的资历分为若干级别的框架，技能指行业从业者掌握并能运用专门技术的能力，电商人才标准的划分依据是从业者所掌握的技能，各类招聘罗列的要求就是一种具体体现。

直播电商从业人员技能按层次可分为初级、中级、高级 3 种。

初级技能是从事直播电商工作的一般员工所具备的能力，如产品描述、直播工具使用、商品拍摄美化及脚本撰写等。

中级技能是从事直播电商工作的骨干级员工所具备的能力，如直播营销策划、粉丝管理维护、直播运营等。

高级技能是从事直播电商活动的领军级员工所具备的能力，如直播营销渠道的开发、供应链管理、模式创新等。

2. 直播电商人才测评考核

直播电商人才测评考核一般分为 3 个模块：直播电商基础理论知识、直播电商实践技能操作模块和直播电商职业道德。

直播电商人才分为初级直播电商师、中级直播电商师和高级直播电商师 3 个等级。

① 初级直播电商师对应初级人才标准，要求具备直播电商行业的基本职业道德，能够进行网络客服的运营管理及客户沟通，掌握货物仓储管理与物流运输，熟悉商品拍摄的具体操作，具备电子商务基础知识和行业工作者岗位的实际工作能力。

② 中级直播电商师对应中级人才标准，要求具备良好的职业道德素养，能够参与网络营销与推广，懂得直播电商平台建设，精通整个电子商务物流的运作、规划与管理，对直播电商和相关行业有独到的见解，直播电商行业综合管理能力和应用能力较强。

③ 高级直播电商师对应高级人才标准，要求具备优良的职业道德素养，熟练掌握直播电商平台的整体架构搭建和运营，主导技术分析等操作，完全具备利用电子化手段进行中小型企业创业调研、策划、财务管理及推广运营的商业能力。直播电商行业从业者经过相关业务理论知识、实践操作和职业道德等方面的线上和线下测评后，成绩合格者取得相应合格的证书。

直播电商人才测评内容包括相应等级的直播电商基础理论知识、直播电商实践操作技能和直播电商职业道德等方面，并要求根据所从事的不同行业、不同岗位，选择不同的知识技能模块进行学习培训，符合岗位"一主多能"的要求。

《直播电商人才培训和评价规范》简述如表 3-16 所示。

表 3-16 《直播电商人才培训和评价规范》简述

等级	直播电商基础理论知识	直播电商实践操作技能	直播电商职业道德
初级直播电商师	① 计算机基础知识和应用。 ② 网络应用基础知识。 ③ 直播电商基本概念。 ④ 网络营销基础知识和基本方法。 ⑤ 电商商务安全基础知识	① 网络客服方向，在线洽谈及沟通技巧、订单及交易纠纷处理、电商平台操作等。 ② 摄影技巧方向，包括图片拍摄基础知识、图片素材规划、图片处理及美化等。 ③ 仓储物流方向，包括电子商务与现代物流、快递基础知识、仓储与库存管理、订单管理等。 ④ 主播方向，包括素质素养、表现力、产品描述、直播工具的使用	关于基本的商业伦理、服务信用、防止商业欺诈等知识
中级直播电商师	① 直播电商概论。 ② 直播电商网络与营销。 ③ 直播电商的数据仓库技术。 ④ 直播电商的业务流程重组技术。 ⑤ 直播电商与供应链的集成应用。 ⑥ 直播电商法律与法规	① 运营推广方向，包括搜索引擎优化、电商平台运营推广等。 ② 平台建设方向，包括网站规划、数据库基础等。 ③ 物流管理方向，包括电子商务物流信息技术、电子商务物流服务管理等。 ④ 主播方向，包括带货能力、文化素养、才艺等	商业伦理、服务信用、防止商业欺诈、数据保密及防止隐私泄露等方面的知识
高级直播电商师	① 直播电商模式创新与传统企业转型策略。 ② 直播电商营销策略与数据分析。 ③ 直播电商团队建设与管理。 ④ 直播电商法律法规。 ⑤ 直播电商工具直播绩效管理。 ⑥ 直播数据分析及改善	业绩评估报告：要求学员提交企业经营业绩案例，组织专家以案例分析方式进行评估打分	商业伦理、服务信用、防止商业欺诈、数据保密及防止隐私泄露等方面的知识

本章实训

为更好地理解直播电商的基本理论知识，打好对直播电商的实践基础，下面通过实践训练来进行练习。

【实训目标】

1. 掌握个人直播团队的成员和团队架构。
2. 掌握直播团队的主播人设打造。
3. 掌握直播团队的职责和分工。
4. 掌握直播团队的考核标准。

【实训内容】

1. 列出个人直播团队的成员，说明这些成员各自的岗位职责。
2. 简述如果让你自己做主播，需要如何精确定位人设。
3. 简单描述胜任力模型的内容。
4. 简述初级直播电商师需具备的理论知识和实践能力。

【实训要求】

1. 了解个人直播团队的组建要求，了解MCN机构的背景和优缺点。
2. 明确直播团队各成员的职责，能够合理规划工作内容。
3. 熟悉直播电商的培训体系，能够了解直播电商的人才测评内容。

复习思考题

1. 个人直播团队的成员有哪些？
2. 什么是素人主播？
3. 个人直播团队和商家直播团队的区别是什么？
4. 直播电商的人才分为哪三个等级？

第4章
直播货品管理

> 学习目标 →

◢ **知识目标：**
1. 熟悉直播电商的选品及定价策略。
2. 熟悉直播电商的商品组合形式。
3. 熟悉直播电商的商品精细化管理。

◢ **技能目标：**
1. 掌握用户画像的分析方法。
2. 掌握直播商品的组合定价法。
3. 掌握直播主题的分类。

◢ **思政目标：**
1. 尊重直播电商行业的从业人员，维护和保障消费者的权益。
2. 培养学生诚信直播的品质，对于直播的商品必须亲自使用、体验。

【思政课堂】

打造诚信直播环境，牢筑电商诚信之基

号称全麦面包销售额第一、由知名主播带货的某品牌最近"翻车"了。

上海市消费者权益保护委员会（简称上海市消保委）将某品牌低脂全麦面包送往专业机构检测，检测报告显示，碳水化合物实际含有 45.7g/100g，比标出的数值高出约 36%；所含能量标出 764kJ/100g，实际检测结果为 1060kJ/100g，比标出的数值高出约 40%。某品牌这款面包宣传页面显示 1 个面包热量为 155 大卡。专家称，这款面包的实际热量约为 215 大卡。

"每天摄入热量不超过 1200 卡路里才能达到减肥的效果，按照某品牌标称来计算，一天吃 7 个（面包）就可以了，但是一个面包含有 215 大卡，如果坚持一天吃 7 个，直接从减肥变成了增肥！"上海市消保委在公众号文章中说道，如图 4-1 所示。

图 4-1　上海消保委公众号文章截图

上海消保委表示，商家在宣传时应遵守真实科学的原则，这种低标行为不仅是不诚信的体现，更是对消费者的不负责任。此外，消保委称未来或将公布全麦面包的更多问题。

同时，《人民日报》也针对"网红全麦面包翻车"事件评论："对主播来说，更大的流量意味着更大的责任，在选品质量、风险管理上应有更高要求，在满足消费者需求、维护消费者权益上应有更多作为。"如果产品名不副实、质量不过关、服务没有保障，直播时说得越天花乱坠，跟头就会摔得越惨。

习近平总书记强调："对突出的诚信缺失问题，既要抓紧建立覆盖全社会的征信系统，又要完善守法诚信褒奖机制和违法失信惩戒机制，使人不敢失信、不能失信。"直播带货，虽然其经营形式是直播，但最终交易的仍然是商品。在经营环境中，不管营销技术怎样迭代、渠道怎样更新，直播带货仍是市场营销行为，我们在直播带货时都应该坚持诚信的价值取向。尤其"食以安为先"，真实准确的营养标注是食品安全的重要保障，也是消费者知情权的重要组成部分。

从微观环境来看，直播电商的主播团队带"货"的质量还是需要主播们在带货前亲自体验一下，把好质量关、诚信关。从宏观角度来看，直播经济也是"口碑经济""信任经济"，从业者的守法、诚信才是其发展壮大的基石。

所以不仅要打造完整的产业链，还要打造信任链、信誉链，促进整个网络直播行业摆脱直播乱象、健康发展。因为直播带的不仅是货，更是诚信！

4.1 直播间选品策略

直播间的选品策略是通过相关方法和策略挑选适合直播带货的产品。

就如今所有的直播电商来说，直播选品是既耗费时间成本、运营成本又消耗精力最多的环节。但"这个产品不适合直播"是一个错误的命题。大多商家在选择直播商品时，都会非常盲目地按照价格、销量等直观因素，认为某商品不适合直播。对于直播间的产品，首先需要明确"没有不适合直播的产品，只有不合适的时机"。

本章我们将学习直播间的选品策略。

4.1.1 分析人群画像

在谈用户画像前，先来确定营销 3 大核心板块：卖什么、卖给谁和怎么卖。卖什么的本质是品牌定位工作，如知名主播卖的适合敏感肌的护肤品；卖给谁就是聚焦品牌核心用户；怎么卖，即通过何种渠道销售和传播。本节重点是如何找到核心用户——确定卖给谁，要对人群画像进行精准分析。

分析人群画像的重点是确定核心用户，一些影响力较大的品牌的源点人群更具说服力，更易引起其他消费者跟随。例如，小米会定位至发烧友消费者群体；耐克会定位至专业运动员群体；王老吉会定位至餐饮消费者群体。当品牌被这些源点人群所接受并逐步扩散至其他消费群体时，整个市场才会被进一步打开。

1. 人群画像的概念

人群画像与用户角色非常相近，是用来收集用户人群（人群背景、特征、性格标签、行为场景等）和联系人群需求与设计产品的。

简单地说，就是从大量的用户行为数据中挖掘有用的信息。它主动或被动地收集用户在互联网上留下的各种数据，然后尽可能全面地提取出用户信息的完整画面，从而帮助解决如何将数据转化为商业价值的问题。如猜测用户是男性还是女性、住在哪里、工资多少、喜好是什么、是否打算购物等。

2. 做人群画像的原因

【案例】

心理学上很著名的一组图叫"青蛙和马"，同样的一张图只要旋转 90°，你会发现一个是青蛙，一个是马，如图 4-2 所示。

图 4-2 "青蛙和马"

在直播电商环境里,商家认为产品有好的特点,消费者却根本不买账,也就是说,商家视角和消费者视角不同。

例如,一个空气净化器的品牌想迅速在市场打响知名度,商家认为自己的产品没有竞争对手,因为该空气净化器有除甲醛的功能,而国内没有其他品牌能做到。但是当消费者真正需要除甲醛时,他们可能会选择用绿萝、菠萝、茶叶、咖啡渣或开窗通风等方式。所以竞品并不仅指商家的竞争对手或同行,甚至有些竞品不一定与品牌是同一个品类。站在消费者的视角看待问题,答案会与商家完全不一样。

另外,若有一个核心卖点是空气净化器外形美观,商家一定会重点推广。但根据市场抽样调研,"外形美观"在消费者购买决策的影响中排倒数第三。这就是视角不同。

针对空气净化器视角不同的问题,可以用人群画像来解决。

在人群画像中,左边的圈是品牌想说的,右边的圈是用户想要的,去探寻人群画像的目的是找到中间的交集部分,这也是实现双赢的前提,如图4-3所示。

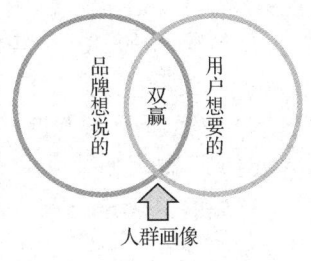

图 4-3 "双赢"人群画像

3. 人群画像的决策权重

一个品牌在制定商业目标时,通常会思考以下5个问题。

(1)确定目标

想要知道这个品牌的目标是否正确,需要先梳理品牌自身的资产、有什么背景、有什么独家技术、有什么差异化的特点及有什么样的用户群体。

(2)确定行业大环境

品牌所在的行业环境里现在有多少人、市场容量有多少、政策对这个行业的支持力度、它现在的发展趋势如何及行业里的主要构成。

(3)确定竞品

确定竞争对手,未来将会与谁争抢用户。

(4)确定用户人群特征

品牌面对的是哪类人群。

(5)确定销售渠道

销售渠道有哪些,如何去触达它们。

当以上这些问题被确定下来后,品牌对于人群画像的决策方向也就明确了。

4. 借助模型分析

这里借助某知名公司数据咨询总监的3C九宫格模型来进一步分析人群画像,如图4-4所示。

	品牌数据	品类数据	竞品数据
原数据			
行为数据			
态度数据			

图4-4 3C九宫格模型

人群画像的3C九宫格模型中纵坐标是原数据、行为数据和态度数据,横坐标是品牌、品类和竞品。在整个商业决策过程中,人群画像权重很高,它的应用场景也非常广泛。如对于渠道选择、内容创意甚至品牌升级等,都会有更加具体的答案。

(1)品牌数据

首先看品牌现有用户的数据,按照商业目标在现有用户原数据、行为数据和态度数据中进行挑选。

(2)品类数据

王老吉凉茶进军北方市场的时候也不知道应该跟谁竞争。

研究该问题时需要找品类背后的原数据、行为数据和态度数据,要知道在北方市场人们喝饮料的习惯、场景和主流的饮料,以及人们在喝这些饮料时的满意度,从而找到机会点,找到对应的竞品。

(3)竞品数据

要了解竞品的人群行为共性,如不满意的地方和特别满意的地方,去解决那些不满意的地方。

3C九宫格模型看似简单,但背后需要大量的数据支撑,不仅要去网上寻找相关数据,还要通过大数据结合小数据的方式还原背后的态度数据。

人群画像很重要,但更重要的是背后的数据化思维方式,这种思维方式可以运用数据手段去了解现象背后的规律。虽然当前的市场环境复杂导致规律很难找,但是找到后,人群画像就出来了,如图4-5和图4-6所示。

第 4 章 直播货品管理

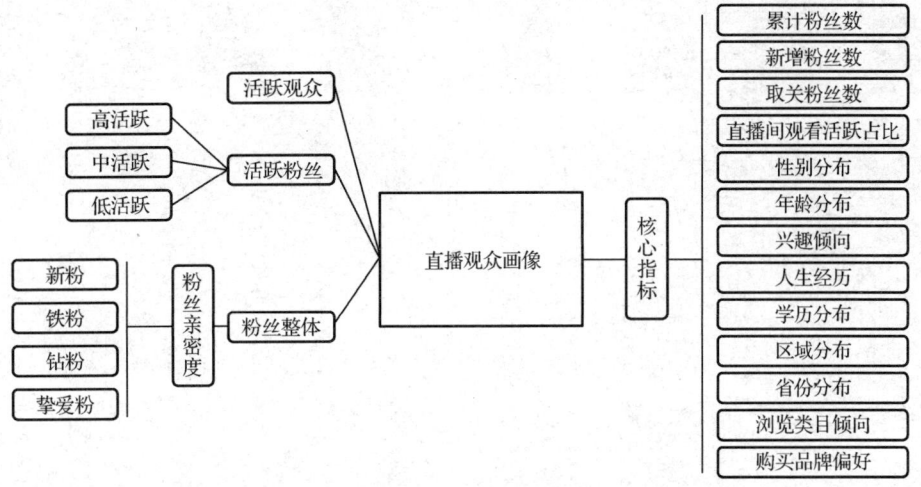

图 4-5 直播观众画像

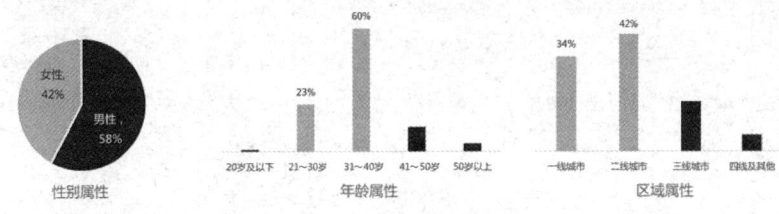

图 4-6 直播电商消费者画像

4.1.2 定位好匹配度

1. 精准定位

在分析人群画像之后，选品策略的核心是匹配直播间的人群画像。

在大数据时代背景下，用户信息充斥在网络中，人群画像是根据用户的具体信息设置标签，利用这些标签将用户形象具体化，从而为用户提供有针对性的服务。主要内容平台的八大消费人群画像示例如图 4-7 所示。

纵观各个阶层的消费者，其人群画像有着明显的差别。因此，企业在选择直播平台的同时，要精准匹配直播间的人群画像。

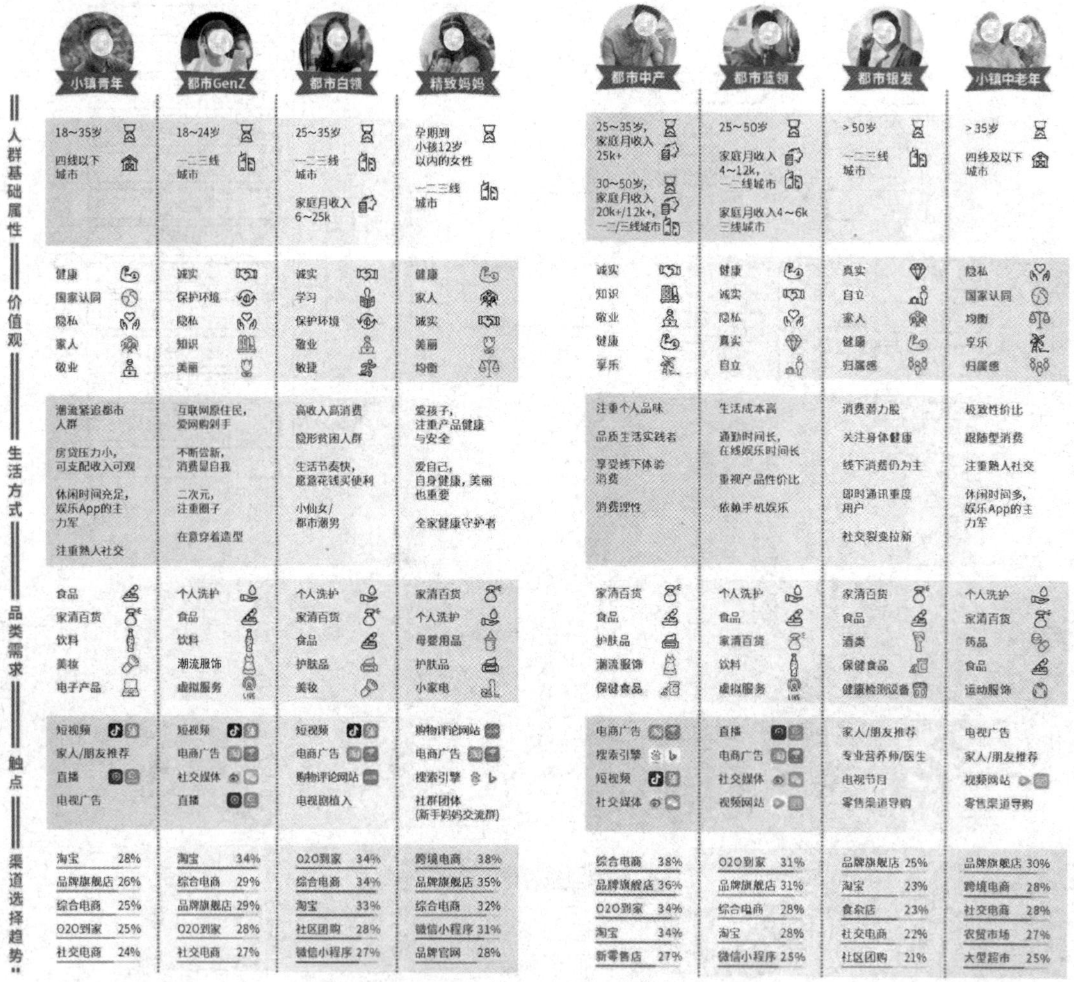

图 4-7 八大消费人群画像

2. 精确匹配

通过匹配直播间的人群画像，可以从人设、价格和功能方面来匹配主流直播电商平台的用户需求。

（1）人设匹配

主播选择与其个人环境相匹配的平台是直播选择的基本原则。例如，罗某曾是锤子手机的 CEO，他的粉丝大多是科技迷，所以在他的推荐名单上有 3C 产品当然没有错。吴某直播卖奶粉发生事故，显然是他的经营团队在选择产品时未能匹配他经济学家的身份而造成的重大失误。

（2）价格匹配

直播带货因为受制于运营的模式和用户群体的特征，只有高溢价、高频次、低价格，即低客单价，才能快速成为畅销货。

电商行业发展到现在，同质化严重是无法避免的市场问题，因此高性价比是提高直播带货成功率的关键因素之一。

用户除了看中直播电商的方便快捷，更在意的是出现在直播间的商品往往有一个让人惊叹的优惠价格。所以，在准备每一场直播的商品时，一定要准备一到两款高性价比的爆款产品吸引用户停留。

（3）功能匹配

直播电商企业在做产品决策时，一定要做到功能匹配，一方面产品要精准匹配主播的内容标签，另一方面要精准匹配直播间的用户画像。精准匹配直播间人群画像可以理解为"用户定向"，如图4-8所示。

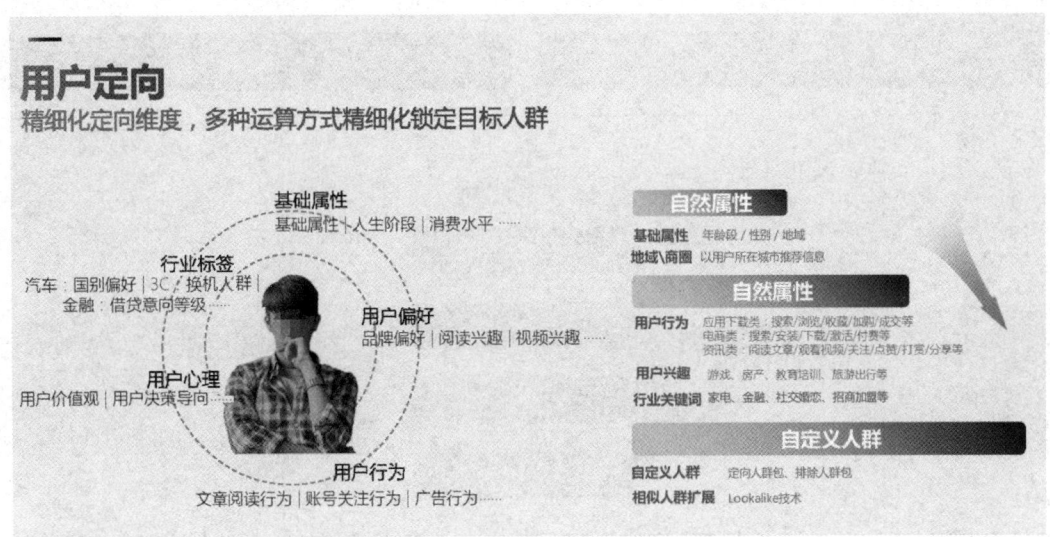

图 4-8　用户定向

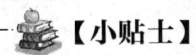

用户定向

在互联网广告中，用户定向是指投放广告时通过挖掘用户的历史行为数据来进行精确的广告匹配投放。例如，我刚刚在淘宝看了一本书，再去微博看新闻的时候，惊讶地发现微博页面恰好展示了刚才这本书的广告。真的有这么神奇吗？我们来看看这中间发生了什么。

我去淘宝浏览了商品，淘宝记录了我的用户信息，包括 Cookies、IP 地址、Mac 地址等所有能获取的信息，然后我打开微博新闻的时候，微博会通过 cookie mapping 得知我是淘宝的用户，会立刻发一个请求问淘宝：

"有个用户来我这了，恰好也是你的用户，你要不要展示广告？"

淘宝马上说："好的，就是他/她了。"

然后快速通过算法分析我的浏览记录、购物记录等，再匹配一个广告发给微博，微博会立刻向我展示这个广告，这个过程耗时大概不到一秒。

这是用户定向中一个很重要并且应用较为广泛的实例。

3. 利用大数据管理平台

在过去的互联网环境下，企业产品创新主要通过与用户交流合作、市场调研、问卷调查、采访、数据库数据采集等手段获取用户需求。

在现在的互联网大数据环境下，由电商平台、社交平台形成的大数据为企业分析用户需求提供了新资源，这种新资源改变了传统用户需求分析模式，形成了基于大数据平台的用户行为分析。这种处理方式利用大数据对用户进行精准识别，再根据需求将用户行为通过设置标签进行定义，然后对商品类型与用户类型进行高效匹配。利用平台的大数据对人群画像进行定义和分类，通过大数据分析和观察来为业务赋能，精准地进行人群画像匹配，如图4-9所示。

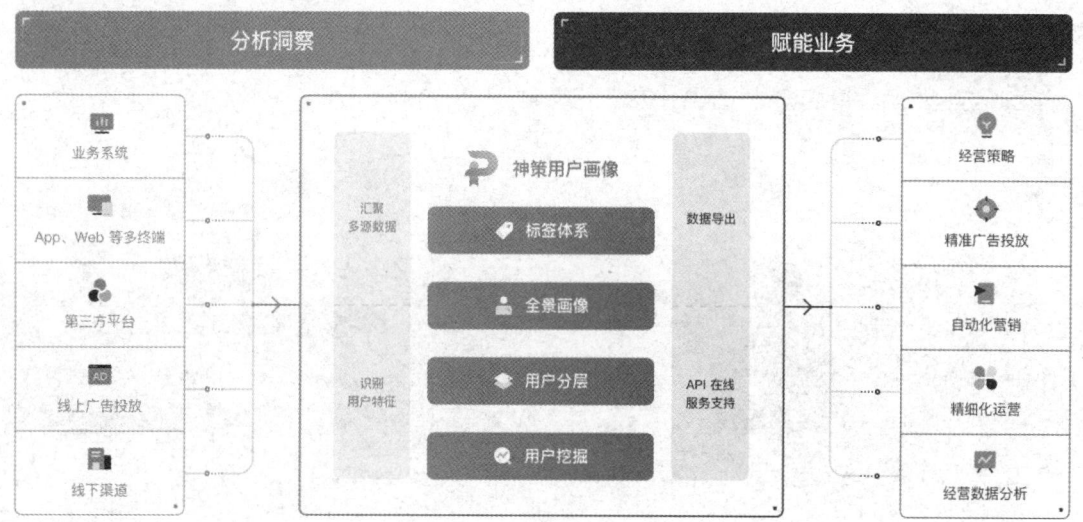

图4-9 大数据平台赋能业务，精准匹配人群画像

4.1.3 明确市场需求

在做到精确匹配的同时还要明确市场的需求，要知道什么类别的产品最畅销。

1. 刚需类快消商品

刚需类的低价快消品在直播间很吃香。现在热门直播的选品大多以服装、护肤品、化妆品等生活日用的快消品为主。这些品类平均的客单价一般不会超过两百元，因为对于消费者来说，这些品类是刚需且性价比高，便于经常购买。

所以现在很多直播间都会同商家签订合作协议，要求提供的品类必须是性价比高的，使消费者能进行高频复购的，还要保证价格是最实惠的刚需品。

2. 普适类商品

这里主要指服饰类的商品。

大家买纯色T恤为什么无须多加思考？花色棉袜的销量为什么没有女性丝袜的销量高？个性化服装为什么不如睡衣好卖？这些问题都有一个相同的原因，因为纯色T恤、女性丝袜、睡衣都是普适类商品。普适类商品对于消费者来说选择面更广，它的市场空间更大，能满足多数人的需求，更重要的是普适类商品的退货率要远低于精于设计的个性化商品。

3. "表演型"商品

"表演型"商品也就是方便直播间现场展示的商品，利于主播直接讲解和演示。例如，厨房、卫浴、卧室等类的商品。

与传统电商平台的图文演示方式相比，直播视频的动态演示方式，更能体现此类"表演型"商品的卖点，更容易吸引消费者，提高转化率。比如，想证明清洁布的去污能力，主播可以直接现场演示；要想展示洗脸盆的结实耐用，主播可以站在倒扣的洗脸盆上；推荐不粘锅，就要在摄像头面前煎蛋证明它不粘。

4. 引起"同理心"商品

很多商品卖不出去或者销量越来越平淡的一个重要原因就是商家没有找到激发消费者"同理心"的方法。美国交互设计协会主席乔恩·科尔科在《好商品拼的是共情力》一书中提到，共情又称为"同理心"，是商品人思维体系的核心。直播带货能引起"同理心"的方式有两类：身份共情和商品共情。

美食视频的火爆就是因为主播在镜头前毫无保留地演示享受美食的过程，这种方式能让消费者很快地产生同理心。

4.1.4 紧跟社会热度

在宏观环境下确定选品策略，既要明确市场需求，又要紧跟社会热度。

1. 行业风向

观察整个直播行业，了解同等级和略高于自己等级的主播都在卖什么产品。借助数据分析平台查看走势向上的产品和近期爆品，快速判断该产品是否适合自己的直播间。

2. 市场趋势

线下门店在每一个季节都会对产品做出相应调整，夏天卖冰箱，冬天卖暖炉。在特定节日更会提前准备应景的产品，如中秋的月饼和端午的粽子。线上直播也应有针对性地调整产品。

3. 关注热点

主播平时要多关注名人的社交账号，这样当他们被电商平台或商家邀请做直播时可以及时看到预热文案，从而做好应对的准备，就有可能抓住巨大的商机。

4.1.5 选择特色品类

1. 诠释特色品类的方法

（1）阐述商品特征

直播时主播需要清晰、简单地阐述商品比较独特的成分或功能。

（2）体现商品优势

主播基于前面提到的商品功能，进一步说明商品的优势。

（3）突出用户利益

基于商品优势，进一步说明商品可以帮助用户解决什么问题，同时说明在直播间购买商品的用户可以获得的额外好处。

（4）赋予情感

主播最后可以赋予商品一定的情感，以激发用户的情感共鸣。

诠释特色品类的方法如图4-10所示。

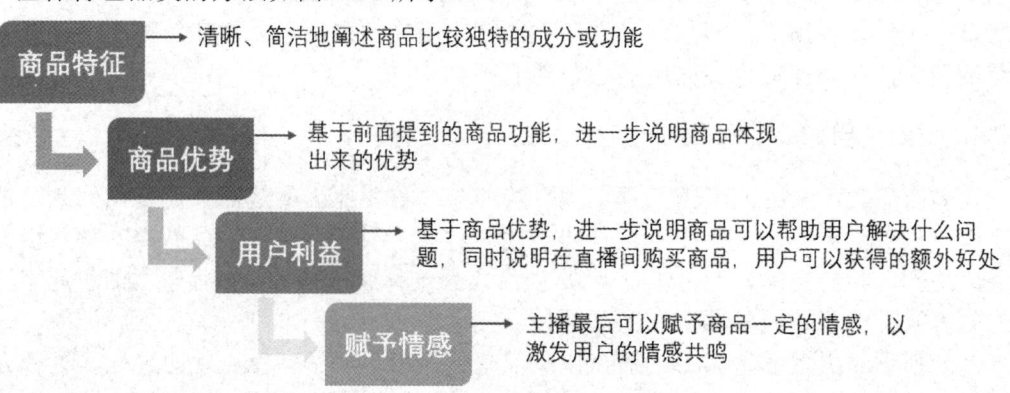

图4-10　诠释特色品类的方法

2. 商品特征的类别

根据商品的特征可以分成3个类别：引流款、跑量款和印象款。

① 引流款：有着独特优势和卖点的商品。

② 跑量款：为了提升竞争优势，通常会设置一个近乎零利润的较低价格。目的不是赚钱，而是提升直播间的销售量，也就是"薄利多销"款。

③ 印象款：一般是直播间粉丝购买的第一单货品。这一单的购买体验决定着粉丝对整个直播间的印象及后续的复购概率。印象款的商品对于直播间的销售至关重要。

结合上面说的3种类别的商品特征，在进行商品排序时应优先上印象款的商品，促成新粉丝的第一次购买。在直播间人气达到顶峰时，推出引流款，把那些有购买欲望的粉丝留在直播间。跑量款出现的位置不固定，可以多次穿插在高客单价的商品之间，以调节粉丝的情绪和购买欲。

4.1.6　选择高性价比的商品

不管在哪个直播电商平台，高性价比、低客单价的商品都会在直播带货中更占优势。高性价比是用户选择在直播间下单的一个重要原因，主播一定要最先保证粉丝的利益，这样才能获取粉丝的信任，提高复购率。所以，在搭配每一场直播的货品时，一定要准备一到两款高性价比的爆款产品吸引用户停留。

4.1.7　必须亲自体验

主播亲自体验产品是对粉丝负责的表现，只有自己用过，才知道这是不是一款好的产品，能不能满足粉丝的需求。

主播提前使用产品也能了解产品的特性，在推销产品的时候描述才会更加精准，具有说服力，也更能博得粉丝的信任。

线上购物与线下购物的区别在于，线上粉丝只能透过屏幕看到产品，既不能触摸也不能尝试，体验感相对较差。因此，在直播中及时呈现最真实的状态可以让用户有更好的体验。

例如，要销售螺蛳粉，主播可以在直播时尽情地吃，让观众有一种身临其境的感觉，然后可以告诉观众吃完后的味道，如辣、甜、咸、鲜等，让观众产生很强的代入感，如图 4-11 所示。

图 4-11　主播亲自体验产品

> **思政导入**
>
> **亲自体验直播商品，打造诚信直播环境**
>
> 从 2020 年开始，直播带货解决了不少商家的销售困境，但"井喷"状态下的直播经济也出现了不少问题。
>
> 直播带货，借助的形式是直播，但最终交易的仍然是产品。产品质量过不过关、服务有没有保障，才是决定用户会不会再次购买的关键。

4.1.8　实时查看数据

如何通过实时数据调整直播间的节奏？

直播期间的商品上架时间和讲解时长并不是一成不变的。一个成熟的直播运营团队，通常会根据直播期间的实时数据变化进行调整，具体操作如下：

1. 巧用引流款，提高直播间人气

我们知道，直播时间越长，观众的流失比例就越大。当发现直播间实时人数开始下降时，可以增加引流款商品的投放比例，并搭配整点抽奖等活动来增加直播间的趣味性，提高用户停留时长。

例如，在李某的直播间中，当直播进行 3 小时后，直播间上架了一款 19.9 元的衣物养护剂，这个操作不但获得了 5.2 万元的单品销量，而且吸引了一波流量，如图 4-12 所示。

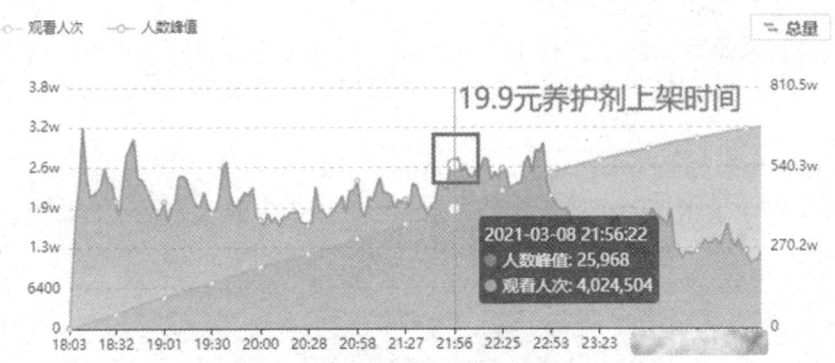

图 4-12　李某直播间流量数据

2. 在直播间流量高时推出爆款商品或利润款商品

在直播间流量较高时推出爆款商品，能保证商品被更多观众看到。同时，主播可以适当拉长商品的讲解时间，反复强调产品的价格或优惠活动，增加商品的转化率。但上一场直播的爆款不一定符合本场观众的喜好，因此还可以结合正在购买弹幕条数趋势图（见图 4-13）及上架时间，了解观众对哪件商品的购买意愿更大。

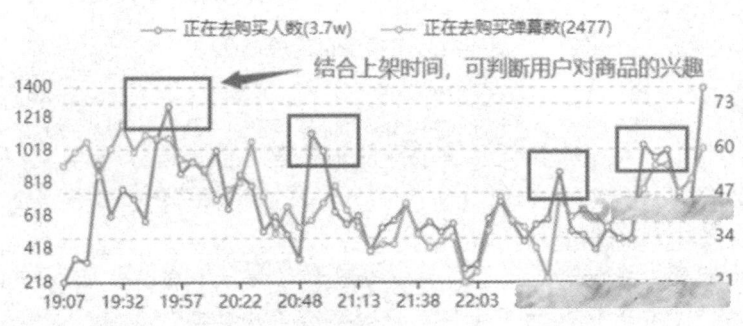

图 4-13　正在购买弹幕条数趋势图

3. 根据观众需求调整商品上架顺序

观众对直播间商品有较强的购买意愿时，会主动在评论区留言。因此通过互动数据，就可以了解观众对当前商品的关注焦点。根据观众需求调整商品上架顺序和讲解时长，可以更好地留住目标用户。

（1）经验丰富的直播团队会根据直播过程中的实时数据变化来调整商品上架顺序，主要参考的数据有实时在线人数、粉丝增长率、点击转化率及粉丝互动频率等。

（2）直播团队要查看直播间每日成交数据和不同商品的购物数据，分析商品的销售情况和补货节点；还要查看每日直播数据的峰值和低谷，统计每件商品的成交额、人均成交额、点击转化率和停留时长等。

(3) 在直播结束后，直播团队还需要收集用户反响，并关注退货、结算、售后等问题，根据这些数据及时改进直播间选品的策略。

4.1.9 严格精选货源

商品的挑选是非常关键的，在一定程度上决定了直播间粉丝量和产品销量。而影响直播间选品的一个关键因素就是货源。

1. 精选货源的原因

（1）货源决定商品质量

无论何时何地，质量好的商品一向都能够获得消费者的好评，可以吸引新的客户购买，同时也可以留住老客户。所以选品要选有质量保证的商品。

（2）货源决定商品供货周期

当商品成为爆款时，需求量会特别大。但假如这件商品的供应链出现问题，那么原本可以成为爆款的商品会被迫终止推广，最后得不偿失。

（3）货源决定商品价格

第一手货源能更好地决定利润空间，利润空间可控使主播在推广商品时更有底气。

2. 寻找货源的方法

① 目前很多抖音直播带货的主播基本都从各大电商平台上找货，如淘宝、天猫等。主播可以主动找商家谈合作，商家利用主播的流量来销售商品，然后主播通过短视频平台直播带货赚佣金。

② 很多直播平台自己有货，不需要主播有货源，找到和主播领域有关的比较热门的产品直接开始带货就可以，有条件的主播可以多部手机同时直播。

3. 寻找货源的渠道

寻找货源有以下 4 种渠道，如图 4-14 所示。

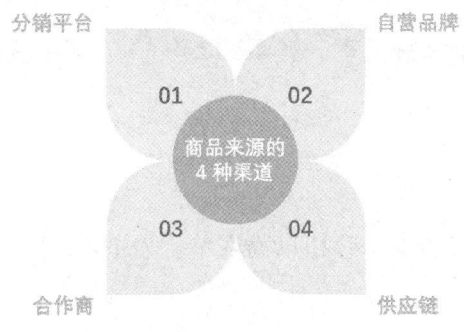

图 4-14　寻找货源的渠道

（1）分销平台

淘宝天猫、京东、苏宁易购、唯品会等电商平台通过分销他人的产品赚取分销佣金。目前，抖音上大部分主播销售的产品都来自分销平台。

（2）自营品牌

自营品牌适合自己有产品和供应链的主播。如可以开通抖音小店，卖自营品牌或特产类的产品。这种渠道的缺点是对供应链、货品更新、仓库存储要求非常高。基本只有某些头部主播才有自己的供应链。

（3）合作商

这种方式一般通过商务联系或对外招商实现。如知名主播们基本都是商家主动找上门来求合作的。与商家合作的优点是品牌商品较多，商品质量有保障，转化率高；缺点是佣金一般比较低。

（4）供应链

直播团队可以自己拓展供应链，如某些头部主播就有自己的商品供应链。这种方式的优点是利润超高，缺点是需要资金链。如果自己管理商品供应链，稍有不慎就可能把自己拖垮。

4.2 商品定价策略

4.2.1 根据直播平台选择价格区间

在选择价格区间时，首先要确定主播的不同类型，按主播类型进行直播商品的定价。这里涉及的主播主要有3种类型：专业型主播、文化娱乐型主播及亲民型主播，如图4-15所示。

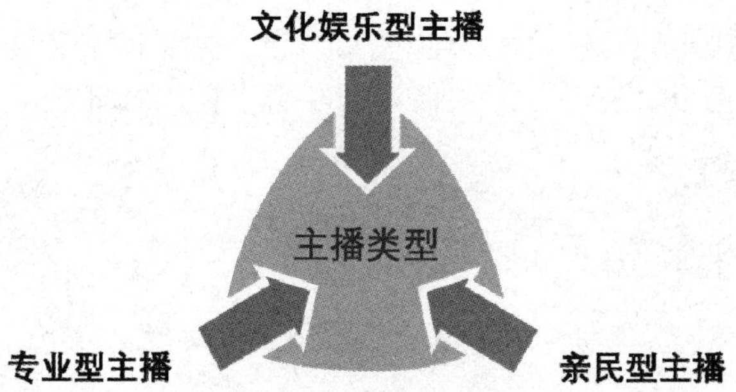

图4-15　主播类型

1. 专业型主播

专业型主播在为商品定价时，价格以高客单价为主，中客单价为辅，如图4-16所示。

2. 文化娱乐型主播

文化娱乐型主播在为商品定价时，价格以中客单价为主，低客单价为辅，如图4-17所示。

第 4 章 直播货品管理

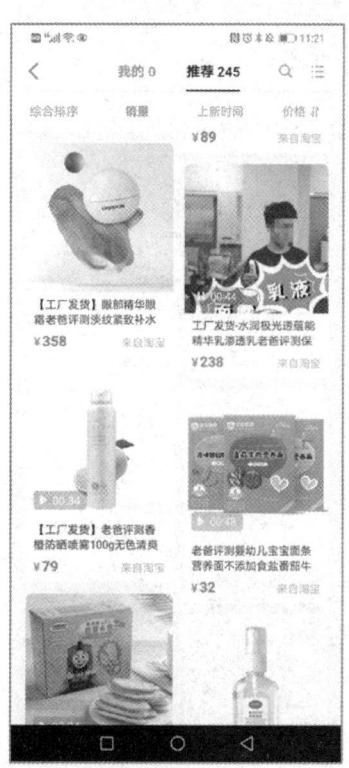

图 4-16　专业型主播商品定价示例

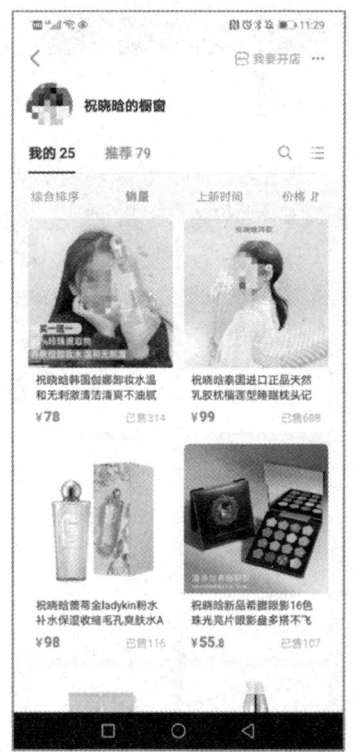
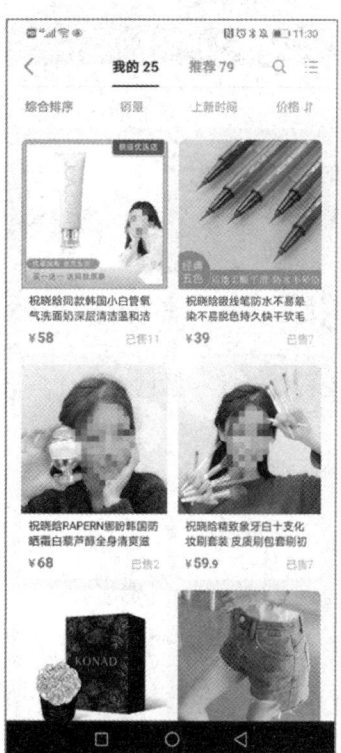

图 4-17　文化娱乐型主播商品定价示例

3. 亲民型主播

亲民型主播在为商品定价时，价格以低客单价为主，中客单价为辅，如图 4-18 所示。

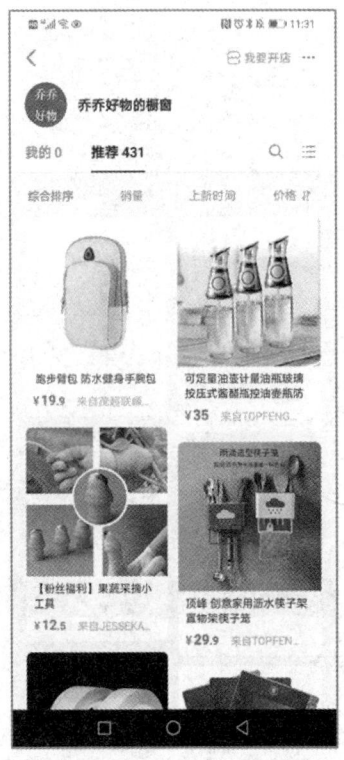
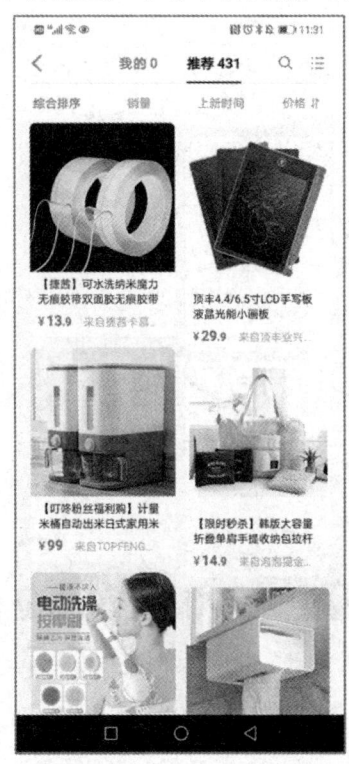

图 4-18 亲民型主播商品定价示例

> **幽默型主播给人带来快乐**
>
> 　　做一个幽默的文化娱乐型主播，不仅需要知识渊博，而且要逻辑清晰，给人成熟、稳重的感觉。幽默的语言也是吸引粉丝的关键因素，虽然幽默型主播人气未必高，但是直播中永远不会缺乏粉丝，因为幽默可以给人带来快乐。谁不想在繁忙的工作之余看直播购物时多享受一份快乐呢？

4.2.2 商品组合定价法

1. 组合定价法的概念

组合定价法是指为满足消费者的心理需求，获得整体最高经济利益，使某一商品价格时而高时而低。这种方法通常结合互补商品或关联商品进行组合定价。

2. 商品组合定价策略

① 搭配定价——将多种商品组合成一套商品再定价，给用户购买的满足感。
② 系列产品定价——根据商品的档次、款式、规格、花色分别定价。

③ 主导商品带动——把主导商品价格固定住，变化其消耗材料的价格。
④ 以附加品差别定价——根据客户选择附加品的不同，区别主导商品价格。
此外，还要考虑价格心理因素，如折扣、价格尾数、优惠等。

【小贴士】

商品组合定价策略

商品组合定价策略是对不同组合商品之间的关系和市场表现进行灵活定价的策略。一般是对相关商品按一定的综合毛利率联合定价，对于互替商品，适当提高畅销品价格，降低滞销品价格，以扩大后者的销售，使两者销售相互得益，增加企业总利润。对于互补商品，有意识地降低购买率低、需求价格弹性高的商品价格，同时提高购买率高而需求价格弹性低的商品价格，会取得各种商品销售量同时增加的良好效果。

商品组合定价有以下 5 种。
① 商品线定价。
② 任选商品定价。
③ 附属商品定价。
④ 副商品定价。
⑤ 捆绑定价。

商品组合定价如表 4-1 所示。

表 4-1 商品组合定价

商品分类	主推品	福利品	爆品	基础品	组合品	高端品
必备要素	1. 品牌主推新品； 2. 品质好； 3. 库存多	1. 库存多； 2. 优惠力度高； 3. 利润率低	1. 品质好； 2. 市场反响好	—	优惠力度高	1. 品质好； 2. 客单价高
非必备要素	1. 市场反响好 2. 利润率高	—	1. 库存少 2. 利润率高	1. 新品（除品牌主推外都可以） 2. 品质一般 3. 市场反响一般	1. 库存多 2. 利润率低	1. 市场反响好 2. 利润率高
商品定义	主推商品是指： 1.（较其他产品）具有差异点，利润率高，市场反响好的产品。 2. 新品上市，需要增大关注力度的产品。 通常是整场直播的主要利润来源	福利品也是引流品： 1. 往往知名度高、原价价格相对同类品较高，但在直播内会给到一定价格或赠品的优惠。 常配合直播间活动设置，如整点、点赞满多少之类，为增加用户停留时长、直播间互动率及销量。 2. 累计了一定量的库存，在直播间内设置一定福利，以清库存为主	商品辨识度高，在市面上具有一定热度，通常有（明星/品牌/资质）背书，库存量较少	一般是与其他品类相搭配的产品，如新品上市除主打款外的产品。 更类似于为了让消费者在一场直播中获得完整体验的补充货品，在整场直播中可以占比20%~30%	1. 组合商品可以单独出售，也可以捆绑出售，如亲子装、情侣装 2. 店铺可以设置满减优惠，"买二送一""第二件半价"等，目的都是增加销量、减少库存	品质较好、客单价相对于自家其他商品较高，是品牌调性的象征。对比之下，就可以突出主推款的价格优势，这类商品在整场直播中，可以占比10%~20%。例如，李宁走秀款

4.2.3 花式价格策略

1. 花式价格策略的概念

相对于"买一送一,买二送一"这种传统的价格策略,直播带货中的花式价格策略是其升级版,这种策略也叫"阶梯策略"。

阶梯策略适用于食品和快消品。例如,某商品线下价格 68 元,在直播间第一件 38 元、第二件 28 元、第三件 18 元、第四件免费送。在这种阶梯策略下,主播往往会建议消费者直接购买 4 件,因为很明显 4 件一起拍更划算。

这种阶梯型的价格递减,能给用户强烈的冲击,刺激用户的购买欲望,引导消费者多件同时下单,达到提高销量的目的。需要注意的是,引导话语一定要清晰简明,在下单链接里注明建议拍几件,如果能标明线下原价进行鲜明对比,效果会更突出。

2. 花式价格策略的优势

① 在母婴类的产品中,纸尿裤和零辅食等快消品很适用阶梯策略,在价格和数量的加持下,相对于平价售出和"买一送一"来说,采用阶梯策略的价格在利润和销量上还是可观的。

② 阶梯策略对于一些冲击销量的单品来说,无疑是最好的方法和策略。相对于捆绑其他产品进行销售,阶梯策略一般都是 3~5 件组合起来让消费者购买,也适用于一些产品的促销。

3. 花式价格策略的注意点

① 对于采用阶梯策略的产品,主播一定要做好引导。即如何突出这款或这组产品的价格优势,对于这类产品,价格优势是需要首先体现的。

例如,辅食原价 42 元/罐,直播间价格第一罐 39.9 元、第二罐 29.9 元、第三罐 19.9 元、第四罐免费送。而主播在直播的时候,可以利用小黑板,将 4 罐的原价算出来,与直播间价格形成鲜明的对比,即相同的产品,价格更优惠。

② 通过语速和声音,向用户传达产品的优惠力度,刺激用户购买欲,让观看直播的用户兴奋起来,进而下单购买。

例如,主播喊的"倒计时",可以营造出紧张和商品稀缺的氛围,让用户觉得这次不买肯定没有这样的价格了。

③ 关注直播间的提问,解释如何下单。尽管产品链接上已经标明了如何购买和下单,但还是会有一些刚进入直播间的用户询问如何购买和下单,在直播间产品下架之前,一定要不断重复或间接性重复,引导用户如何拍下。

④ 除了以上策略,更要极力打造人设,如果没有称号,可以自封,让观看直播的用户记住主播的名字,对主播产生好感,培养那种即使没有消费需求,也每天看你直播的用户,凭实力和个人魅力圈粉。

4.3 直播间商品组合形式

4.3.1 直播间商品的组合

直播电商并不一定是粉丝多就会有好的销售额,除了有针对性的分析,匹配用户的人群画像及确定定价策略,在直播间里的商品组合同样能够影响直播间的销量。

例如,在直播间里卖一件商品,49 元 1 件没人买,但换成 110 元买 1 件实发 2 件,并送 1 个价值 10 元钱的赠品,马上就卖掉了。这就是直播间里特有的定价和商品组合。

1. 直播间商品的组合分类

① 单一款式商品组合。

商品类别:全部为同一品类商品,如全部为美妆或食品。

款式数量:一般为 5~10 款,主推其中 3 款。

商家类型:品牌型商家/供应链型商家。

优点:组货成本低,操作简单,操作门槛低。

缺点:受众过于单一,转化成本较高,通常对广告流量依赖度高。

② 垂直品类组合。

商品类别:全部为同一品类商品或相关商品,如全部为食品。

款式数量:垂直类直播间库存量单位(Stock Keeping Unit,SKU)数量一般较多,一般在 30 款以上,且定期更新。

商家类型:达人型商家/品牌型商家/供应链型商家。

优点:商品品类集中,有利于吸引同一类人群,从而提高转化率,直播爆发潜力大。

缺点:商品品类垂直粉丝兴趣也趋于垂直,不利于拓展直播品类。

③ 多品类组合。

商品类别:通常包含 5 个及以上的商品品类,其中食品、美妆、家居、珠宝、服饰类最常见。

款式数量:一般为 30~80 款商品。

商家类型:明星/达人型商家/供应链型商家。

优点:品类多样,受众范围广,引流简单,粉丝停留时间长。

缺点:直播时容易被粉丝多样化的需求带偏节奏,影响直播效果,对主播的场控能力要求较高。

④ 品牌专场商品组合。

商品类别:全部为同一品牌或衍生品牌商品,如全部为"波司登"羽绒服。

款式数量:一般品牌专场 SKU 数量为 20~50 款。

商家类型:明星/达人型商家/品牌型商家。

优点:与品牌官方合作可以保证商品为正品,同时作为专场合作,可以拿到更大优惠,利于转化。

缺点:单一品牌组货难度较大,品牌专场直播数据一般都不及日常直播。

⑤ 平台专场商品组合。因为抖音、快手、淘宝等不同平台都有不同的特性,我们可

以根据平台特性选品。如快手以前有句口号叫"好货不过百"。

商品类别：平台专场商品组合和多品类类似，只是一般商品来源不同，平台专场商品组合的商品，一般由某大型平台商家/大型供应链商家单独提供。

款式数量：一般为30~80款商品。

商家类型：明星/红人/供应链型商家。

优点：大型平台商家/供应链商家带来的货品资源更加优质，往往能提供较高的优惠力度，加之平台强烈的正品保证，能大大提高观众的购买意愿。

缺点：平台专场商品组合成本较高，直播优惠力度有限，容易被竞争对手打压。

2. 商品促销活动组合

直播间可以将促销活动进行合理组合，目前电商平台各种促销活动类型有如下10种。

① 直降活动，就是商品直接降价，在电商平台大型促销活动中最为常见，如双11、双12、周年庆等。这种活动最简单，用户也最喜欢。

② 折扣，就是商品促销打折。折扣应该是目前促销活动中出现较多的一种方式，不管是线下卖场还是线上促销，都会看到类似"一件九折，两件八五折"的活动，买得越多折扣越大。

③ 赠品，赠品分为买就赠和满额赠两种。例如，买手机送耳机，买衣服送袜子，这些都是很好的营销策略，以赠品来刺激消费者购买，以至于很多人在淘宝购物直接问店家有没有赠品，这种促销方式在消费者的心里已经根深蒂固。

④ 赠积分，一种积分是当用户完成注册登录、发表内容、点赞评论等指定行为时获得的，积分可以兑换商品；另一种积分是当用户消费购物时按照金额累计赠送的，可以在再次购物时抵扣现金。

⑤ 多买多惠，在大促活动中经常用于提高客单价，以刺激用户买得更多。

⑥ 满额减，现在满额减形式的促销活动很多，有全场参加的和有部分品类参加的。例如，天猫超市经常满199元减100元，部分商品参加，以刺激该类商品的销售，大部分商品单价不足199元，用户为了享受优惠，只能购买其他活动商品凑单。

⑦ 团购，指电商平台设置的团购活动，以很低的价格促销，每天在固定时间开团，并限量供应。这些商品利润比较低，竞争激烈，商家为了获取较大的利润，只能采取薄利多销的策略，用团购的形式冲销量。

⑧ 手机专享，很多公司为了推广自己的App，培养用户使用App购买的习惯，在做活动时，特意将很多商品促销设置为手机专享，如1元抢矿泉水、1元买纸巾等活动。

⑨ 会员专享价，为了活跃和留存老用户，很多电商平台会采用会员等级机制。

⑩ 加价换购，电商平台常用1件性价比高的商品来做换购，如购物满399元加10元即可换购1个价值99元的水壶。

但良好的促销方式及其组合须按实际情况进行搭配，也应结合具体的业务目标，灵活运用多种创新组合或转换方式。

4.3.2 直播间商品的陈列

商品陈列是烘托直播间购买氛围的一种手段。完美的商品陈列空间是主播推销商品的舞台。只有将展示方式、空间设计和商品相结合，才能实现完美的直播。当用户进入直播间时，第一反应是对产品陈列的视觉反应。产品陈列的效果直接影响留存用户的数量和用户的消费意愿。

直播间的商品陈列主要有主题式、品类式和组合式 3 种类型。

（1）主题式陈列

主题式陈列的主要特征是统一，即与直播间的主题风格保持一致，如表 4-2、图 4-19 所示。

表 4-2　陈列主题内容

主　题	分　主　题	具体内容
节假日	中国传统节假日	春节、端午节、元宵节、中秋节、清明节特色商品
	文化历史节假日	儿童节、教师节、母亲节、父亲节、劳动节特色商品
季节	春季	春季新品、烧烤用品、防雨用具
	夏季	清凉降火、防晒、防蚊、沙滩玩具、夏季新品、饮料、雪糕
	秋季	秋季新品、旅游、民宿
	冬季	保暖御寒、火锅、润肤乳
商品品类	零食	干果、罐头、薯片、果冻、酸奶、糖果、巧克力
	服装	裙子、衬衫、牛仔裤、西装
	美妆	口红、润肤乳、眼影、面膜
	厨卫	洗涤用品、餐具

零食陈列

女包陈列

图 4-19　主题式陈列示例

思政导入

主题式陈列可宣扬中华传统文化

商品陈列文化是塑造品牌形象不可或缺的重要因素，所以将与中国传统节日或历史纪念日息息相关的特色商品进行主题式陈列能很好地展示中华传统文化，并将其发扬光大。

（2）品类式陈列

品类式陈列主要是通过品类的组合，为用户营造琳琅满目、可以尽情选择的购物氛围，从而让用户购买到自己心仪的商品，如图 4-20 所示。

图 4-20　品类式陈列示例

（3）组合式陈列

组合式陈列主要通过强调商品与商品之间的紧密联系，引导用户将商品组合起来同时下单，如图 4-21 所示。

图 4-21　组合式陈列示例

4.4 直播间商品精细化管理

在直播过程中，商品普遍存在不够美观、利用率低、单品销售不足等问题。这是因为主播没有按照符合直播需要的逻辑对商品进行合理的细分，导致了商品布置混乱，直播数据不佳，并不断循环。为了扭转这种情况，主播必须精细地布置和管理直播间内的商品。

4.4.1 确定直播主题

1. 直播主题的类型

可以把整理和布置直播间货品理解为写一篇文章，最先要确定的就是文章题目，也就是直播主题。直播主题可以分为两类：场合主题和活动主题，如表4-3所示。

表4-3 直播主题类型

直播主题的类型	具体内容
场合主题	休闲、办公、聚会等
活动主题	上新、打折、节日等

2. 服装电商搭配的两大重点

确定了直播主题，接下来就该根据直播主题来补充相应内容了，正如一篇文章的提纲。不同的直播主题搭配具备不同特性的商品。搭配的两大重点是风格和套系，风格统一，整个直播的商品调性才会一致，如表4-4所示。

表4-4 搭配重点

搭配的重点	具体内容
风格搭配	主播风格、人群风格、道具风格
套系搭配	单品搭配、一衣多搭、配饰搭配

> **思政导入**
>
> **服装搭配彰显中华传统文化**
>
> 中华传统文化博大精深，包含着丰富的设计元素，这些设计元素是东方文化的宝贵财富，彰显了中华传统文化的精髓，内涵丰富、形式多样。而通过汲取中华传统文化的精华，使现代服装设计与搭配能深入中华传统文化的土壤中，在表现基本服装功用的同时也肩负着历史使命——在直播时通过服装搭配展示不断地输出中华传统文化。

4.4.2 规划商品需求

要深入了解每一场直播需要的是"具备什么特征的商品"，在表格中清晰地呈现出直播主题、商品数量、商品特征三大要素，如表4-5所示。

表 4-5 规划商品需求

直播日期	主题	商品数量（件）	商品特征	辅推商品
6月16日	夏至出游拍照必学穿搭	500	透气性能好、穿着舒适、色彩鲜艳	平跟凉鞋、遮阳帽、太阳镜、泳衣
6月17日	遇到心动男生，打造自身魅力	1000	显瘦款、裙装为主	高跟鞋、饰品、包包
6月18日	9.9元包邮"宠粉"活动（项链）	500	小巧精致、凸显气质	耳坠、口红、裙装

4.4.3 规划商品配置比例

最后是精细化货品配置的核心，也就是商品数量的配比和更新。这里统称为"商品规划"。商品规划的三大要素是商品组合、价格区间和库存配置，合理的商品配置可以大大提高商品的利用程度，最大化消耗单品库存。经过反复测试，把商品配置的比例进行了如下划分，如图4-22所示。

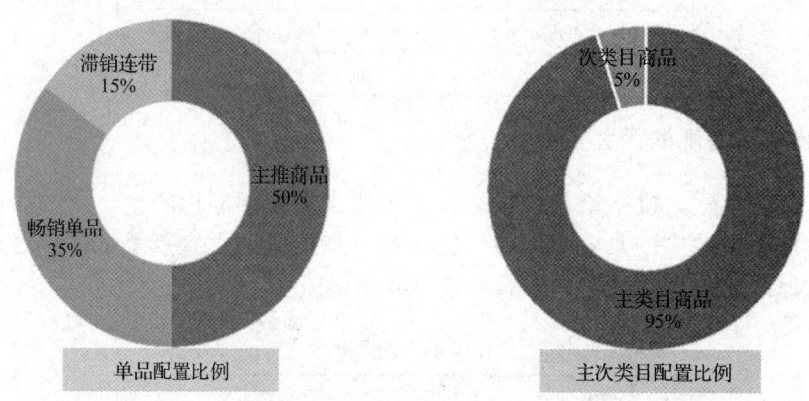

图 4-22 商品配置比例

按照这样的比例，只要根据直播时长等确定好每场直播的商品总数，然后根据以上商品配置比例做好相应数量的选品即可。通过商品配置可以明确知道，具备哪些商品特性的商品分别需要多少数量，如表4-6所示。

表 4-6 商品配置数量

直播商品总数	主类目商品 95 款				次类目商品 5 款
	主推商品 48 款		畅销单品 34 款		滞销单品
	新品数量	预留数量	新品数量	预留数量	
100 款	37 款	11 款	14 款	20 款	13 款	A款、B款、C款、D款、E款

4.4.4 保持商品更新

接下来就是在此配置比例的基础上不断更新商品，商品更新要根据比例，为保证每场直播的新鲜感及做好老粉丝的维护，需要不断更新直播的内容，其中最重要的就是商品，那么商品的更新最低要占比多少才可以适应一场直播最基础的配置呢？在经过反复测试后，我们对直播的商品更新也做出了统计划分。

做好商品配比和商品更新，让直播内容更加饱满，直播转化率也将随之提升。一场直播更新的商品总数至少要达到整场直播总商品数的 50%，其中更新的主推商品占 80%，更新的畅销单品占 20%。

4.4.5 把控商品价格与库存

在商品特征、数量及更新比例都已经确定好的情况下，需要进一步掌握另外两大要素：价格区间和库存配置。针对价格区间，只要尽可能缩小即可。针对库存配置，要改善直播数据及转化率。

1. 价格区间

主播在设置价格区间时，要根据商品的原始成本加上合理的利润和一些其他的费用进行设置。如果同类商品只是颜色、属性不同，价格差距也不应太大。

2. 库存配置

库存配置的重要原则是"保持饥饿"，主播要根据单场直播的总观看人数和当前在线人数配置不同的库存数量，让消费者始终保持抢购的状态。要想保持"饥饿"状态，库存数量要一直低于在线人数的至少 50%。如果条件允许，主播可以直接设置店铺库存来配合直播的库存需求。

4.4.6 已播商品预留和返场

最后为完善商品配置，根据直播需求，更加充分地利用好商品资源，还需要做好最后一步，也就是"已播商品的储备再利用"。要对已经在直播间里销售的商品做两个动作，第一是预留，第二是返场。那么该如何选择预留商品，预留的商品又该在什么时候返场呢？

主播要根据商品配置，在直播间里销售过的商品中选出至少 10%的优质商品作为预留和返场商品，并应用到以下 3 个场景中。

① 日常直播一周后的返场直播，将返场商品在新的粉丝群体中销售。
② 当部分商品因特殊情况无法及时到位时，将预留商品作为应急补充。
③ 遇到节庆或促销日时，将返场商品作为活动商品再次上架。

根据以上学习内容，可以清晰管理并利用所有的商品资源，做到资源利用最大化，直播内容更加充实饱满，商品需求一目了然。

本章实训

为更好地理解直播电商的基本理论知识，打好直播电商的实践基础，下面通过实践训练来进行练习。

【实训目标】

1. 掌握人群画像的分析方法。
2. 掌握直播商品的组合定价法。
3. 掌握直播电商的花式价格策略。
4. 掌握直播主题的分类。

【实训内容】

1. 借助3C九宫格模型来分析"00后"大学生的人群画像。
2. 使用大数据平台做上述人群画像匹配。
3. 挑选直播带货的商品并运用花式价格策略。
4. 直播间商品精细化管理的流程。

【实训要求】

1. 能明确直播间的选品策略。
2. 能使用3C九宫格模型分析人群画像。
3. 熟悉直播间商品的组合形式。

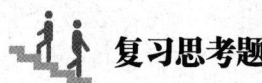

复习思考题

1. 3C九宫格模型横坐标是哪三项?
2. 什么是用户定位?
3. 直播间选品策略的核心是什么?
4. 直播间商品组合定价策略有哪些?

第 5 章
直播引流

学习目标

知识目标：
1. 了解短视频的内涵和作用。
2. 了解短视频和长视频的区别。
3. 熟悉短视频的拍摄方法和制作技巧及直播预告的方法和直播中的规则。

技能目标：
1. 掌握短视频的拍摄方法。
2. 能够利用软件剪辑和制作短视频。
4. 掌握直播预告的各种方法和直播中的互动用法。

思政目标：
1. 培养学生的规则意识和持之以恒的精神。
2. 培养学生的民族自信感和爱国情怀。
3. 具备良好的用户思维和创新意识。

【思政课堂】

"我支持新疆棉花!"——点燃爱国情怀,支持国货品牌

1. 事件起因

2021年3月,瑞典知名服装品牌H&M在其官网发布了一则抵制新疆棉花的声明。而罪名很莫须有:新疆维吾尔自治区"强迫劳动"和"宗教歧视"。

随后,耐克和阿迪达斯的声明再次引爆网络。接着,优衣库、GAP、匡威、FILA、ZARA、New Balance等各大知名品牌,纷纷被爆都发表过相关言论。这种一边赚着中国消费者的钱,一边又抵制、造谣新疆棉花的举动,迅速引燃了网友们的怒火。

2. 认识真实的新疆棉花

作为世界上最大的棉花消费国以及第二大棉花生产国,我国2020—2021年度棉花总需求量约780万吨,年度缺口约185万吨。其中,新疆棉产量520万吨,占国内产量比重约87%,占国内消费比重约67%。

众所周知,疫情期间,新疆半年拿出近300万吨棉花协助抗疫,投入最为紧缺的口罩与医用棉球的制作中。

3. 事件后续发展

相关的声明发出之后,多位明星纷纷宣布和H&M解约。各大电商平台纷纷下架H&M相关产品,多款地图App屏蔽H&M店铺地址,多款手机应用商店也下架H&M的App。各大网络、媒体平台针对H&M、耐克、阿迪达斯等国际品牌碰瓷抵制新疆棉花事件,积极借助媒体优势,对该事件的始作俑者进行正面回击。

新疆棉花以一个特别的方式为人所知,全国各地纷纷声援新疆棉花,并掀起了一阵支持国货的热潮。

为此,我们需要更进一步地宣传推广新疆棉花及疆内名优农特产等资源,积极、主动地去了解新疆棉的优点并开展直播活动,通过直播的方式向镜头前的网友介绍新疆棉花以及新疆棉制品的优点,对新疆优质的产品进行实时推送和介绍,让大家更为直观地看到新疆棉的"洁白无瑕",了解到新疆棉制品的优势所在。

通过直播活动,让大家在购买国产好物的同时,也要认识并积极宣传在对待任何事情上应心存善良,面对有所图谋的恶势力在抹黑国家和国货时也应团结一致,理性爱国。

5.1 短视频引流

互联网新媒体时代,围绕"人、货、场"的直播带货活动中,人是核心。直播带货的最终目的是销售商品,要想达到这个目的,首先要吸引用户进入直播间,将商品展示给他们,然后烘托直播间的氛围,使用户在热烈的氛围中下单购买。同时,主播也要善于引导用户关注自己,让用户成为忠实的粉丝,并努力维持粉丝的黏性。

短视频与传统视听类和图文类内容的差别在于基础设施和用户群体需求不同。看图文的时候会有一个把文字在大脑中形成画面和视听语言,再消化吸收的过程,但短视频

不需要。短视频更简单、更直接,所以对于获取流量来说,短视频引流是目前相对来说比较快捷、高效的一种渠道和方法。

5.1.1 短视频认知

1. 短视频的内涵与作用

(1) 短视频的内涵

随着互联网的普及以及国家提速增效战略的实施,短平快的流量传播内容逐渐获得各大平台、粉丝和商家的青睐。短视频即短片视频,是一种互联网内容传播方式,一般是在互联网新媒体平台上传播的时长在5分钟以内的视频。

但短视频不同于微电影和直播,它的制作并没有像微电影一样具有特定的表达形式和团队配置要求,具有生产流程简单、制作门槛低、参与性强等特点,又比直播更具有传播价值,超短的制作周期和趣味化的内容对短视频制作团队的文案以及策划功底有着一定的挑战,优秀的短视频制作团队通常依托于运营成熟的自媒体或知识产权型自媒体(Intellectual Property, IP),除了高频稳定的内容输出,也有强大的粉丝渠道,短视频的出现丰富了新媒体原生广告的形式。

(2) 短视频的作用

短视频的产生对于大众来说,可以娱乐减压。与此同时,也催生出了许多行业,对于一些商家来说,拓宽了其营销渠道和盈利渠道,主要作用表现在以下4个方面。

① 帮助企业进行形象宣传。

目前,越来越多的企业开启了自己的企业短视频账号,这不仅有助于企业形象的树立,更是企业宣传的重要出口,企业可以利用短视频作为流量的入口,从而实现全渠道的营销。目前,短视频平台的用户急剧上升,随之而来的便是企业的关注度,想要做营销,短视频无疑是重要的流量来源之一。例如,在男装领域享誉盛名的海澜之家,还有红豆集团都在微信中开通了视频号,进行短视频宣传。

② 实现粉丝流量变现。

企业通过短视频吸引更多的用户关注,从而达到营销的目的。企业可以采用视频带货、直播带货等方式增加盈利,目前流量变现已经成为企业经营过程中必不可少的一种盈利方式。例如,海澜之家在抖音平台开通了多个账号进行直播带货,以此实现流量变现。

③ 刺激用户的购买欲望。

传统的静态文字、图片已经是一种司空见惯的宣传方式,人们对这种模式的宣传难以产生兴趣。短视频的动态画面、故事情节在感官上刺激着观众的神经,激发了人们对视频内容的好奇。而且线上交易方式,极大地挑战着用户的猎奇心,动态视频能够很大程度地增加用户的购买体验。例如,海澜之家在其抖音账号中为了推广新品裤子,制作短视频刺激用户的购买欲望,如图5-1所示。

④ 锁住客户群体。

用户都具有一定的流动性,想要长久地留住客户不能只靠企业的宣传,这样是远远不够的,通常短视频的趣味性更加吸引用户,使用户的黏性更高,企业可以利用短视频平台制作趣味短视频,从而达到留住用户、锁住客户群体的目的。例如,海澜之家快手账号中，利用哆啦A梦三联短视频的趣味性来吸引用户的关注，取得了不错的效果。海澜之家在其快手账号中进行的视频推广如图5-2所示。

图5-1　海澜之家新产品宣传短视频　　图5-2　海澜之家HLA快手账号

当然短视频拍摄制作的作用远不止于此，无论对于企业还是个人来说，短视频都是获取流量的重要的途径。

2. 短视频与长视频的区别

（1）内容时长

短视频内容时长不超过20分钟，抖音、快手等主流平台的短视频时长甚至更短，一般在1分钟之内，创作内容版权属于创作者，平台对此无版权。长视频是由专业制作公司生产的，时长一般在60分钟以上，内容版权属于创作方和平台。

（2）商业模式

短视频要实现流量变现可以通过带货的形式，这也是一种重要的变现模式，可以提升平台收入，也可以激励创作者再次创作。长视频有两种变现模式，分别是广告变现和会员变现。广告变现主要争夺用户在线时长，通过流量变现。会员可以免看广告，节约用户时间，使用户看到优质内容。用户开通会员需要支付一定的费用。

（3）内容价值

短视频主要为用户提供一些好玩的、新奇的内容，分享一些自己的日常生活或者垂直内容，解决了用户的娱乐需求，使他们碎片化的时间被加以利用。长视频主要是专业公司拍摄、剪辑，经过二次艺术加工后的专业内容，创作时间较长，内容丰富，制作精良，观赏性和深度一般都高于短视频。

3. 短视频类平台

短视频平台主要以输出短视频为主，所以每个短视频平台都可以进行短视频的拍摄与制作。另外，随着直播的发展，很多短视频平台都开通了直播功能，用户在这些平台上不仅可以发布自己创作的短视频，还能通过直播展示才艺、销售商品。比较流行的嵌入直播功能短视频平台有抖音、快手、西瓜视频、微信视频号等。

（1）抖音平台

抖音所属公司为北京字节跳动科技有限公司。抖音是一款音乐创意短视频社交 App，于 2016 年 9 月上线，是一个面向全年龄的短视频社区平台。用户可以通过该平台选择背景音乐，拍摄短视频，也可以直播。在抖音，用户可以直接通过软件底部的"+"按钮（见图 5-3），进入短视频拍摄界面（见图 5-4）进行短视频的拍摄与后期制作等。

图 5-3　抖音视频拍摄步骤一　　　图 5-4　抖音短视频拍摄步骤二

（2）快手平台

快手是北京快手科技有限公司旗下的 App，最初是一款处理图片和视频的工具，后来转型为短视频平台。快手强调人人平等，不打扰用户，是面向所有普通用户的产品，也有短视频拍摄制作功能。在快手平台，用户可以通过软件底部的"○"按钮（见图 5-5），进行短视频的拍摄（见图 5-6）和直播的开展。

（3）西瓜视频

西瓜视频是字节跳动旗下的中视频平台，以"点亮对生活的好奇心"为口号。西瓜视频通过人工智能帮助每个用户发现自己喜欢的视频，并帮助进行视频创作的用户轻松地向全世界分享自己的作品。用户可以通过西瓜视频 App 底部的发布按钮进入视频的拍摄界面，从而进行视频的拍摄和制作等。

（4）微信视频号

微信视频号是 2020 年 1 月 22 日由腾讯公司官微正式宣布开启内测的平台。微信视频号不同于订阅号、服务号，它是一个全新的内容记录与创作平台，也是一个了解他人、了解世界的窗口。视频号的位置放在了微信的发现页内，就在朋友圈入口的下方。视频号内容以图片和视频为主，可以发布长度不超过 1 分钟的视频或不超过 9 张的图片，还能加上文字和公众号文章链接,而且不需要 PC 端后台,可以直接在手机上发布。视频号支持通过点赞、评论进行互动,也可以转发到朋友圈、聊天场景内,与好友分享。由于其本身依托微信强大的流量,用户可通过视频号直接进行视频拍摄与直播。用户可以通过微信的发现页面进入视频号(见图 5-7),在视频号界面右上角的"我的"按钮(见图 5-8),找到拍摄视频和直播的入口,通过选择"发表视频"按钮(见图 5-9)进行视频的拍摄或制作。

图 5-5　快手视频拍摄步骤一

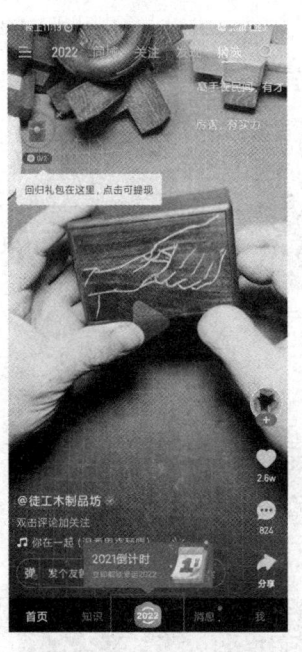

图 5-6　快手视频拍摄步骤二

图 5-7　微信视频号拍摄步骤一

图 5-8　微信视频号拍摄步骤二

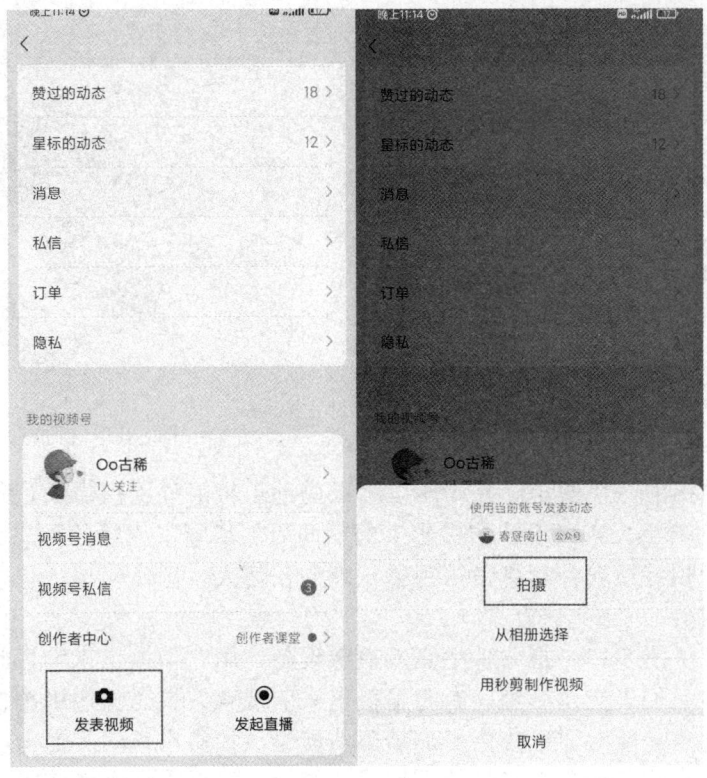

图 5-9　微信视频号拍摄步骤三

5.1.2　短视频拍摄

1. 短视频拍摄设备

在拍摄短视频时，可以选择各种各样的设备。随着手机越来越普及，手机拍摄的功能也越来越强大，许多人在进行短视频拍摄的时候会选择手机，但是相比于专业的拍摄器材，手机的拍摄质量会略显不足。通常大咖们都有一套适合自己的拍摄设备或直播设备，用户需要做的就是选择适合自己的短视频拍摄设备。目前常用的短视频拍摄设备有手机、单反相机、商用摄像机、家用 DV 摄像机等。

（1）手机

手机最大的特点就是方便携带，可以随时随地进行拍摄，遇到精彩的瞬间就可以拍摄下来永久保存。但因为手机不是专业的摄像设备，它拍摄出来的照片像素低，质量不高。如果光线不好，拍出来的照片容易出现噪点。

用手机拍摄时，会出现手抖的情况，造成视频画面剧烈抖动，导致后期视频合并时出现卡顿。针对手机拍摄视频过程中的种种问题，可以用一些辅助设备进行改善，如手持云台，如图 5-10 所示。

手持云台可以避免因手抖动造成的视频画面晃动等问题，适用于对拍摄技巧需求高的、目前有发展短视频副业计划的初期学者。

另外，还可以使用自拍杆，自拍杆能够帮助使用者通过遥控器完成多角度拍摄动作，是拍摄短视频的辅助用具，适用于一些常常外出旅游的短视频拍摄者，如图 5-11 所示。

图 5-10 手持云台

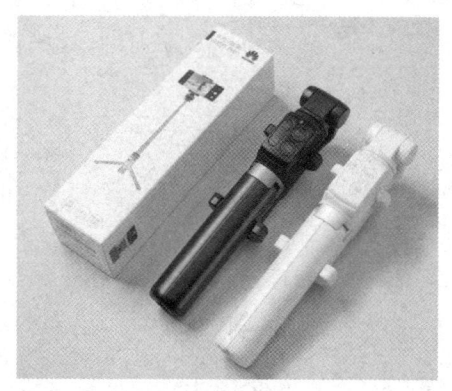

图 5-11 自拍杆

因为手机拍摄的照片像素不高，所以可以借助手机的外置摄像头进行优化，手机的外置摄像头（见图 5-12）可以让拍摄出来的画面更加清晰，人物的形态也会更加生动、自然，适用于想拍好短视频和享受短视频乐趣的任何人，操作简单，价格低廉。

（2）单反相机

单反相机（见图 5-13）是一种中高端摄像设备，用它拍摄出来的视频画质比手机拍摄的效果好很多。如果操作得当，有时拍摄出来的视频效果比摄像机拍摄的还要好。单反相机的主要优点是能够通过镜头更加精确地取景，拍摄出来的画面与实际看到的影像几乎是一致的。单反相机具有卓越的手控调节能力，可以根据个人需求来调整光圈、曝光度和快门速度等，能够比普通相机取得更加独特的拍摄效果。

图 5-12 手机外置摄像头

图 5-13 单反相机

（3）商用摄影机

商用摄影机（见图 5-14）比较常见于新闻采访或参加会议活动。它的电池蓄电量大，可以长时间使用，自身散热能力强。

商用摄影机具有独立的光圈、快门及白平衡等设置，拍摄起来很方便，但视频画质没有单反相机好。商用摄影机的体型巨大，拍摄者很难长时间手持或肩扛，且它的价格昂贵，所以个人或一般的企业使用的概率较低。

（4）家用DV摄像机

家用DV摄像机（见图5-15）小巧方便，在家庭旅游或活动拍摄时都可以使用，其清晰度和稳定性都很高，方便记录生活。

它的操作步骤十分简单，可以满足很多非专业人士的拍摄需求，并且内部存储功能强大，可以长时间录制。

图5-14　商用摄影机

图5-15　家用DV摄像机

无论选择哪种拍摄设备，都是为了帮助完成短视频的录制，主要取决于具体需求和预算，要根据具体情况而定。

2. 短视频拍摄技巧

明确了视频拍摄设备后，我们以手机为例，介绍拍摄时需要注意的4个要素。

- 把手机相机的分辨率调到最大参数。
- 保持手机稳定，保证画面清晰。
- 保证光线充足，光线好，画质才会更好。
- 如果在家拍摄，可以准备一个三脚架或八爪鱼三脚架。

在拍摄中，需要掌握一定的短视频拍摄技巧。

（1）选择合适的构图

在绘画、摄影和平面设计中，最讲究的就是构图，创作者要根据要求结合题材和主题，利用技巧构成一幅协调完整的画面。

短视频的制作要注意和传统艺术结合，在拍摄过程中要防止画面混乱，拍摄对象如果不突出，可以通过构图技巧调整；主次要分明，画面要简洁明朗，令人赏心悦目。

（2）要懂得运镜

拍摄时应注意画面要有变化，一个焦距不能拍很长时间，一个姿势不能贯穿全过程，要通过推、拉、跟等镜头使画面变化感十足。例如，进行人物定点拍摄时，要注意通过推镜头来进行全景、中景、近景、特写等不同方式实现整个画面的切换变化，否则画面会显得很乏味。

(3) 合理运用光线

不管是拍视频还是拍照片,只要光线运用得好,都可以让效果提升不少。在拍摄的过程中要运用顺光、逆光、侧逆光、散射光等来突出表现物体与人物,同时要确保视频的清晰度,当场地的光线不足时,可以适当打光来补足。

(4) 时长要适当

短视频的时长建议控制在 60 秒以内,现在大多数平台上的短视频一般都在 20～60 秒。对大多数短视频来讲,在 30 秒之后视觉效果就开始下降了,所以在拍摄时,建议短视频时长不要过长。

5.1.3 短视频制作

视频拍摄后,需要经过一定的处理,才能符合平台的要求,吸引用户的兴趣,成为短视频。短视频在制作时,需要采用一些工具制作和剪辑。目前市面上有很多视频剪辑工具或软件,主要分为手机端和 PC 端,常用的剪辑软件有以下几种。

1. 手机端剪辑软件

(1) 剪映

剪映是由抖音官方推出的一款手机视频编辑工具,带有全面的剪辑功能和变速功能,有多种滤镜、美颜效果和丰富的曲库资源。自 2021 年 2 月起,剪映支持在手机移动端、Pad 端和 PC 端使用。

(2) 秒剪

秒剪是腾讯旗下的一款视频剪辑制作软件,是微信视频号的官方剪辑软件,拥有强大的 AI 剪辑功能,用户只需导入素材,系统就会自动适配歌曲、模板,一键成片,非常智能高效。

(3) 快影

快影是北京快手科技有限公司旗下一款简单易用的视频拍摄、剪辑和制作工具。快影强大的视频剪辑功能,丰富的音乐库、音效库和新式封面,可以在手机上轻轻松松完成视频编辑和创作,制作出令人惊艳的趣味视频。快影是用户编辑搞笑类、游戏类和美食类等视频的优质选择,特别适合用于制作 30 秒以上的视频。

(4) 必剪

必剪是 B 站发布的一款视频编辑 App。该产品定位是"年轻人都在用的剪辑工具",目前已登录苹果和安卓平台应用商店。作为一款不少 UP 主都在用的手机端剪辑神器,必剪能够创建属于视频剪辑者的专属虚拟形象,实现零成本做虚拟 UP 主。除了虚拟形象制作,必剪还可实现高清录屏、游戏高光识别、配图、封面智能抠图、视频模板、封面模板、批量粗剪、录音提词、文本朗读、语音转字幕、画中画、蒙版等功能。还有音乐、素材及专业画面特效,能够使视频内容更加丰富。还有一个重要功能是"一键投稿":支持投稿免流量,B 站账号互通,能够让视频剪辑者投稿快人一步。

(5) 爱剪辑

爱剪辑是一款完全根据中国人的使用习惯、功能需求与审美特点全新设计的,许多功能都颇具独创性的剪辑软件;也是国内首款全能的视频剪辑软件,由爱剪辑团队凭借

10余年的多媒体研发实力,历经6年多打造而成。

2. PC端剪辑软件

(1) Adobe Premiere Pro

Adobe Premiere Pro,简称Pr,是由Adobe公司开发的一款视频编辑软件。现在常用的版本有CS4、CS5、CS6、CC2014、CC2015、CC2017、CC2018、CC2019、CC2020及2021版本。Adobe Premiere有较好的兼容性,且可以与Adobe公司推出的其他软件相互协作。目前这款软件广泛应用于广告制作和电视节目制作。

(2) 会声会影

会声会影是加拿大Corel公司制作的一款功能强大的视频编辑软件,英文名Corel VideoStudio,具有图像抓取和编修功能,可以转换MV、DV、V8、TV等格式,实时记录画面,并提供超过100种的编辑功能与效果,可导出多种常见的视频格式,甚至可以直接制作成DVD和VCD光盘。

(3) Adobe After Effects

Adobe After Effects简称AE,是Adobe公司推出的一款图片及视频处理软件,适用于从事设计和视频制作的机构,包括电视台、动画制作公司、个人后期制作工作室及多媒体工作室。AE属于层类型后期软件。

(4) 剪映桌面版

2021年2月,剪映专业版在PC端正式上线,自此实现移动端/Pad端/PC端全终端覆盖,支持创作者在更多场景下自由创作。

3. 短视频剪辑案例

在制作短视频时,最常使用的是手机端软件,制作前需要拍摄一些相关的素材(包含照片、视频等),下面将介绍如何利用手机端剪辑软件——剪映进行短视频的剪辑制作。

由于剪映自身有很多功能和模板可以直接使用,此案例只针对剪映的基础应用进行讲解说明。素材为三段视频,将三段视频合成为一段短视频。具体操作如下。

① 打开剪映App,素材文件可以提前保存到手机中,或直接使用拍摄素材的手机进行制作,手机中短视频素材文件如图5-16所示。

在剪映首页,可以使用一键成片、图文成片、创作脚本等快捷功能进行短视频的制作(见图5-17),这里点击"开始创作"进行空白视频文档的创建。

② 点击"开始创作",选择需要制作的素材文件,点击"添加"按钮(见图5-18)将素材添加到轨道中,如图5-19所示。如有需要,可以使用素材库中的素材进行短视频的制作,如图5-20所示。

③ 一般情况下,拍摄的视频素材带有声音,通过"关闭原声"可以去除素材原有声音,如图5-21所示。通过轨道底部的功能菜单,可以对素材进行剪辑,添加音频、文字、贴纸,以及使用画中画、特效、滤镜、比例、背景、调节等功能。

图 5-16　短视频素材文件　　图 5-17　剪映 App 首页　　图 5-18　导入素材

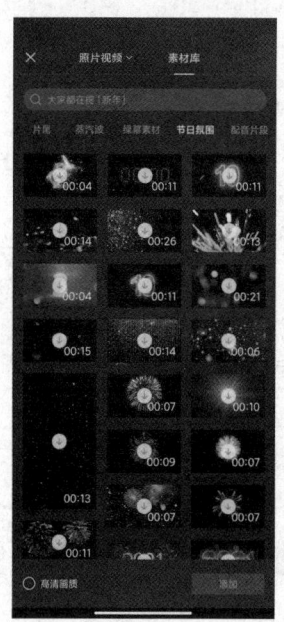
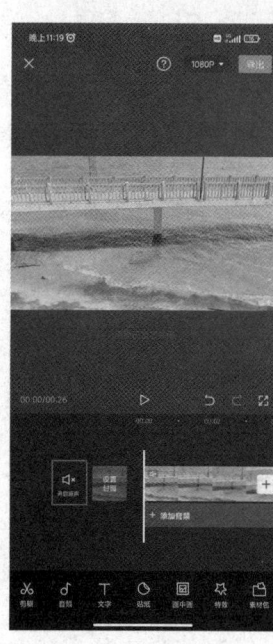

图 5-19　素材导入轨道　　图 5-20　素材库文件　　图 5-21　关闭原声操作

④ 由于素材是横屏的，而在手机端最终浏览的视频往往是竖屏的，所以在制作时需要将比例调整为 9∶16，如图 5-22、图 5-23 所示。

⑤ 另外，在制作短视频时，为了保证上下两端不是黑色背景，可以选择"背景"功能按钮进行设置，如图 5-24 所示。背景可以设置为画布颜色、画布样式、画布模糊等，这里选择画布模糊，如图 5-25 所示，并将模糊程度设置为最高模糊状态，应用到全部，如图 5-26 所示。

第 5 章 直播引流

⑥ 为视频添加转场效果，可以选择两个素材连接处的图标，如图 5-27 所示，就会出现转场的特效，这里选择运境转场中的拉远效果，如图 5-28 所示。

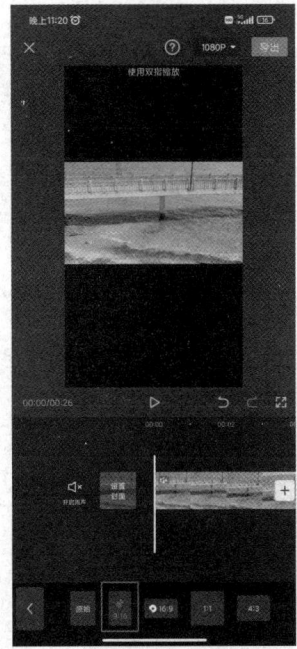
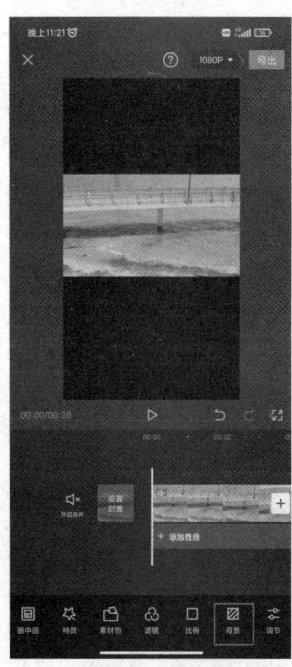

图 5-22 调整比例　　图 5-23 将比例调整为 9 : 16　　图 5-24 调整背景

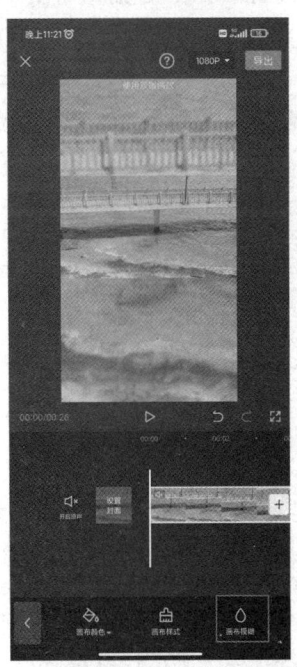
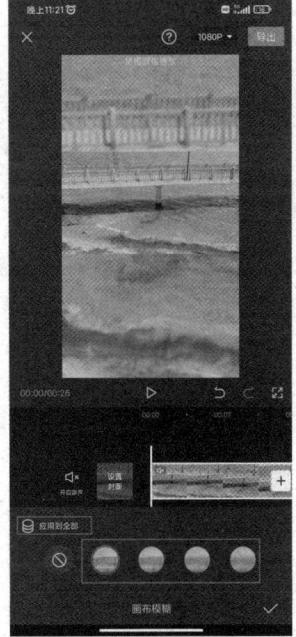

图 5-25 选择画布模糊　图 5-26 选择最高模糊并应用到全部　　图 5-27 选择转场

⑦ 用同样的转场操作为第二素材和第三素材之间也添加运镜转场中的拉远效果。

⑧ 选中第三素材，设置变速效果，如图 5-29 所示。为其添加曲线变速效果，如

· 117 ·

图 5-30 所示。选择蒙太奇效果，如图 5-31 所示。

⑨ 为短视频添加音频，如图 5-32 所示，可以选择合适的歌曲作为背景音乐，这里选择音乐《像海》，如图 5-33 所示。

图 5-28 运镜转场中的拉远效果

图 5-29 设置变速效果

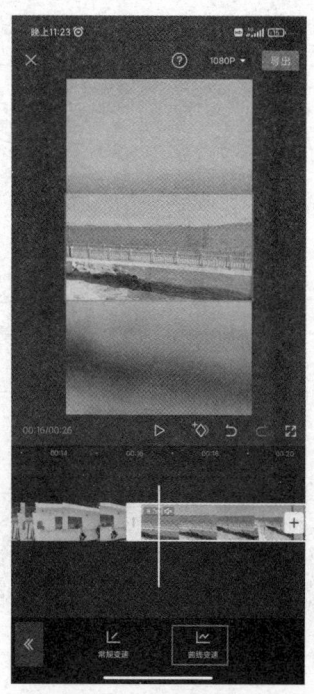
图 5-30 添加曲线变速效果

图 5-31 选择蒙太奇效果

图 5-32 添加音乐

图 5-33 选择合适的音乐

⑩ 为短视频添加文字，如图 5-34 所示。在文字功能中选择"识别歌词"可以进行歌词的识别，如图 5-35 所示。识别完成后，会将文字自动添加到轨道中，此时可以根据需要选择合适的样式，如图 5-36 所示。

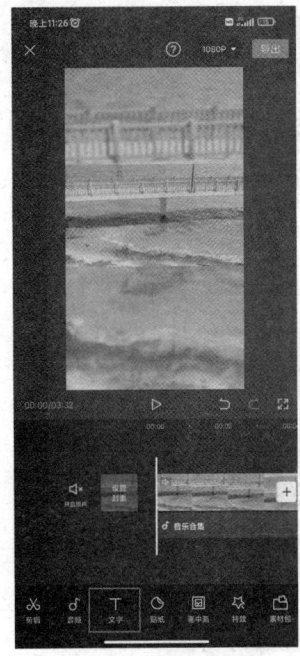 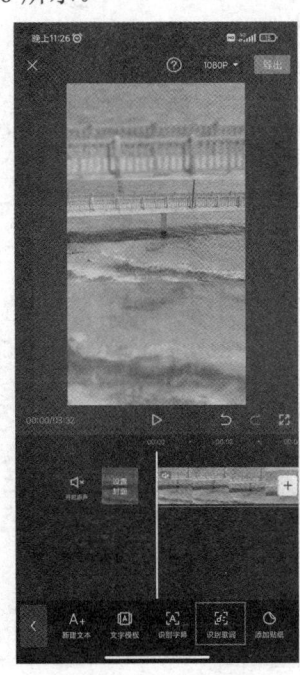 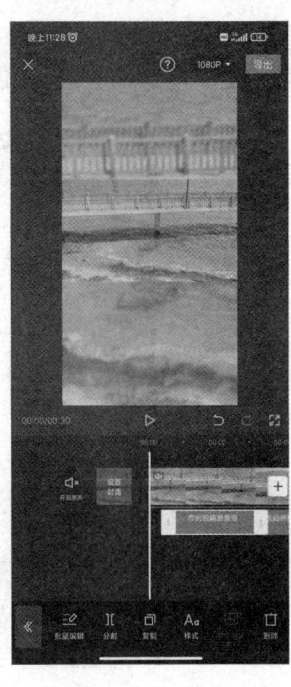

图 5-34　添加文字　　　　　图 5-35　识别歌词　　　　　图 5-36　添加歌词

⑪ 整个视频制作完成后，将整段音乐进行分割、删除，如图 5-37 所示。对于多余的文本也是同样操作，效果如图 5-38 所示。

图 5-37　分割删除操作　　　　　图 5-38　删除后的效果

⑫ 由于音乐中途被分割、删除，为了保证效果，应当选择音乐轨道，设置淡化效果，如图 5-39 所示。选择淡化中的淡出，将淡出效果设置为最大 10 秒，确认后，最终导出即可，如图 5-40 所示。

图 5-39 对音乐进行淡化

图 5-40 淡化效果设置及导出

5.1.4 短视频运营与推广

短视频拍摄制作后，最重要的是运营推广，好内容还需好渠道，现在已经不是"酒香不怕巷子深"的时代了。"酒香也怕巷子深"，短视频的内容再好，如果不做好营销推广，曝光率也无法得到保障。只有覆盖更多的平台，短视频才会有更多的曝光。

1. 做好短视频前期运营准备

当下，短视频、直播正处于红利期，众多个人自媒体和企业都想打造属于自己的营销号，而做短视频需要从方方面面去考虑，下面将从账号定位、内容输出、算法逻辑、推荐机制 4 个维度进行分析。

（1）账号定位

做短视频首先要进行账号定位，定位需要根据个人的需求和企业的需求综合考虑。如果是个人账号，就根据自己擅长的技能或爱好来定位；如果是企业账号，就根据自身的品牌和市场需求来定位，例如：

运动爱好者，可以命名为"××运动"；

擅长电商美工领域，可以命名为"××聊美工"；

某公司的知识付费账号，可以命名为"××学堂"。

账号定位需要把握两个核心：内容输出和变现路径。需要坚定目标，将目标分解为不同的阶段，明确每个阶段需要完成的任务，持之以恒。

明确变现路径,变现路径主要包括知识付费、开直播、培训、付费社群、流量广告等。针对擅长领域选择变现方式,最重要的是粉丝,有了粉丝就不愁变现。

(2)内容输出

关于内容输出,需要找到擅长的方向,持续生产内容。建议选择垂直领域,聚焦内容到某一类,逐步建立粉丝的认知。持续更新内容是提高用户黏性的关键,也是带动粉丝量增长的重要方式。

保证持续的内容输出是一件非常简单,但是又非常难的事,企业账号可以按计划开展工作,做个人账号却不简单。个人账号的内容持续输出需要坚持。所以,做自己擅长的内容才不会觉得枯燥乏味,如果有好的反馈,会加强更新的动力。输出内容时的技巧有以下4点。

① 紧贴热点。

"站在风口上猪也能飞起来"不是空话。抓住当下的热点,如鸿星尔克支援河南灾区,如果多宣传一些社会正能量的、支持国货的内容就很容易涨粉。

> **思政导入**
>
> **鸿星尔克"一夜爆红"**
>
> 向河南灾区捐赠价值5000万元物资的鸿星尔克,最近在线上线下都火了:连续几日占据微博热搜,直播间涌进大量网友,数百万人"野性消费"参与扫货;线下门店也挤满了顾客,有的实体店销售额暴增十多倍。后来,鸿星尔克库存告急,以至于直播间的主播都被网友们催促:"快去踩缝纫机,把产品都赶工出来让大家买。"
>
> 如潮水般的支持和关爱,背后是一个善引发善、爱传递爱的动人故事。一家处于艰难转型阶段的企业,在灾难面前体现出了民族担当。而通过这件事情,也看到媒体的力量,中国人团结一心的力量。我们需要做的就是汇聚温暖的同时理性支持,让更多的人与爱同行,与国货品牌同舟共济。鸿星尔克等国货品牌需要做的就是做好产品、做好宣传,让更多民族企业成为百年企业,让更多国货品牌成为世界品牌,让国货之光闪耀全球。

② 独具特色。

把短视频放到众多短视频平台中,用户能在看到的第一眼就关注,这种短视频一定是独具特色的。如抖音红人最美空姐蒋胖胖和冷少等,她们的走红都是因为有自己的特色和闪光点。

③ 技术特效。

将技术特效融入短视频中,通过修图、动画制作、摄影、剪辑、文案等一系列技术手段整合,可以提升短视频质量。

④ 打情感牌。

多了解用户的身心需求,触碰到用户的内心深处。多数人在外打拼是辛苦的、孤独的,文案和音乐能触动人心,或许会带来意想不到的收获。

(3)算法逻辑

了解短视频平台算法逻辑,是做短视频运营的重要环节,知己知彼才能百战百胜。由于每个平台的算法逻辑是不一样的,所以推送机制也大有区别。

抖音的推送机制是中心化的，靠大数据模型去推送，主打内容比较前卫，更新及时，主要人群集中在一二线城市；而快手更注重个体的黏性和用户体验，主要人群集中在三四线城市。

例如，每一条短视频，抖音会给一个基础流量（如100），然后系统通过大数据模型评估几个指标（如转发、评论、点赞、完播率、停留时长、停留轨迹、账号活跃度、粉丝数等），如果判定这条短视频比较受欢迎，系统会将这条内容推荐到更大的流量池（如1000），如果表现仍然不错，再放到十万或百万级别的流量池，并且有些可能多次推荐。

另外，大数据系统会对账号做权重分析，类似搜索引擎优化（Search Engine Optimization, SEO）的网页级别（PageRank, PR）值。权重分值高，发的内容大概率会得到更多的流量推荐，分值低则展现机会就少。

（4）推荐机制

短视频平台推荐的关键指标有转发、评论、点赞、完播率、停留时长、停留轨迹、账号活跃度、粉丝数等。

① 转发。

转发就是建立在用户喜欢的基础上，把短视频分享给身边的朋友。想要获得更多的推荐，就要发动朋友去转发，这是抖音推荐机制的核心点之一。

② 完播率。

如果一个短视频有15秒，用户不看完就滑到下一个了，系统会认为这个视频不受欢迎。所以内容一定要直奔主题，可在标题中可以设置"一定要看完，亮点在最后"之类的话吸引用户。

③ 评论/点赞。

评论和点赞也是推荐机制重要的评判项。这就需要标题文案能够引导用户评论，如问答式标题、引争议的标题、投票式标题等。

另外，评论区容易出亮点，有的短视频的评论会比视频内容更精彩。所以要重视评论的作用，评论能把一条普通内容的短视频推火，但视频也要有内涵。

在评论很少的情况下，可以借助朋友的力量制造讨论话题，从而吸引更多的人评论。

④ 活跃度/粉丝数。

要保证内容的更新频率，也要保证账号的活跃度，时常登录观看、点赞短视频，或和别人互粉，到热门短视频里去评论等，活跃度高、粉丝数高，权重自然高。

⑤ 停留时长/停留轨迹。

一个有质量的视频会吸引用户进入主页查看更多的内容，甚至把主页里的内容看完。这种操作也会被记录，给账号加分。

还有些账号的内容是故事性短片，或在视频中留下悬念，引导用户观看下一个视频，这也是一种增加停留时长的办法。

2. 短视频的运营推广

（1）运用分享功能，多渠道分享视频

要想最大限度地推广短视频，让更多的用户看到，短视频创作者可以利用平台的分享功能，将短视频分享到尽可能多的平台上，让其面对更多的用户群体。只要短视频的内容有足够的吸引力，自然会被越来越多的用户关注和认可，成为爆款的概率就会变得更高。

在把短视频分享给站内好友时，需要注意以下两点。

① 要选择人气较高的好友，因为好友的人气越高，短视频被其分享之后产生的影响力也就越大。因此，短视频创作者在分享短视频之前，要先考察好友的活跃度和人气值，列出人气较高的好友名单，再分别向他们分享。

② 选择互动较多的好友。这类好友继续分享短视频的概率较高，有利于短视频被更多的用户看到。

（2）借助关键意见领袖（Key Opinion Leader，KOL）进行宣传

在短视频时代，品牌在抖音、B站、快手和年轻消费者沟通，建立起更多的联系，KOL则是其中沟通的媒介。一方面，一些在短视频领域率先发力的品牌通过选择与自身品牌相契合的KOL，向年轻一代消费大军传递自身品牌价值，达到了不错的营销效果。如日均销售440万元的元气森林与抖音达人"老爸测评""郑丽芳"进行合作，销售业绩节节攀升。

另一方面，创作能力一流的KOL在短视频中，从普通用户的角度出发为产品提出建议，促进产品进一步优化和升级。如UP主"柴犬老丸子"，在零食测评视频中直言某品牌的螺蛳粉味道比较淡，某品牌雪糕味道有些奇怪。用真实的发声表达了对国货品牌的期待，也在品牌与KOL之间形成良好的共创氛围。

（3）参与平台活动，提升知名度

每个短视频平台都会举办各种活动，可能是借助某个节日、某个热点举办的活动，也可能是官方的固定活动。对于抖音中的活动，用户可以通过关注"抖音小助手"，及时了解抖音最新的活动，借助活动让短视频获得更多的流量，从而提升账号知名度。

在进行短视频推广时，需要找准每个营销节点的关键词，由此可以激发出多样化的话题。在短视频中比较权威的一种活动叫"话题挑战赛"，就是由品牌官方发布话题，流量大V示范，吸引海量以用户原创内容（User Generated Content，UGC）为主的用户参与，在短视频平台掀起一股模仿风潮。

【小贴士】

KOL/UGC、PGC、OGC 含义

KOL是营销学上的概念，通常被定义为：拥有更多、更准确的产品信息，且为相关群体所接受或信任，并对该群体的购买行为有较大影响力的人。

UGC的全称是User Generated Content，即用户将自己原创的内容通过互联网平台进行展示或提供给其他用户。中国人的性格大多比较内敛，不愿意将自己暴露在大庭广众之下，但同时又热衷围观，更乐于欣赏别人的喜怒哀乐。PGC的全称是Professionally-Generated Content，也称PPC（Professionally-Produced Content），指的是专业生产内容。OGC的全称是Occupationally-Generated Content，指职业生产内容，即以内容提供为职业的人所生产的内容。PGC往往是出于爱好，义务贡献自己的知识，形成内容；而OGC是以职业为前提，其创作内容属于职务行为。

三者的区别在于：UGC和PGC的区别是有无专业的学识、资质，在所共享内容的领域是否具有一定的知识背景和工作资历；PGC和OGC以是否领取相应报酬作为分界。

5.2 直播预告

直播预告可以让更多人提前知道直播活动,也能提前锁定用户进入直播间,从而对直播活动进行更大程度的引流。短视频运营很重要的目的就是吸引用户,如果预告做得不到位,直播间用户数量太少,最终就会严重影响商品的购买转化率。直播预告也能帮助用户提前了解直播的内容,提升直播间用户的质量,以此提升购买转化率和吸引更多的用户进入直播间。

5.2.1 爆款直播间内容标题选择

1. 直播标题的类型

标题最大的作用就是吸引用户,让用户对直播间感兴趣。一个好的标题能够准确定位直播内容,并引起用户的观看兴趣。直播标题大致可分为3种类型。

(1)活动型标题

此类型的标题能够直观地介绍直播间商品的活动、折扣信息等,可以通过优惠信息等吸引用户进入直播间,如"高品质T恤一折清货""新品冰点价!"等,如图5-41所示。

(2)内容型标题

内容型标题主要体现商品的功能和优势,如饰品类直播会重点介绍搭配技巧或选品技巧,因此可撰写标题"还不会选表?看这!""捕获银饰搭配小心机"等,如图5-42所示;服饰类直播会重点介绍如何穿搭更美、更显瘦等,因此可撰写标题"教你打造夏季美爆身材"等,如图5-43所示。

(3)福利型

此类标题和活动型标题很像,都展示利益点,吸引用户的兴趣。福利型标题的内容大多为直播间赠送礼品、随机抽奖、送红包等,一般都是为了增加粉丝或引流,如"宠粉红包撒不停""看直播领零食专属优惠"等,如图5-44所示。

图5-41 活动型标题

图5-42 内容型饰品类标题

图 5-43 内容型服饰类标题

图 5-44 福利型标题

2. 直播标题的撰写方法

（1）借助热点

大部分人都对热门的事物感兴趣，所以紧跟热点也能增加点击率，内容有热点就有流量。对于直播带货来讲，也可以借助热点提升点击率。

例如，利用中秋节、开学季等节日热点、鸿星尔克等事件热点撰写，如图 5-45 所示，使用"开学季直播好礼抽奖送""开学季学习护肤啦"等作为标题。

（2）解决痛点

用户进入直播间往往是想购买商品，可能并不明确是否适合自己，此时可将商品与需求联系在一起，巧妙地运用到标题中，抓住用户痛点，引起用户注意。

例如，可以用"新手化妆的福音"，能够吸引想学化妆的女生进入直播间；而在线培训课程用"肩颈腰椎淤堵疏通"做标题能够直接抓住用户想要健身、保持健康的愿望，如图 5-46 所示。

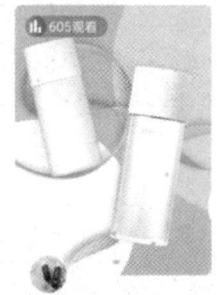

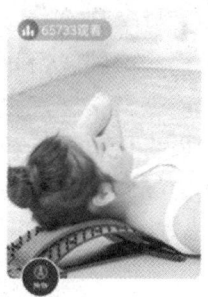

图 5-45 借助热点　　　　　　　　图 5-46 解决痛点

（3）悬疑型

好奇是人的天性，悬疑型标题就是利用人的好奇心来撰写的，从而抓住用户眼球，提升用户兴趣，促成点击。这种类型的标题会传递一种莫名的兴奋感，充分引起读者的兴趣。例如，"你要找的我们这里都有"，会吸引用户进入直播间，看看到底有没有自己想要的,如图 5-47 所示。

（4）逆向表达型

很多主播希望用户看到自己,就直接用"快来,这里有你想要的"等直接表达型标题,但是用户看到这种类型的标题过多,就会引起反感情绪,而此时如果使用逆向表达型标题,就会产生不一样的效果。逆向表达需要以逆向思维为基础,用拒绝用户进入直播间的口吻进行标题撰写,来引起用户的逆反心理,引起用户进入直播间的冲动,如"不是潮妹,你别来!",如图 5-48 所示。

（5）教学型

教学型标题给用户传递了"不仅能在直播间买东西,还能边买边学怎么用,而且能很快地学会"的想法。这样的标题抓住了用户可以从直播中获得实际利益的心理,教学型标题的魅力是不可阻挡的,如"三招教您辨别真假乳胶",如图 5-49 所示。

（6）紧迫型

此类标题能给用户传递一种紧迫感,加快用户点击速度。这样的标题迎合了用户贪便宜的心理,怕错过好货,就会点进去看,如"戳!心动 U 价手慢无",如图 5-50 所示。

图 5-47　悬疑型　　图 5-48　逆向表达型　　
图 5-49　教学型

（7）数字型

看直播标题就如同看商品的详情页或主图,如果第一眼在标题中没有找到有用信息,用户可能就直接翻过去了,如何在短时间内抓住用户的眼球?可以利用数字,让标题更简洁、内容更直观。如"真皮男女鞋 19.9""秒杀 9.9 米福利不停",这样的标题更能在纯文字的标题中脱颖而出,如图 5-51 所示。

图 5-50　紧迫型　　　　　图 5-51　数字型

第5章 直播引流

思政导入

直播间标题撰写规则

在撰写直播间标题时，虽然有多种类型可供参考，但是需要注意遵守平台的规则及《中华人民共和国电子商务法》的规则，不能逾越法律的界限。在利用产品卖点进行文案撰写时，禁用"第一""最好""世界第一"等一些极限词。另外，还要注意宣传产品优势时，不能以贬低竞争对手的商品为基础。无论是直播运营人员还是主播，对规则的认识与了解一定要准确。

5.2.2 活动预热

电商直播与普通的娱乐直播不同，为了能够达到良好的营销效果，在直播开始前要进行宣传，除了要吸引更多的用户，还要尽可能地让目标用户进入直播间。

1. 选择合适的宣传平台

不同的用户喜欢在不同的媒体平台浏览信息，直播运营团队需要分析目标用户群体的上网行为习惯，选择在目标用户群体活跃的平台上发布直播宣传信息，为直播尽可能多地吸引目标用户。

2. 选择合适的宣传形式

直播运营团队要选择符合媒体平台特性的信息展现方式来推送宣传信息。

在进行宣传时，有多种渠道可以利用，如淘宝、微博、微信公众号、微信朋友圈等。微信朋友圈是一个吸引更多目标用户的方式，在直播前通过直播团队人员的朋友圈进行宣传，是不错的选择。

在进行直播前，主播可以通过自己的微信朋友圈来进行直播活动的预告宣传，配合海报吸引更多的用户关注直播间，如图 5-52 所示。

图 5-52 微信朋友圈直播预告

3. 选择合适的宣传频率

在新媒体时代，用户在浏览信息时自主选择的余地较大，可以根据自己的喜好来选择需要的信息，特别是在朋友圈内，前几年微商盛行导致朋友圈中越来越多的广告出现，因此，如果直播运营团队过于频繁地向用户发送直播活动宣传信息，很可能引起用户的反感，导致其屏蔽相关信息。为了避免出现这种情况，直播运营团队可以在用户能够承受的最大宣传频率的基础上设计多轮宣传。例如，如果用户能够承受"三天一次广告"的宣传频率，那么直播运营团队就可以在直播活动开始的前 9 天、前 6 天、前 3 天及直播活动当天分别向用户推送直播活动宣传信息，以达到良好的宣传效果。

5.2.3 福利吸引汇聚人气

对于用户来说，直播前的预告中能够出现让自己感兴趣的内容，才有可能去观看。

也就是说，直播活动要对用户有价值。在进行直播预告时，既要符合平台的内容特色，又要突出消费价值，尽量在素材中对折扣、奖品、优惠力度有明显体现，在货品质量保证的基础上，使直播预告产生从感性带动到理性种草的感染力。

1. 定位目标用户，明确直播福利

对于没有关注主播的用户，如果主播的话在直播预热视频中没有强大的感染力，很难吸引他们进入直播间，所以还可以在预热视频中添加利益点。例如，预告主播会在直播间送出手机、品牌包等，直播促销活动的优惠力度非常大，以此引起用户的兴趣，定时进入直播间。

岳某在抖音直播前发布的短视频中，为直播活动准备了 3000 台手机作为抽奖礼品，可谓诱惑力巨大，如图 5-53 所示。

2. 借助名人效应，吸引更多新用户

从数据上看，粉丝对直播间的贡献毋庸置疑，销售转化率比非粉丝用户高出 15 倍；而新增粉丝对数据的影响更大，通常预热期的规律为新增粉丝>老粉丝>非粉丝用户。

直播间的商品一般都会有固定的用户群体，并非所有看到预告的用户都会感兴趣。但如果预告时借助明星、名人的自有粉丝，吸引其进入直播间，那么就有机会产生购买转化。对于这些用户来说，折扣、红包等也许并不能成为福利，而自己感兴趣的明星、名人出现在直播间，无疑是他们最大的福利。

例如，在预告时通过邀请明星、名人助力，吸引更多用户关注其直播间。某主播在微博通过脱口秀的名人进行吸粉，同时通过短视频呈现直播间的亮点，以此吸引更多的粉丝和用户进入直播间，如图 5-54 和图 5-55 所示。

图 5-53　短视频直播预告

图 5-54　微博直播预告

图 5-55　微博视频直播预告

通过名人效应向更多的用户传递"福利",是中大型直播常用的方法,如江苏信息职业技术学院商学院在直播预告中,表示将邀请无锡电视台著名主持人方某,从而吸引大量用户关注其直播间,取得了不错的效果,如图5-56所示。

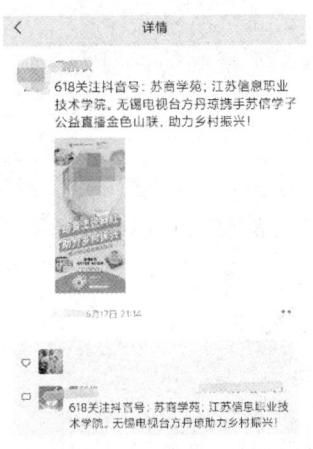

图5-56 直播名人福利预告

5.2.4 用文案预告直播详情

在各渠道进行直播预告时,海报、短视频需要配合优秀的文案才能起到事半功倍的效果。文案撰写可以采用利益吸引的方式,吸引更多的用户了解、关注直播。

1. 商品剧透

在写直播预热文案时,为了快速吸引用户到直播间,可以剧透商品。将直播间即将推荐的商品罗列出来,开门见山地告知粉丝有哪些商品即将在直播间销售。当用户看到这条预热文案,很有可能因刚好需要这款商品而产生观看欲望,这样进入直播间的粉丝是精准匹配商品的。

例如,某主播在进行直播时,在微博的文案中直接剧透,直播中将有"锋味思念中秋月饼礼盒""长城·玖干红葡萄酒""国窖1573"等商品,让需要以上商品的用户能够毫不犹豫地进入直播间。

2. 干货分享

许多用户进入直播间,不仅想购物,还想要学到点什么。撰写直播预热文案时可直接告知用户,观看直播时可以免费学到某些技巧,大多数用户都不会拒绝。

例如,花西子在直播预告的文案中直接表明"新手彩妆挑选指南",让用户了解到通过直播不仅可以购买到优惠的商品,还能学会如何挑选彩妆,一举两得。

3. 巧用名人效应

许多直播间会邀请名人来做客,借助名人效应来为直播间引流。在写直播预告文案时,可适当地带名人话题,这样的文案很容易吸引观众眼球,使其进入直播间。

例如,这段直播预告文案:"今晚八点,著名电竞解说管某老师和wAwa老师也将做客'交个朋友'直播间,并带来多款超值好物,详情请看长图,一定要记得来!"轻松达到吸引粉丝进入直播间的目的。

4. 福利赠送

大多数用户进入直播间是因为直播间的优惠力度大,福利多。直播预热文案要适当"抛诱饵",吸引粉丝关注,可直接告知用户,进入直播间能得到什么,如送礼品、发红包、抽奖等福利。

例如,某主播在微博进行直播预告时,使用的文案为"雀巢金牌馆藏咖啡、十七光年微醺果酒礼盒……还有数不尽的抽奖、秒杀福利!",能够让用户通过文案就对直播活动产生兴趣。

5.3 直播间互动活动

直播最大的优点就是实时互动性,通过直播带货,商家可以轻松接触到成千上万的用户。如果主播在直播间只是直白地介绍商品,长时间观看后,用户就会产生无聊的情绪,直播也可能冷场,不仅主播很尴尬,用户也会很快划走。高质量的互动活动会使用户对直播平台和主播的依赖性变强,也能提高转化率。

直播时主播要引导用户互动,烘托氛围。直播间的热烈氛围可以感染用户,吸引更多的用户观看。直播间的互动活动有很多,如发红包、抽奖、连麦、促销等。

5.3.1 巧妙派发红包

给用户具体的、可见的利益,是主播聚集人气、与用户互动的有效方式之一。在直播期间,向用户派发红包的步骤一般分为3步,如表5-1所示。

表5-1 派发红包的步骤及做法

派发红包的步骤	具体做法
约定时间	提前告知用户,3分钟或5分钟以后准时派发红包,并引导用户邀请朋友进入直播间抢红包,不仅可以活跃气氛,还可以提升直播间的流量
站外平台抢红包	除了在直播平台上发红包,主播还可以在支付宝、微信群、微博等平台向用户派发红包,并提前告知用户,领取条件是加入粉丝群。这一步是为了从站外平台引流,便于直播结束之后继续发挥影响力
点赞达约定值派发红包	点赞达到约定的数值后,主播或助播就要在平台上发红包。为了营造热闹的氛围,主播最好在发红包之前进行倒计时,让用户产生紧张感

不同直播间发红包的方式也有所不同,每个直播间都要找到适合自己的红包派发方式。下面以在线人数不超过100人的新直播间和在线人数超过1000人的成熟直播间为例,介绍如何巧妙地派发红包。

1. 在线人数不超过100人的新直播间

新直播间前期在线人数少,不管销售的商品是什么,除了食品类,最好用的就是孤品模式。主播每介绍1款商品,就喊发送某个数字,发送的第一个人成交,拍下备注主播给的编号。对新直播间来说，前期粉丝数量很少，用这种方式效果可能不会太好。这时，可以采用派发红包的方式来提升直播间的人气。让用户进入粉丝群，在粉丝群中派发红包更佳。

派发红包有以下 3 个好处。

① 发红包可以缓解直播间在线人数太少、无人互动的尴尬局面。红包对用户的诱惑力很大，所以会积极参与，这也是一种互动方式，用户在互动的同时也会慢慢与主播建立信任。

② 发红包可以增加关注增量。由于用户必须关注主播才能进粉丝群，关注增量可以带来权重的提高，从而提升直播间的观看量。

③ 每介绍完一款商品就派发一次红包，可以延长用户在直播间里的停留时长。

为了使用户了解操作过程，可以拿着手机，对镜头演示如何进粉丝群。主播可以倒计时 10 秒，让用户做好准备，并在发完红包以后打开粉丝群，在镜头前展示抢红包的人数。

2. 在线人数超过 1000 人的直播间

对于在线人数超过 1000 人的直播间或不适合运营粉丝群的直播间，主播可以通过支付宝派发红包。这样可以增加直播间的互动量，引导用户关注主播，同时可以增加用户在直播间的停留时长。具体做法如下。

① 在某个节点发红包，例如，点赞量达到 2 万次时发红包。不要卡固定时间点，如在整点发红包或每半个小时发一次红包，因为这样用户可能只在派发红包时进入直播间，互动性会差很多。只有通过互动达到发红包的标准，用户才会更积极参与，从而更快地提升直播间的人气。

② 红包金额不能太少。如点赞量超 2 万次时主播开始发红包，金额最低 50 元。

除了直接发放现金红包，主播还可以发放口令红包。口令一般为商品或品牌的广告语，接收红包的用户在输入口令的同时也对商品或品牌产生了一定程度的印象或加深了对商品或品牌的记忆。

口令红包多采取优惠券的形式，用户抢到红包后，必须购买指定商品才能使用，否则这个红包就没有任何意义。因此，抢到红包后很多用户会选择购买商品，以免浪费红包，这就提升了用户的购买转化率。

5.3.2 设置抽奖环节

抽奖是主播常用的营销方法之一，也是粉丝和商家互惠互利的手段之一。时间是最贵的，粉丝愿意在直播间停留，本质上是用时间与奖品进行的价值交换。总有一些老粉丝在抽奖之后，继续在直播间购物，也总有一些路人被吸引，进而关注主播，并且产生后续购买行为。只要有利于平均停留时间的增长和粉丝黏性的增加，都是值得使用的方法，但一定要设计好抽奖环节，平衡主播和粉丝的利益。

抽奖的环节设置常用的有以下 4 种。

1. 签到抽奖

签到抽奖即每日定时开播，设计签到环节，粉丝连续 7 天准时来直播间签到评论，保存好评论截图,并发给主播,核对无误后,即可获得一份奖品。

每天主播开播的第一小时甚至前十五分钟是黄金时间。第一小时在线粉丝多,不仅可以在同时段开播的主播中排名靠前,同时意味着更长的粉丝停留时间和更高的销量。主播被互动氛围感染,整体情绪高涨,更加促进停留时间的维持,进而产生更好的出单效果,最后形成良性循环。这就是"直播第一小时定律"。

2. 问答抽奖

主播在推荐一款商品时,依据商品详情页的内容,提出一个问题,让粉丝在商品详情页面找答案,然后发送评论抽奖。

这样做可以明显提高商品点击率,使粉丝在浏览商品详情页寻找答案的过程中,提高对商品的兴趣和购买该商品的可能性,同时延长了停留时间。粉丝在直播间评论区围绕答案互动,增强了直播间的互动热度,同时调动主播自身的情绪。

3. 点赞抽奖

主播在进行点赞抽奖设置时,可以提前和粉丝约定,每当点赞量超过某个值后就抽奖一次,操作比较简单,但要有控场能力,也许点赞量很快就实现了,但想要讲解的商品还未讲解完,此时就需要和粉丝沟通,承诺讲解完再进行抽奖。

点赞抽奖的目的是给粉丝持续停留的激励,黏性更高的粉丝会在直播间长时间停留,也能够直接地提高粉丝回访率,增加每日观看数量。

4. 秒杀抽奖

主播可以在介绍商品后,优惠券馈赠开始前抽奖,此时要提前做好抽奖提示,可以促使粉丝更仔细地看商品介绍,更好地了解商品,促成更多订单,提高停留时长。

主播也可以在优惠券馈赠后,介绍下一款商品前抽奖,此时要注意做好抽奖和新商品介绍切换的节奏把控。此方法可以有效衔接两款商品的优惠券馈赠,使粉丝再多停留一场。

【小贴士】

主播抽奖环节常见错误及改进措施

主播抽奖环节常见错误:①在进行抽奖时没有告知用户,用户无法在第一时间得知抽奖信息。②抽奖无规则、无条件设置。③抽奖环节无任何互动。④抽奖只有一次,没有节奏。

针对以上问题,可以通过口播、小喇叭公告、小黑板等多种方式向用户说明抽奖规则和参与方法,用点赞量为规则开始抽奖,避免整点抽奖;主播可以提醒用户刷指定内容的弹幕和评论,以活跃直播间的氛围,然后开始抽奖环节,提示用户关注主播可以提高中奖概率;抽奖活动要有节奏,抽奖一次以后,需要先公布中奖用户,并告知下一次抽奖条件,以延长直播时长,增加粉丝量。

5.3.3 连麦合作增流

若条件允许可以与其他主播或名人进行合作,通过连麦等方式实现共赢,吸引更多粉丝进入直播间,增强直播间的互动性,从而留住用户,延长用户停留时长,提高成交转化率。

在抖音、快手这两个平台中,主播之间连麦已经成为一种常规的活动。连麦就是指正在直播中的两个主播连线通话,应用场景有以下两种。

(1)账号导粉

账号导粉是指引导自己的粉丝关注对方的账号,对方也会用同样的方式回赠关注量。在引导关注时,主播可以与对方交流,也可以说出粉丝关注两个账号的理由。同时,主播还可以引导自己的粉丝去对方的直播间抢红包或福利,带动对方直播间的氛围,从而实现共赢。

(2)连线PK

连线PK通常是两个主播的粉丝为自己的主播刷礼物或点赞,以刷礼物的金额或点赞量决定胜负。这种方式更能刺激粉丝消费,活跃直播间的气氛,提升主播的人气。

这种方式一般适用于双方粉丝数量差不多的情况,不过有时候可以借助粉丝量大的主播进行连线PK,从而增加自己的粉丝数。另外,主播可以开发更多的PK活动,多样化的活动更能激发粉丝们的互动热情,使直播间迅速升温。

5.3.4 福利款开局

直播的开场方式会形成用户对主播及直播间的第一印象,如果第一印象不好,用户就会立刻离开直播间,很有可能再也不会观看该主播的直播。因此,直播开场至关重要,不管主播准备了多少直播内容,如果没有一个好的开场,就会事倍功半。如一些主播经常在直播开始时说一句"话不多说,给大家送波福利",能够迅速将粉丝吸引过来并留住他们。简单直接又稳定的开场白容易增进好感,奖品又给人一种"不抽错过一个亿"的感觉。

为提升直播间的氛围,主播可以通过一些性价比较高的"福利款"商品激发用户互动热情,并让用户养成守候主播开播的习惯,从而增强用户黏性。

在进行福利款商品推荐时,也提醒用户关注主播,并通过发送评论烘托直播间的氛围。另外,需要注意,福利款商品一般不进行返场,销售完以后,即使用户要求返场,主播也不能听之任之,可以告诉用户下场直播仍会有福利款商品,以此提升用户留存率。

福利款需亲测

直播间在进行福利款商品推荐的时候,主播一定要对福利款商品有深入的了解,最好有亲身体验,否则后期可能导致一系列的问题。在直播间做的承诺一定要做到,要站在用户的角度去思考、去准备直播,不能为了提高单场的销售额,就言而无信,也就是要以用户的思维去看待一场直播。

5.3.5 爆款打造高潮

在进行福利款商品推荐后,直播间的氛围已经开始升温,接下来,主播要想办法进一步烘托直播间的氛围。这一步可以占整场直播时间的80%,只在余下的时间里介绍商品。主播可以利用直播预告爆款商品,并在直播时详细介绍,通过与其他直播间或场控的互动来促成爆款商品的销售,将直播间的购买氛围推向高潮。

例如，某主播在销售奶粉时，推荐的不再是低价的福利款商品，而是价值 59.9 元的进口奶粉，客单价相对较高。但积极互动、想要购买的用户仍然很多，因为只要在直播间停留 5 分钟，关注主播，并评论 3 遍"已拍"口令，就可以领取价值 30 元的奶片一袋。对于这种客单价较高的商品来说，优惠力度让人非常心动，且每人只能购买一次，因此用户的参与热情很高，如图 5-57 所示。

图 5-57　爆款商品推荐

本章实训

为更好地理解和掌握短视频引流、直播预告和直播间互动活动的基本理论知识和操作，打好对直播前引流和直播中互动的实操经验，下面我们通过实践训练来进行练习。

【实训目标】

1．了解短视频的内涵和作用。
2．掌握短视频的拍摄技巧和制作技巧。
3．掌握直播前引流预告的方法和渠道。
4．能够在直播中熟练应用各种互动活动，提升直播间的氛围。

【实训内容】

1．从美妆类、服饰类、美食类、3C 类、农产品类商品中任意选择一种类型的商品进行视频拍摄，并制作一个时长为 1 分钟左右的短视频。

2．将制作好的短视频发布到自己的微信视频号中进行推广，获得不少于 100 的点赞量。

3．开设一场直播（不限平台），完成直播前的预告。

4．完成一场直播，并在直播中使用"发红包""抽奖""连麦"等不少于两个形式的互动。

【实训要求】

1．熟练掌握短视频的拍摄和制作方法，能够针对不用类型的商品选择合适的短视频类型。

2．通过直播预告，了解和掌握各个推广平台的规则和用法。

3．借助直播前的引流，争取在直播开始时，直播间的人数超过20人。

4．通过直播中的互动，福利款和爆款商品的打造，力争直播间的销售额超过所售商品平均价格的2倍。

复习思考题

1．短视频的作用有哪些？

2．短视频和长视频的区别是什么？

3．以"国货""民族担当""农产品""消费复苏"等关键词撰写2~5个直播间标题。

4．谈谈你对直播间连麦的看法。

第 6 章

直播语言

> 学习目标 →

▶ 知识目标：
1. 掌握直播语言要点和技巧。
2. 掌握直播语言原则、熟悉禁忌语。
3. 了解直播常用的商品销售语言。

▶ 技能目标：
1. 掌握直播间互动的语言技巧。
2. 掌握直播间商品促销语言的策划。
3. 掌握主播与用户拉近距离的沟通方式。

▶ 思政目标：
培养学生树立文明的职业素养和职业精神。

【思政课堂】

杜绝不文明行为，营造良好直播环境

倡导文明直播，需要主播自律。主播不能随心所欲、无所顾忌，要有底线。要清醒地认识到自律也是自保，不能为了流量哗众取宠，用低俗手段营销。网络直播不仅是谋生的手段，也是不断实现自我价值的经历，更是价值传播与生态构建的过程，必须健康有序，风清气正。主播应形成正确的价值观念，强化自身的责任意识，不能毫无底线，不做"网络苍蝇"；要自觉在直播中植入健康文明的理念，在交流互动中传递社会正能量，培育积极健康、向上向善的网络文化。

倡导文明直播，贵在自爱。假如每个人都积极争当"一个高尚的人，一个纯粹的人，一个有道德的人，一个脱离了低级趣味的人，一个有益于人民的人"，那么网络乱象将无处安身；假如每个人都乐于追捧"时代楷模""道德模范"，那么为博眼球无底线的"网络苍蝇"将无处遁形。所以，我们要加强道德修养，不断提高道德认识、锤炼道德意志、提升道德境界、打牢道德防线、坚守道德底线、夯实道德基础，抵制网络上的不文明行为。

倡导文明直播，重在监管。直播行业之所以乱象丛生，除了直播特性导致的难治理，很大程度上是因为违法成本过低，导致一些主播、平台为了追逐经济利益铤而走险。因此，整治直播乱象，必须加强对主播、平台的监管，加大处罚力度。实行全方位监管，有效预警防范。同时要充分发动社会力量，加大举报奖励力度，动员广大人民群众参与监督，主动举报和抵制不良网络直播，形成联合共治的良好格局，从而促进网络直播行业的良性发展。

6.1 直播语言

优秀的直播间语言可以提升直播间的人气，增加观众在直播间的停留时长，提高观众的购买意愿……总之每一个优秀的主播都有一套自成风格、自成体系的直播语言。

6.1.1 直播语言要点

直播时会遇到如"直播我该说什么？""粉丝为什么不说话？""这个问题我回答很多遍了！""今天该介绍的都介绍完了，明天说什么呢？"等问题。有经验的主播们针对这些问题，都有优秀的解决方案和直播语言技巧，如图6-1所示。直播语言要点有以下5点需要掌握。

1. 同理心

换位思考，站在消费者角度上介绍商品，不要强行植入广告内容，以免用户产生抵触心理。

2. 增强主播人设信任度

可以适当重复自我介绍，以主播信任带动企业信任、商业信任。

3. 直播间语言应用

在直播间,用更能拉近直播间受众距离,增强用户黏性的直播用语来减少消费者心理防卫,比如在"你""我"之间转化成"我们",由此来产生消费者的共情心理。

4. 专属商品介绍方式

商品讲解有层次感、有重点,可以穿插商品及品牌故事。

5. 其他技巧

同类商品比较,可以多说本商品的优点,但不可以说别的商品的缺点。回复提问,直奔主题,先解决直接诉求,再盘点其他需求。不要说绝对字、极限词。

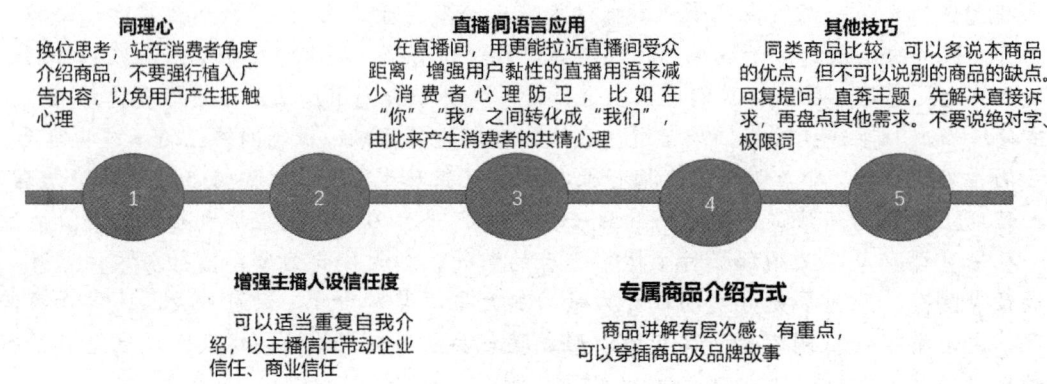

图 6-1 直播间语言要点

6.1.2 直播语言技巧

1. 开播前做好核心卖点(亮点)提炼

直播前针对将要播出的商品特征,提炼出1～2个核心卖点(亮点),使用多种方式来展示并佐证,打动观看直播的用户。

2. 做好销售辅助道具的准备

直播前根据需要准备好相关道具,在直播时通过道具的使用让商品卖点更突出。如在谈价格优势、展示打折力度大的时候,拿出计算器进行计算;在谈到商品是某明星同款时,在有肖像权授权的情况下可以拿出准备好的明星照片。

3. 直播前期做好用户从众心理的引导

重复销售推荐词引发从众心理。在直播前期,要不断地创造有利于销售的直播间环境,重复描述销售推荐词引发客户的从众心理,但注意销售推荐词要与商品的核心卖点统一,与事实相符。如"这款商品,之前我们直播间已经卖出10万套了""这个商品在开始销售之前,已经有100人加入购物车了"等。

4. 塑造 KOL 形象

在日常生活中，KOL 不仅可以是各领域的杰出人物，还可以是各类主播、明星艺人，甚至是掌握某种生活和工作经验的普通人。只要能够在某一方面被受众认可，对大量人群有影响，就可以成为 KOL，因此，KOL 更应该被广泛运用到直播营销中。主播可以通过对某个领域专业知识的讲解，把自己塑造成某领域的 KOL。在讲解时，既要有专业性，又要通俗易懂，用日常语言向用户讲解问题是什么、应该怎么做来解决。

5. 讲故事让语言更加有穿透力

可以通过讲故事的方式让用户更容易接受产品。例如，一款面霜的产品文案可以这样描述：这个品牌的面霜对皮肤修复很友好，以主播为例，我就是敏感型肌肤，但使用该面霜却很舒适。

6. 做类比

简单、快速、有效地让用户了解产品特色。如"高端化妆棉""化妆棉中的'爱马仕'"。

7. 描述场景

描述一个商品使用的场景，并把用户的思维带入进去，让用户觉得在某种场景下，有这个商品会更方便。例如，描述驱蚊贴：小朋友晚上出去玩，把驱蚊贴贴在袜子上，就可以避免蚊子叮咬小腿。描述帽子：如果你下楼买菜的时候懒得化妆，带上这个帽子就好了。

8. 放大价格优势

给产品选一个参照物，放大价格优势。最好选择在现实中价格较贵的同款商品。用这些参照物做对比，能够更直接地展现价格优势。例如，用直播间咖啡的价格对比星巴克的价格；用直播间化妆品的价格对比线下专柜高档化妆品的价格。

9. 主动把握直播节奏

慢慢加库存，逐步上架商品，营造一种"很快就卖光了"的氛围，同时激发用户"抢"的心态。可以利用库存紧张，存量不足等词汇描述。

10. 打消下单顾虑

在消费者犹豫的时候，洞悉消费者的疑问，主动讲出消费者的顾虑，给出让消费者放心的解答。例如，在推销化妆品时，借"孕妈妈/小朋友也可以放心使用"推动更多普通消费者放下对安全性和刺激性的顾虑，立刻下单。

11. 关注下单流程

在直播中，要详细讲解每个商品的下单流程，并让助播进行下单演示。引导下单的同时，排除下单过程中用户不熟悉操作的隐患。例如："先领 40 元优惠券，然后下单的时候数量填 2，填 2 就是 10 件，10 件到手价 88 元。"

12. 直播时的态度和情感

一个优秀的主播不是一个复读机和新闻播报员，不能简单地背书和读词，要使用自然的表情和流畅的语言来和直播间的粉丝互动交流。要做一个有情感温度的主播，可以在直播的时候流露喜怒哀乐，让粉丝觉得主播是一个真实的交流者，产生真诚的互动。

6.1.3 直播语言原则

直播语言没有固定模板，死记硬背的方式并不适用于直播。直播现场是随时变化的，直播过程中会出现各种无法把控的问题，甚至会出现直播事故，就算把背熟的每一句话都讲出来也无济于事。直播语言的精髓在于多直播积累，熟练后就能形成一套完整的直播语言框架。作为一名主播，与粉丝的沟通极为重要。也许一句话就会影响粉丝数量。

直播语言的总体原则就是不踩红线、不虚假宣传、文明用语和围绕主题。除以上 4 点外，还有 6 点辅助原则，具体如下。

1. 直播前要选择合适的话题以掌控直播间的话题主动权

首先，直播前可以将合适的话题罗列出来，如旅行、美食、家乡、电影、综艺、爱好、书籍、最近的新闻等，凡是与直播商品有联系的相关话题，都可以收集起来，进行有效的编排和汇总。其次，还要做好话题的备选方案，以便在即将无话可说或气氛尴尬时，进行话题转移，确保直播间用户的活跃度。

2. 主播要以轻松愉悦的氛围传递正能量

直播间是一个虚拟的空间，用户进入直播间是为了放松心情，获得愉悦的感受。所以不建议在直播间内传递负能量或分享过于沉重的故事，如生病、死亡等。同样，关于政治立场、健康、宗教、过于私密的个人信息等话题也不适合在直播间内讨论，如果在直播间内有人提起了以上话题，主播可以把话题转移。

3. 主播要打造符合自己性格的人设，真诚待人

主播不要给自己贴完全不符合自身性格的标签，即生活中的性格和在直播间里的性格不符，这种伪装被拆穿时，很可能影响主播的直播生涯。主播的真诚有助于粉丝更加直接地了解主播，在一定程度上能够消除虚拟网络带来的陌生感、隔阂感，能与粉丝之间建立更多的信任。

4. 主播要随场景变换适当调整语速

语速是较难把控的因素之一，每个人的生活习惯不尽相同，对于语言的要求也就会产生差异。语速过慢会让用户失去耐心，话还没说完，用户已经理解意思了；语速过快又会让用户感到聒噪，听不清楚。较好的演讲在停顿、节奏、语速、互动等方面都把握得很好。由此可见语速的重要性。主播须在长期的直播过程中找到适合自己的语速，按不同的场景需要适当调整语速，以烘托出直播间热闹愉悦的氛围。

5. 主播在直播中要多提问少评价

一般来说，疑问句可以延续话题，陈述句则会终止一段对话。例如，当聊到旅游的城市，用户说"听说××超级棒！"时，主播就可以这样接："我也没去过，但是我听说××真的很好，你们还知道什么吗？"这样可以吸引直播间的其他用户进行互动，介绍一些当地的特色和更多细节，直播间的气氛很快就能热烈起来。但如果主播回答"啊，是很棒，但是好远啊"，就终结了这个话题。

6. 在直播间里要把握好玩笑的尺度

无论是在直播间还是在生活中，我们都会经常与周围的人开玩笑，以调节气氛。但是难免会有玩笑开过头的时候，要注意场合是否合适，把握好玩笑的尺度。自嘲是一种调节气氛的方式，在关键的时候，不妨自嘲一把，能带来意想不到的效果。

6.1.4 直播常用语言技巧

一场标准的直播活动包含以下 4 个环节：预热开场、活动说明、商品介绍和促单转化，如图 6-2 所示。

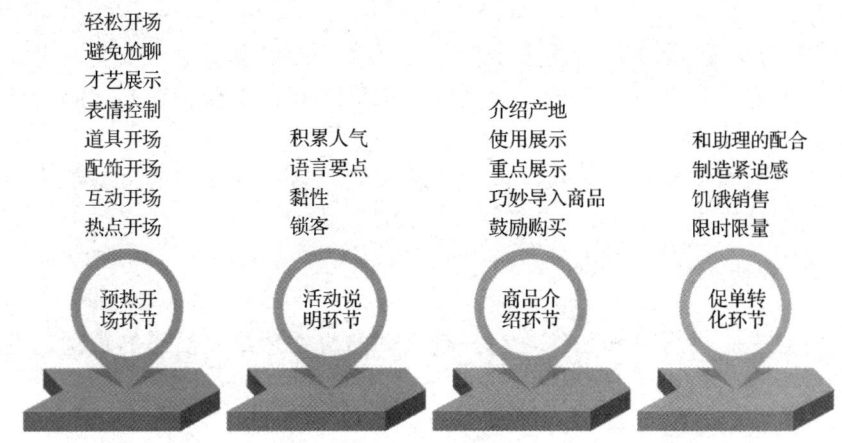

图 6-2 标准的直播活动

1. 开场语言技巧

很多主播在直播时都会紧张，不知道如何互动，担心粉丝不喜欢自己。万事开头难，直播前准备工作做得好或不好直接影响粉丝对直播间的期待值及直播间的人气累积。所以首先要学会自我介绍，突出自己的亮点。例如主播会唱歌，可以说："如果大家有喜欢听的歌曲可以说出来，主播给大家唱歌好不好？"这样也会引起用户对这场直播的重视。开场主要目的就是吸引眼球，用好的气氛拉近跟粉丝之间的距离。下面列举了一些开播语言：

"欢迎大家来到我的直播间，希望朋友们多多支持，多多捧场哦！"（简洁版开场）

"大家好，我是一名新主播，今天是我直播带货的第××天，感谢大家对我的支持。"（简洁版开场）

"大家好，欢迎来到我的直播间，我是一个××类的主播，深耕××行业××年了，有丰富的资源和专业度，所有的商品都是我试用过关后推荐给大家的，请大家放心。"（真诚型开场）

"欢迎大家进入我的直播间，今天在直播间我会销售一款价格优惠的商品，大家一定不要错过！"（诱惑型开场）

"大家好，欢迎来到我的直播间，马上我们就来一波抽奖，抽中10位粉丝，我把手里的××直接送给你们！"（福利型开场）

如上所示，有几种类型的直播开场语言，如果不知道开场说什么，就简单地欢迎粉丝，避免多说多错；也可以真诚直接地告诉用户直播间是卖什么的，获得粉丝的好感；或通过开场小福利，增加粉丝在直播间的停留时长。主播可以根据自己的习惯或需求选择适合自己的开场白。

2. 留人语言技巧

只有观众愿意留下，直播才会有转化率。想要观众一直留在直播间，可以参考以下语言技巧。

"宝宝们，8点半我们有发红包活动，9点半我们有个10元代金券馈赠活动哦！"（可攻可守型）

"不会搭配的/皮肤黑的/偏胖的宝宝们，可以穿下面这套衣服！"（需求型）

如果直播流程清晰，可以告知观众具体的抽奖时间，观众会在固定时间节点进入直播间。

还可以根据商品主要目标观众群体的需求出发，告诉观众你的直播能为他们解决什么问题，从而留住观众。

3. 互动语言技巧

直播的特点是主播可以和粉丝互动。有互动的直播才是有质量的直播，互动率高才能提升直播间热度，有助于商品后续转化。

在直播间互动可以参考以下语言技巧。

"下面开始抽奖，准备好了的宝宝请在公评回复'666'，看看有多少人想参加我们的福利。"（带节奏型互动）

"想要的宝宝们请在公评回复1，我给你们争取最大优惠！"（带节奏型互动）

"想看1号商品的请在公评回复1，想看2号商品的请在公评回复2。""想要主播换左手这一套衣服的请在公评回复1，右手这一套请在公评回复2。"（选择型互动）

"想要优惠券的那位小姐（最好直接说用户名），××商品有优惠券×元，×点有代金券馈赠。"（点名式互动）

"感谢××送的100个掌声，还没停吗？150个了，200个了，哇，非常感谢。"（感谢式互动）

"弹幕太多，宝宝们不要急，你们的问题我看到都会一一回答哦！"（安抚型互动）

直播间的互动形式很多。如果有安排抽奖活动，可以鼓励用户在直播间刷弹幕。也可以通过点名式互动让观众感受到主播对他们的重视。

4. 促单语言技巧

经过了开场、留人、互动，之后就是最重要的促单环节，销售商品从而获利是直播的最终目的。而想要观众下单，需要让观众相信对商品有需求，并刺激下单，完成交易。

直播促单时，可以参考如下语言技巧。

"我自己就在用，已经用了×支了，质量真的特别好！我的同事们也都说质量好，现在还准备抢一波！"（担保型直播语言技巧）

"这款商品之前我们已经卖了 10 万套了！"（数据型直播语言技巧）

"在官方旗舰店里，×元钱一只，在我的直播间里，买两只送一只，相当于花一只的钱，买了三只，活动只有这一次，买到就是赚到。"（超值型直播语言技巧）

"不用想，直接拍，只有我们这里有这样的价格，往后只会越来越贵"。（"威胁"型直播语言技巧）

"今天的优惠数量有限，只有 200 个，这个颜色就只有最后××件了，卖完就没有了！"（限量型直播语言技巧）

5. 避免尴尬语言技巧

在直播间里，为了避免尴尬，也为了和粉丝们拉近距离，主播可以引导粉丝进行互动，聊一些贴近生活的话题，也避免冷场。例如：

"宝宝们，今天来得有点晚，是有什么事情耽搁了吗？"

"宝宝们，第一次来吗？点个关注，下次不会迷路。"

> 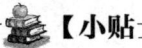【小贴士】
>
> **用不同的话题和粉丝互动避免直播尴尬**
>
> 1. 如果让你回到十年前，你最想做什么？
>
> 每个看直播的人都可能有对现实生活的不满或遗憾。和粉丝一起回顾十年前的岁月，聊一聊生活中的遗憾。
>
> 互动句子准备"不念过去，不畏将来。""天地有万古，此身不再得；人生只百年，此日最易过。"
>
> 2. 如果我的粉丝数是你的工资，你愿意吗？
>
> 这是一个适用于新主播的吸粉话题。无论粉丝数多少，都能够引导大家关注主播。也可以从话题延伸，主播分享自己的心路历程和对大家的感谢；引导粉丝分享关于工资变动的故事。
>
> 3. 长辈总说让你少走弯路？你真的少走了吗？
>
> 几乎每个人在成长过程中都听过家长这句话：这么管你，还不是为了让你少走弯路？然而，大家真的少走弯路了吗？每个粉丝都有自己的故事。
>
> 4. 世界上有什么东西是不变的吗？
>
> 当问题抛出后，收到的回复可能是千奇百怪的，可以记录下来用在以后的聊天中。还可能收到类似"永远不变的只有变化"这种颇具哲学的回答。
>
> 互动准备：因为话题突然偏向哲学，最好准备几句哲学理论。如变化是绝对的，不变是相对的。

当话题结束时，主播可以问一句：你们会永远支持我吗？

5. 什么样的人不能深交？

主播讲一个亲身经历的关于友谊的故事。

从成功的友谊中总结什么样的人能深交；从失败的经历中总结什么样的人不能结交。

6. 来对十年后的自己说一句话。

主播先引出话题，描述10年后理想中自己的样子。引导粉丝每人对未来的自己说一句话。最后，说"希望10年后，我们还在这里相聚"，让粉丝的归属感倍增。

7. 新的一年，大家有什么新的目标呢？

马上又到跨年——总结一年收获与得失的时候了。

主播不妨和粉丝们聊一聊过去一年的目标实现了几个，今年有哪些新的目标？

主播此时可以分享自己的目标，如粉丝数达到多少，坚持直播多少场。让大家看到你的敬业和对直播的热爱。

8. 你身边有没有这种人？

从身边小事说起某种性格的人，例如聒噪的、爱占小便宜的、两面三刀的……跟粉丝们一起吐槽。但是，这个话题一定把握度，不要给粉丝留下"负能量"的印象。

9. 在学生时代，粉丝印象最深的那个同学现在怎么样了？

跟粉丝聊一聊在学生时代，自己是哪一类学生？老师喜欢的，还是让老师头疼的？

现在生活最好的是学霸，还是当年的学渣？

从这个话题展开聊一聊，影响成功的因素有什么？问问粉丝距离成功还差什么？

6. 感谢粉丝语言技巧

在直播间里，有粉丝响应主播号召参加刷屏活动、有粉丝给主播刷礼物、有粉丝下单购买了商品，主播要及时真诚地感谢，可用如下语言答谢。

"感谢朋友们一直以来的陪伴和关注，感谢你们的点赞，主播今天非常开心。"

"感谢所有进入直播间的朋友们，陪伴是最长情的告白，我感受到了你们对我的关爱及呵护。"

"感谢从我开播就进场的小伙伴们，你们一直陪我到下播，明天见，做个好梦。"

"感谢所有停留在直播间的粉丝们，我很感动大家陪我到现在，大家肯定也累了，我每天直播时间是××—××点，不管风里雨里，记得每天要准时来哟。"

7. 引导关注语言

做直播时，要不定时宣传自己的直播间，不断传递信息让粉丝知道直播间的定位，用才艺或促销商品来吸引新粉丝的关注。有些直播间每隔一段时间就会跳出一个窗口提醒关注主播，如果用户把提醒窗口关闭了，等一会儿还会跳出来，直到用户关注为止。引导关注语言有以下几种。

"大家好，我是主播×××，喜欢唱歌和跳舞，喜欢我的可以关注我。"

"小伙伴们动动手指为我们点点赞哦，点赞到×××，主播手上这套价值999元的护肤套装抽奖免费送给你们哦！（注意每天有多少人关注主播、给主播点赞，达到一定数量就发红包、抽奖等）"

"还没关注主播的宝宝们,点下'关注'(主播经常口头提示的优势在于给用户一种被重视的感觉,很容易让用户留在直播间)。"

8. 结束直播语言技巧

在直播结束时,对粉丝的陪伴表示感谢,可以把直播间停留时间长、活跃的粉丝的昵称念出来并表示感谢,让他们感受到你的真诚。

"感谢××位在线粉丝陪到我直播结束,更感谢从直播开始一直陪我到直播结束的粉丝×××、×××,陪伴是最长情的告白,你们的爱意我记在心里了。"

直播结束前建议对下次直播进行预告,或把一些优惠活动提前告知,让粉丝有所期待。

"今天的直播接近尾声了,明天晚上××—××(时间)准时开播/明天会提早一点开始,××(时间)就开始了,大家可以点一下'关注'哦!/明天休息一天,后天正常开始直播!"

"直播马上就要结束了,希望大家睡个好觉,做个好梦,明天新的一天好好工作,我们下次见。"

优秀的主播能持续获得较好的直播效果,除了给粉丝推荐优质的商品,主播的人格魅力也很关键。好的主播能获得粉丝的喜爱,喜欢主播的粉丝愿意在直播间购物。所以,直播结束前记得给粉丝送上你最真挚的祝福。

"感谢各位的厚爱!其实不想跟大家说再见,不过因为时间到了,这次直播马上要结束了,最后给大家唱/放一首好听的歌曲,让我们结束今天的直播。"

直播结束前再给粉丝送一波抽奖福利,增加关注量,再次强调下次直播的时间。

"还有20分钟直播就结束了,非常感谢大家的陪伴,今天和大家度过了非常愉快的时光,主播最后给大家抽个奖好不好?大家记得关注我,下次直播开始就会收到自动提醒信息,我也会想念大家。"

> **【小贴士】**
>
> 常用的直播结束语言
>
> 感谢每一位陪我到直播结束的粉丝,感谢你们每一场都有始有终。
>
> 最后送给大家一首歌,唱完就要结束直播了,大家要做个好梦,希望明天还能见到你们。
>
> 我这边有点急事,今天就提前直播结束了,请见谅。
>
> 我有点累了,今天的直播就到这里了,各位明天同一时间见。
>
> 直播还有几分钟就结束了,非常感谢大家关注直播间。
>
> 不知不觉直播又要结束了,真舍不得大家。
>
> 主播再给大家唱首歌好不好?我会想念大家的。
>
> 现在是5:10,主播还有20分钟就要去吃饭啦,非常感谢关注主播的粉丝和送礼物的粉丝,谢谢大家!大家也要按时吃晚饭哦。
>
> 直播马上就要结束了,喜欢主播的粉丝可以关注主播,这样明天直播开始时你们就能第一时间收到提醒啦,明天一定要再见哦!
>
> 今天和大家聊得非常开心,明天×点我在这儿等你们,你们一定要来赴约哦!

6.1.5 直播禁忌词语

很多主播在直播过程中,会遇到视频不能投放、账号被限流、账号被封禁了等问题。引起这些问题的原因是主播没有遵守直播平台规则,在视频中使用了违规词、敏感词。各大直播平台都有自己的违禁词,例如,在抖音直播,会有系统对直播内容进行监测,如果主播说了违禁词,就要接受抖音平台的惩罚措施。通常,各平台在直播时违禁词有如下几种。

① 国家级、世界级、最高级、第一、唯一、首个、首选、顶级、国家级产品、填补国内空白、独家、首家最新、最先进、第一品牌、金牌、名牌、优秀、顶级、独家、全网销量第一、全球首发、全国首家、全网首发、世界先进、顶级工艺、王牌、销量冠军、第一、极致、永久、王牌、掌门人、领袖品牌、独一无二、绝无仅有、史无前例、万能等极限用语。

② 最高、最低、最、最具、最便宜、最新、最先进、最大限度、最新技术、最先进科学、最佳、最大、最好、最新科学、最新技术、最先进的加工工艺、最时尚、最受欢迎、最先等绝对化用语。

③ 严禁使用绝对值、绝对、大牌、精确、超赚、领导品牌、领先上市、巨星、著名、奢侈、世界全国×大品牌之一等无法考证的用语。

④ 严禁使用100%、国际品质、高档、正品、国家级、世界级、最高级、最佳等虚假或无法判断真伪的夸张性表述。

⑤ 严禁使用时限用语

时限用语指在宣传文案里出现如随时结束、仅此一次、随时涨价、马上降价、最后一波等无法确定时限的词语。

⑥ 严禁使用权威性词语

严禁使用国家×××领导人推荐,国家××机关推荐,国家××机关专供、特供等借国家、国家机关工作人员进行宣传的用语,严禁使用老字号、中国驰名商标、特供、专供等词语(唯品会专供除外)。

⑦ 严禁使用质量检、无须国家质量检查、免抽检等宣称质量无须检测的用语。

⑧ 严禁使用人民币图样(央行批准的除外)。

⑨ 严禁使用欺骗性词语。

严禁使用疑似欺骗消费者的词语,如恭喜获奖、全民免单、点击有惊喜、点击获取、点击试穿、领取奖品、非转基因更安全等。

> **思政导入**
>
> 直播时要注意法律边界,遵守各平台的道德规范,不能触碰法律"红线",严禁使用违规词语和低俗词语。目前各平台对推广引流这类行为的审核力度非常强大,平台有质量审核专员,一旦查实直播有低质量推广内容,就会降权、停播。直播间出现任何形式,包括口播的 QQ、微信、手机号码等信息会被平台检测到并实行处罚。"钱"也是违禁词,"这个东西多少钱"是绝对不允许出现的,可以用"米"来代替"钱"。此外,还有"微信",很多主播在直播时想让粉丝加微信,但"微信"是绝对敏感的词汇。除了敏感词汇,还要注意直播内容,如果直播广

告要开启小黄车功能，使用直播购物会更安全。

以某品牌直播间的标准为例：

① 主播严禁使用违反广告法的词语口播，包括但不限于：最、独一无二、国家级、顶级、绝对、唯一、第一品牌等。

② 禁止任何触及国家政治及领导人的相关话题。

③ 禁止任何抨击或诋毁品牌及其他任一品牌的话题。

④ 禁止虚假宣传；直播间里承诺的优惠、让利、价格承诺、服务承诺、赠品等必须保证真实，不得欺骗、误导、诱导用户。

⑤ 禁止使用大甩卖、大清仓、全场99元起等拉低品牌档次的营销方式。

⑥ 严禁主播在直播过程中有玩手机、吃饭、睡觉、抽烟等不良行为。

⑦ 直播间价格必须严格执行价格规范。

⑧ 不得在某品牌直播间推荐品牌之外的商品。

6.2 直播间商品销售语言技巧

在直播中，大部分商家都希望快速提升自己品牌知名度，为了在众多品牌红海中"脱颖而出"，获得更高的销售额，直播间需要解决的3个问题如图6-3所示。为什么要买？为什么要在这买？为什么一定要现在买？在直播销售货物的语言设计过程中解决好这3个问题，就离一场成功的直播活动不远了。

图6-3 直播间需要解决的3个问题

6.2.1 需求引导语言技巧

第一步，提出问题，即结合消费场景提出消费者的痛点及需求点，给消费者一个购买的理由。例如，夏天的重点之一就是防晒。那么不论是销售防晒衣还是防晒霜，前期最好铺垫，提出问题，并让它成为直播间里瞬间活跃的话题。不要太夸张，从现实中总结问题，从一句简单的抱怨开始，如"今天又是个晴天啊，就羡慕那些皮肤晒也晒不黑的人，我的皮肤一晒就变黑，所以虽然很喜欢夏天，但是夏天的日光暴晒让我非常痛苦"。

提出问题即可，不要深入也不要立即引入商品，重点是引起用户共鸣。

第二步，放大问题：要全面和最大化，把消费者忽略掉的问题和隐患尽可能地放大。结合以上的例子，把不做防晒的危害放大到一个高度。如"现在才刚刚进入初夏，到秋天还有好几个月呢，不管怎么躲，那到时候我都要变成黑人了，俗话说'一白遮百丑'，而且紫外线有很多危害，好可怕"。

6.2.2 引入商品语言技巧

提出问题后，会引起直播间里关于此问题的讨论，主播要掌控问题讨论的节奏，适时引入商品。商品介绍是直播销售语言里最基础、最能影响转化率的因素之一，应结合消费者潜在需求来设计场景介绍。专业介绍是从商品的功效、成分、材质、价位、包装设计、使用方法、使用效果、使用人群等多维度介绍商品，越专业越有说服力（需要提前对商品有足够了解，同时准备好商品单品脚本）。除此之外，场景化也是影响直播间粉丝是否愿意买单的重要因素之一。让商品介绍场景化最简单的方法就是多用想象力。如"屋顶花园的香气，非常适合夏天""穿着白纱裙、在海边漫步的女生有非常干净的感觉"等富有场景感的实体描述。即使消费者闻不到味道，摸不到商品，但也可以想象到商品带给人的感觉，从而打动消费者购买。

6.2.3 赢得信任语言技巧

赢得消费者信任的直播语言核心要点有打消顾虑（提升信任感）、价格锚点、限量限地限时 3 种方式。

1. 打消顾虑（提升信任感）

有些主播在推荐商品时，会讲述家人、工作人员使用的经历，还会在直播间展示自己的购买订单，证明某款产品是"自用款"，且重复购买过。这些看似不经意的动作和语言，目的就是打消消费者对商品的顾虑。主播在直播间现场试用商品，分享使用体验与效果，验证商品的功效，才有足够的说服力，获得消费者信任，购买商品。同时还要描述出消费者的使用需求和购买需求，双管齐下，引发购买欲望。

2. 价格锚点

我们在购物时会发现：某商品建议零售价为 49 元，实际却仅售 39 元；商店里有些商品经常会被划掉原价，再贴上一个优惠价；路边的实体小商铺也喜欢标一个高价等着顾客还价。这些被虚标的高价（原价）就是商家设置的"价格锚点"。顾客也许知道这件商品就只值 39 元钱，但仍感觉占了便宜。这就是著名的锚点效应①。消费者并不是为商品的成本付费，而是为商品的价值感而付费。

例如，某商品买两瓶直接减 80 元，相当于第 1 瓶 79 元，第 2 瓶免费（直播间低价）；天猫旗舰店某商品的价格是 79.9 元 1 瓶（旗舰店价格——价格锚点）；多加 2 元再送雪花喷雾，1 瓶雪花喷雾也要卖 79.9 元（超值福利，买到就是赚到）。

---

① 锚点效应是指当人们需要对某个时间做定量估测时，会将某些特定数值作为起始值，起始值像锚一样制约着估测值。在做决策时，会不自觉地给予最初获得的信息过多的重视。

3. 限量限地限时

限量:"今天的优惠商品数量有限,只有100个""这款衣服就只有最后××件了,卖完就没有了"。制造稀缺感也是销售的一种常用手段。如"这一款真的数量有限,只有最后××件了。如果看中了一定要及时下单,不然等会就抢不到了!"

限地:这个价格只限在此直播间有。如"不用想,直接拍,只有我们这里有这样的价格。"

限时:直播中可以倒数,限量抢购就开始(或下架)。主播通告用户,××分钟后时间到了就恢复原价,制造紧迫感,让消费者马上下单。如"还有最后3分钟,没有买到的宝宝赶紧下单,时间到了我们就下架了(恢复原价)!"

6.2.4 促成下单语言技巧

对于在直播间里对下单犹豫不决的消费者,主播需要使用语言技巧刺激消费者下单的欲望。催单语言的关键是:营造抢购的氛围,给用户发出行动指令,让消费者认为现在不买就没有机会了,然后快速下单。催单可以从以下两个方面实施。

1. 不断重复强调商品效果和价格优势

例如,主播在卖一款羽绒被时:"这款羽绒服的版型很好看,面料也很舒服,在直播间不要799,不要699,不要499,我们今天只要199!"不断重复强调直播间的价格优势。

2. 不断提醒用户限时限量

用反复倒计时的方式督促消费者下单,营造时间紧迫、再不买就没(亏)了的抢购氛围。例如:

"数量有限,如果你看中了一定更要及时下单哦,马上就要卖完了哦!"

"先付先得,最后两分钟!最后两分钟!"

"活动马上结束了,要下单的朋友们抓紧时间!"

> 【小贴士】
>
> 促成下单的直播转化秘诀,让消费者占便宜,以此刺激消费者的购买欲望,例如:
> ① 制造紧迫感:直播开枪,整点抽奖,限时抢购。
> ② 制造稀缺感:全场唯一,独家售卖,定制款,明星款。
> ③ 让消费者占便宜:只送不卖,全场5折,买赠小样,特价。
>
> 促成下单的语言示例如下。
> ① 捆绑式促销:今天呢,我给大家带来一款保暖内衣,是我们公司都一直没有卖的,我们研发部才上新的一款保暖内衣,今天我大家做福利活动,这款保暖内衣的原价是499元,现在大家看到我手中这款羽绒服,拍这个羽绒服加5元,我们就可以直接换购这一套保暖内衣!
> ② 全天随机发放红包,要及时抢噢!
> ③ 关注点小红心随机抽赠品。
> ④ 今天的促销力度非常大,买一件七折,第二件六折,第三件直接半价。

⑤ 在右下角领优惠券，看 5 分钟领 5 元优惠券，看 10 分钟领 10 元优惠券。

⑥ 比价加购物返现：吊牌价是 1599 元，现在我们直播间的价格是冰点价 1399 元，然后现在拍下收货好评后可以返现 100 元。

⑦ 买高卖低：买价格高的羽绒服，就送一件价格低的羽绒服。

⑧ 冷场语言：有喜欢的商品可以先直接拍下免费试穿，我们所有商品都给大家赠送了运费险，七天无理由退换货。

> **思政导入**
>
> 促单有很多技巧，提升消费者信任度的语言形式也是多种多样的。但要保证不虚假宣传。主播要亲自体验所销售的商品，自己用过，才能放心卖给消费者，获得用户信任。

6.3 直播间主流类型商品讲解

直播间推荐商品的原则有以下两点：一是对商品进行全方位的展示；二是要准确描述商品，如功能、材质、规格等。不同品类的商品特性不同，因此，主播要有针对性地讲解。

6.3.1 服饰类商品的讲解

服饰类商品是电商直播销售中最早开始，同时也是规模较大的品类。服饰类直播商品可以划分为以下 6 类。

1. 主推品

（1）适用情景

将自家明星商品与市面上同品类商品进行对比，在讲解过程中更加注重自家明星商品的独特性，将商品的特点、适合人群着重点出，能更好地让消费者对号入座。

（2）语言技巧要点

① 场景营造。结合商品特点，模拟商品使用场景，找出适合人群，激发消费者需求。

② 同类比对。列举一些市面上的同类商品及比较流行的风格与自家明星商品进行对比，凸显出自家商品的优势。

③ 卖点介绍。主播阐述商品的材质或技术上的卖点，并向消费者展示，分享上身体验效果和细节特点。介绍商品卖点时，可以从以下 3 方面出发：

- 商品的设计是什么？为什么这么设计？能带来什么样的感觉？前面相对后面短一些，如果你对自己的臀型不是那么自信的话，可以用这样的设计来遮住屁股；侧面的小开口，手直接插在口袋里面很方便；产品的材质。
- 适合什么样的场景？什么人穿？里面是加绒的，所以你现在穿或开春的时候穿都可以；穿它去滑雪，外面再穿个羽绒服就很好看。
- 领子/帽子/袖子是什么样的？穿上有什么样的感觉？袖子这边有个红色的 Logo，让它整体看起来比较时髦和年轻。

④ 搭配推荐。通过多种搭配的方式实现"一衣多穿"的效果,增强商品的实用性,激发消费者购买欲望。

⑤ 福利优惠。通过互动、福利发放、折扣活动预告、爆款新品预告等引导消费者下单。

⑥ 卖点强调。卖点强调常用在商品链接上架之后、等待消费者购买期间。多次重复重要卖点,并说明自家商品优势,增强商品对消费者的印象,加大消费者购买的决心。

2. 福利品

(1) 适用场景

在讲述过程中,将重点放在福利、库存量部分,不断提醒用户限时限量,营造出一种"不容错过"的氛围。

(2) 语言技巧要点

① 商品概述。概述商品基本信息、市场反响程度、库存、适用场景/人群等,引出后面的商品介绍。

② 卖点介绍。阐述产品的材质或技术上的卖点,让消费者有"用得上,值得买"的感觉。

③ 场景营造。主播展示商品在不同搭配下的效果、适用场景及适合人群,激发购买需求。

④ 福利优惠。最后通过福利发放、折扣活动、优惠券发放、强调库存量等方式不停刺激消费者。让用户产生"真的很实惠,不买就是亏了"的心理感受,成功下单。

3. 爆品

(1) 适用场景

适用于辨识度较高且在市面上有一定热度的商品,通常有明星代言,价格不一定有优惠,数量一般偏少。主播在讲解过程中,有明星代言的会强调明星同款,若没有,则强调火爆及难以购买的程度,指出"数量有限,抓紧购买"。

(2) 语言技巧要点

① 商品引入。强调此商品在市面上的火爆程度,从一开始引导用户不容错过。自身具有一定知名度的商品可直接报商品名,若商品自身缺乏知名度,但有明星代言或想打造成爆款商品,主播可以告诉观众,这款商品有多抢手。如:"你知道我们要到这个商品有多努力吗?""一定要抢到,不抢会后悔"。

② 卖点介绍。展示商品独特卖点的同时继续穿插"库存量、火爆程度"等可以刺激消费者购买的内容;若商品知名度高,观众前往直播间只是为了抢货,对于商品特点的介绍部分可以相对减少;若品牌知名度高,商品知名度相对较低,或商品品质、市场反响好,想要打造爆款,则可以在商品特点介绍部分加大篇幅。

③ 引导下单。依据商品自身情况引导用户下单,在此过程中可以穿插库存量的变动,营造出紧张感,加快消费者成单速度。

4. 基础品

(1) 适用场景

商品自身质量及价格存在优势较小,可利用品牌背书、店铺优势来推动购买行为。

但基础品介绍部分和组合品相似,都是以介绍商品特点、展示商品为主,整体介绍时间偏短但讲解要细致。

(2)语言技巧要点

① 卖点介绍。主播展示商品使用效果、细节、材质、适用场景、适用人群等基础信息。

② 引导下单。由于基础品几乎不存在优惠信息,主播可以以店铺优势和品牌背书来消除用户的顾虑,从而推动购买行为,如运费险、七天无理由退换货等。

5. 组合品

(1)适用场景

组合品相对于基础品价格有一定优势。可以是单件商品买多件满减,也可以是套装产品组合购买有优惠。在讲解过程中应注重组合/满减的福利部分。

(2)语言技巧要点

① 组合主推卖点介绍。主播首先阐述套装内热销的商品,从材质、使用效果、细节等方面描述,并现场向用户展示。

② 组合主推优惠福利。点出组合主推品直接购买的价格,让不想购买套装的消费者也能够入手商品。

③ 组合搭配卖点介绍。主播阐述组合搭配品的材质或技术上的卖点,并现场向镜头展示,分享体验效果和细节特点。

④ 引导下单。点出组合搭配品直接购买的价格,并指出若购买套装能够得到的优惠,加大消费者的购买决心。

6. 高端品

(1)适用场景

品质较好、客单价相对于自家其他商品较高,主播描述时应利用商品特点、品牌背书介绍,内容侧重商品的品质,并反复提及。

(2)语言技巧要点

① 卖点介绍。主要利用品牌背书,讲述商品的品质,让用户了解为何价格相对于同类商品有差别,如"专柜橱窗款""×××联名""×××同款"。

② 其他延伸。可以再增加其他品牌在场景营造、平价品质量等方面的对比,增强消费者的下单决心。

③ 引导下单。用户了解商品品质后,主播再通过福利发放、折扣等方式让用户产生"真的很实惠,不买就是亏了"的心理感受,成功下单。

【小贴士】

服饰类商品直播时,需要关注以下6点。

① 款式细节(流行度、舒适度、有没有口袋等)。

② 色彩(是否适合自己的肤色、气质)。

③ 质地(有没有静电,是否吸湿、亲肤)。

④ 风格流行(是否时尚)。

⑤ 价格(折扣)。

⑥ 适合人群。

安排专人理货、试穿、讲解，相互配合确保直播流畅，不冷场。

6.3.2 美妆类商品的讲解

美妆也是直播带货中最大的品类之一。美妆品是具有双重性质的商品，不仅具有来自商品自身的实用功能，还具备彰显消费个性、品位、愉悦心情等精神功能。所以消费者购买化妆品看重实用功能的同时，更看重精神功能，而精神功能就是靠品牌文化和个性来体现的。

1. 美妆品成分讲解

美妆类商品在介绍时建议主播对成分事先做好功课，以便在直播间内展开详细介绍。例如，把商品成分表标出，用户一目了然。其中成分的功效主播会进行解说。商品成分、功效是详解的重点，很多美妆直播的大部分时间都会放在介绍商品功效上，这也是消费者非常关注的一方面。

2. 拿同类型产品对比，做测评

做对比测评，是要凸显直播间的商品优势。例如，主播卖一款防晒霜，会把市面上目前比较热销的防晒霜都买回来，最终给大家推荐一款好用、性价比又高的。那么究竟哪家的防晒霜效果最好？

一般主播会从3个方面入手：商品清爽性测试、抗紫外线实测、防水性测试。主播进行的商品防水性测试，是把3款防晒霜分别涂抹在光滑平板上，用喷水装置喷射等量清水（喷射频率同为5次）后，可以看到位于中间的防晒霜在遇到水后，形成水柱向下流，位于两侧的防晒霜没有出现类似情况。这样商品效果好不好消费者一目了然，更能吸引消费者。

例如，美妆类产品做直播展示时，走到展柜旁给用户看原价标签，可以凸显价格优势。参考语言："我说我要给大家送福利，我肯定不会食言。原价89元的眉笔，我们在店里面1分钱都不便宜的，今天我给你们打5折！半价！我45元钱卖给你们要不要？要的来评论个要！（为29.9元做铺垫）你们都别着急，也别激动，这才哪到哪儿啊？我告诉你，今天×××这么好的眉笔，我们店里卖89元的，可以眉笔眉粉二合一的，一支笔能打造出3种眉毛妆效的，防水防汗不脱妆的，我今天在直播间里面不要89元钱我也不跟你们说什么49元钱，39元，今天我们×××集团搞活动。我们×××为了回馈这么多年来，新老顾客对我们的支持和帮助，打5折都对不起大家，实体店89元钱的眉笔！今天在我的直播间里29.9元抢！不是一个，是两个!对!你没听错!!这么好的一个眉笔，29.9元而且我还送你一只替换芯，相当于你29.9元买了两只×××的眉笔。"同时，拿起替换芯给用户看。

6.3.3 美食类商品的讲解

美食类商品讲解技巧主要从以下4个方面入手。

1. 试吃，讲解商品优势

表现出吃得很香的样子，介绍食品的味道、口感、营养，也可介绍食品做法、创意吃法、搭配方法，帮助粉丝了解。

2. 直播送福利，进行趣味互动

通过秒杀、买多得多、购买送神秘福袋等形式激发用户的购买欲，也可使用口令红包、评论截图送福礼的方式增强互动。

3. 前往产地直播，展示产品新鲜度

水果、生鲜、蜂蜜等商品可前往源头产地或工厂，直观呈现食品产出过程。

4. 展示资质证明，提升信任感

食品安全关乎身体健康，在直播中展示商品的检测证明或资质证明，加深粉丝对主播的信任感。

6.3.4　3C类数码商品的讲解

3C类数码商品主要指计算机类、通信类和消费类电子产品，3C分别是Computer、Communication、Consumer Electronics的首字母缩写。3C类数码商品的直播带货主要从商品的性能、工艺、功能、技术指标等方面来介绍。重点在于讲解商品与同类商品的差异性。

3C类数码商品的直播要点有以下3个。

1. 直播标准

主推商品基本都要涵盖检测过程，检测器材、被检测商品必须呈现在直播视频框里。检测的数据结果也要出现在直播视频框内，并附有与其他商品的对比。

2. 讲解方向

直播以开箱形式展示商品的生产工艺、性能、功能、技术指标等方面，重点在于突出新商品对比以往商品的不同功能和讲解功能体验。

3. 直播流程

以某款手机为例。

① 介绍今日主推商品，如颜色及不同的版本，简单谈谈感受。

② 开盒检测，展现未开封、带有薄膜的状态。

③ 从包装、附件、说明书等展开，讲解功能。

④ 外观设计：屏幕大小、屏占比、屏幕质量、按钮材质、背面材质、像素、闪光灯、卡槽、机身宽度、耳机孔宽度、听筒、传感器、机身按钮、是不是曲面屏等，对比市场上的其他手机，最直观地展示给观众，从而介绍基本功能。

⑤ 特殊功能：新商品的推出都会结合特色的功能或亮点，就本商品的亮点进行分析。

⑥ 硬件支持具体介绍：机身系统、处理器、内存大小，同时对比其他手机，得出结论。

⑦ 续航、快充情况：电池容量、支持闪充还是快充、系统耗电情况，具体到多少分钟充电多少及完整充电所需时间（如 15 分钟充电 30%）。

⑧ 系统体验：流畅度、滑动体验、是否卡屏、系统新增功能等。

⑨ 总结：判断是外观型还是功能型，对性价比进行客观分析。

> **思政导入**
>
> 在各类商品的讲解语言中，要谨记：商品功能的真实性一定要有官方认证的支持，才可以在直播间进行宣传和展示。以下就是对直播销售商品虚假宣传的两个案例。
>
> 案例一：
>
> 浙江某公司，主要销售泡澡浴粉。公司安排多名主播做直播带货。主播们在直播过程中不断宣传公司的泡澡浴粉拥有祛湿驱寒疏通经络等功效。大量粉丝购买后，发现该商品根本没有上述功效，公司也没有证据证明其商品具有以上功效。
>
> 案例二：
>
> 江某为江苏某地的个体户，在当地经营一家奶粉店。随着直播带货的兴起，他也开始开直播卖奶粉。为了吸引粉丝购买，他制定了一套极具吸引力的直播语言。如在直播卖羊奶粉时，他说"羊乳为'奶中之王'""羊奶的医学保健功能可追溯到几千年前，古今医学都已证实，羊奶不但营养价值高，且具有消炎、护肤、抗衰老的功效"。这一套自行编造的语言主要是为了促进成交，吸引用户下单，并没有相关检验证明和科学依据。

本章实训

【实训目标】

1. 掌握各类常用直播语言技巧。
2. 做一场直播的脚本策划。
3. 锻炼直播语言表达能力和沟通能力。

【实训内容】

1. 全班分成若干个小组，每组 3~5 人。
2. 每个小组确定一款商品，作为本组直播间销售的商品。
3. 组内每个人针对商品做一个直播脚本。
4. 组内进行直播比赛，选出优胜者。
5. 每个小组共同制定一个直播脚本。
6. 小组优胜者代表本组参加小组之间的直播比赛，排出小组名次。

【实训要求】

1. 直播平台不限，可以选择抖音、快手、腾讯视频等平台。
2. 应选择适合在直播间销售的商品。

3. 一个同学做直播时，组内其他成员分别担任助播、场控、灯光师等职务，协助主播做好直播。

4. 小组优胜者正式筹备实战直播，集全班之力开启直播实战之旅。

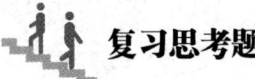 复习思考题

1. 直播语言技巧的要点有哪些？
2. 简述需求引导语言技巧的两个步骤。
3. 快手的直播禁忌词有哪些？
4. 直播语言的原则有哪些？

第 7 章

数据复盘

学习目标 →

◆ 知识目标：
1. 了解数据分析的概念、来源和意义。
2. 了解数据分析的目标和方法。
3. 熟悉直播间数据分析的流程。

◆ 技能目标：
1. 掌握直播间粉丝画像的获取方法。
2. 掌握直播间流量数据、互动数据和转化数据的获取方法。
3. 能够利用直播间的各种数据对一场直播进行数据复盘。

◆ 思政目标：
1. 培养学生的规则意识和大局观。
2. 培养学生的辩证思维和数据思维能力。
3. 锻炼学生的团队协作、发现问题与质疑的能力。

【思政课堂】

玩转数字创新，引领时代潮流

"天猫精灵，来杯咖啡。"

"为您点到一杯热美式，来自星巴克专星送……"

图 7-1　星巴克直播宣传页

2019 年 9 月 16 日，星巴克和淘宝主播合作，首次参与淘宝直播，在直播中，主播一边介绍手中的星巴克杯子，一边和星巴克定制版天猫精灵互动，演示如何用语音点咖啡，在商品上线 5 秒钟倒计时结束后，3000 件星巴克联名商品随即售罄，如图 7-1 所示为星巴克直播宣传页。

而当天晚上在直播间里成交 9 万多杯星冰乐双杯券，3.8 万多杯拿铁电子饮品券，3 万多杯橙柚派对双杯券，仅可以兑换的饮品加起来就近 16 万杯，相当于一家销量较好的茶饮店 5 个月的销量。

这次的"天猫品牌日"，星巴克在天猫平台的活跃度和话题量直线上升，并使线上线下用户加强了联动，可谓一举多得。在瑞幸等本土品牌的步步紧逼下，星巴克开始将数字化转型提上和传统门店零售业务同等重要的地位。

其实，大数据平台才是这场电商数字化转型真正的幕后英雄，大数据平台在潜移默化中将人们的需求可视化，接着处理、整合、建立数据库。直播电商成为电商平台与 5G 技术、云计算、智能物联网的结合，成为在互联网平台成长起来的新型数字化工具，成为实现数字化创新的一个重要载体。

对于企业的品牌运营来说，未来的核心在线上，而线上运营的核心就是用户。这就需要企业不断布局数字化的业务，在线上运营中不断创新改进，同时帮助线下实体店实现数字化升级；对于线上产生的大量数据，要运用数字化工具精准地分析消费者需求，最大程度优化用户体验；根据消费者的购物数据进行业务创新并研发新产品，进一步推动产品推新速度，努力把握线下零售与线上数据智能联动带来的品牌发展机遇，完成电商大数据创新。

目前，直播电商行业发展已经进入快车道，但也加剧了行业同质化的现象。消费者对商品品质的要求明显增高，为了同时保证线上店铺和线下店铺的商品品质，企业需要对数字化供应链进行不断创新，来促进产品创新。如果想要在竞争中脱颖而出，企业和品牌要坚持从产品创新、数字化运营入手，展现出独具一格的竞争优势。

在大数据时代，数据的重要性愈加凸显，许多国家都把大数据提升到国家战略的高度。政府合理利用大数据，引导决策的将是基于实证的事实，政府会更有预见性、更加负责、更加开放。中国古代治国就已经有重视数据的思想，如商鞅提出："强国知十三数……欲强国,不知国十三数,地虽利,民虽众,国愈弱至削。"在大数据时代,循"数"治国将更加有效。对于商家来说,大数据使精准营销成为可能。每个人都会"自发地"提供数据。我们的各种行为,如点击网页、使用手机、刷卡消费、观看电视、坐地铁出行、驾驶汽车等,都会生成数据并被记录下来,我们的性别、职业、喜好、消费能力等信息都会被商家挖掘出来,用来分析商机。同样,对于直播来说,可能大多数人看的是最终的销售额和销量,但是直播过程中会产生大量的数据,我们需要做的就是对这些数据进行分析和复盘,通过数据的变化情况及时总结与反思,直播团队人员也可以通过数据复盘真实地了解直播的整个过程,从而总结出直播中存在的各种不足,然后在下一场直播中进行优化改进,以获得更好的直播效果。

7.1 直播间数据分析

数据分析是直播运营中非常关键的一个环节,也是不可或缺的一部分,要想优化直播运营效果,提高转化率,就要学会深耕数据,从数据中知其然,更要知其所以然。

7.1.1 数据分析的概念与来源

1. 数据分析的概念

无论哪个行业或领域,数据分析的目的都是从大量看似无序的数据中发现其内在的规律,进而形成有价值的信息。数据分析(Data Analysis,DA)是指根据分析目的,用适当的分析方法和工具对收集来的数据进行分析,从中提取有价值的信息,从而形成有效结论的过程。

面向电商运营进行的数据分析,称为电商运营数据分析。根据电商运营依托的平台不同,可以分为店铺运营数据分析、微信公众号运营数据分析、直播运营数据分析等;根据主体业务内容的不同,也可分为零售型电商运营数据分析、贸易型电商运营数据分析、游戏运营数据分析等。

2. 数据分析的来源

直播电商数据分析需要围绕"带货"这个核心目标展开,这其中就涉及"人、货、场"三个要素,在获取关于这三个要素的数据时,主要关注以下4种:流量基础数据、流量来源数据、直播电商数据和直播观看数据。

(1)流量基础数据

这类数据主要包括观众总数、新增粉丝数、评论人数和付费人数。从这类数据可以看出新粉丝转化的能力和评论互动率。

(2)流量来源数据

有些主播可能有流量大但粉丝增长很少的问题。这种情况是正常的,多半由于流量来源不精准。

例如,抖音平台,直播的观众可以从关注页、直播广场、视频推荐、同城4个渠道进入,其中直播广场和视频推荐属于平台推荐渠道,来源并不很精准,就有可能出现流量大而涨粉难的情况。

（3）直播电商数据

在一场带货型直播中，以下两个后台数据值得关注。

① 商品展示次数：指商品展示给用户的次数，如用户点进购物袋浏览商品。

② 商品点击次数：用户实际点击商品的次数，以点击进入商品详情页面为标准。

除此以外，还可以关注"我的橱窗"访问次数。橱窗的入口一般在主页和商品详情页的右上角，可以看到多少人访问了橱窗。从商品详情页到订单的转化也可以看出商品本身的吸引力如何。

（4）直播观看数据

直播次数、直播时长、观看次数、平均观看时长这4个数据需要关注，特别是平均观看时长，可以用所有用户观看的总时长除以观看次数，从而得到平均每位用户观看的时长。

例如，一个主播一周直播了4次，直播总时长为12403秒，用户观看次数1851次，总时长129275秒，那么用户平均观看时长约为69.8秒（总时长/观看次数）。

从这些数据中，可以得到一些启发：如果停留时长过短，可以通过直播间商品布置的优化和主播语言的提升增加直播间吸引力；如果互动率较低，可以通过主播引导增加互动；如果商品的转化率较低，可以看看是不是选择的商品与账号的粉丝画像不匹配，无法吸引用户购买，或在客单价、性价比上出现了问题，需要更新商品的优惠活动。

7.1.2 数据分析的意义

1. 了解自己

直播平台的后台基本都有一些在运营中产生的数据，精细化运营也需要相应的实践能力和分析能力，其中系统默认的一些选项，如浏览次数、浏览人数、互动次数、新增粉丝数、取消粉丝数等应重点分析。既然是默认的，就说明是平台考核中系统比较关注的。自身数据所包含的维度较多，可以分阶段逐步了解。从这些数据中可以反映出直播中的一些问题，例如，取消粉丝数增多说明直播内容对用户的吸引力不够，用户没办法持续投入精力，这就提醒商家的直播内容和形式需要调整。总之，通过数据分析认识自己直播间运营的状况，才能更好地服务用户。

2. 了解用户

除了解自身的情况外，分析直播数据的另一个重要意义，就是了解观众和粉丝的数据，就直播平台而言，观众就是公域流量，粉丝就是私域流量。了解用户的画像，才能策划有针对性的直播，优化直播内容，提升流量转化。

3. 了解平台

想在直播平台上游刃有余，除了了解自身和用户，还要了解平台，如直播规则的调整、动态流量、市场变化趋势、活动大促等信息，这样才能更好地遵循平台规则，获得即时的信息变更，把握最新流量。

以上所有前期数据分析都是为了让直播效果达到优质的标准,让直播间里的商品成为热销商品。在对自己、用户、平台进行了研究分析后,还需要对同行进行分析,知己知彼,取长补短。

> **拥有规则意识和大局观**
>
> 古人云:"知己知彼,百战百胜。"进行直播数据分析就是为了能够更好地认识自己、认识用户、认识平台,能够以平台规则为基准,对用户和自己都有深入的了解,做到见一叶落而知岁之将暮,睹瓶中之冰而知天下之寒的大局意识,有了大局意识,才能在日常生活的点点滴滴中发现问题,进而面对问题和解决问题,而不只是说假话,空谈大道理。

7.1.3 数据分析的目标

要进行数据分析,首先要明确数据分析的目标。通常来说,数据分析的目标主要有以下 3 种。

1. 寻找直播间数据波动的原因,数据上升或下降都属于数据波动

直播运营人员需要关注 11:00—12:00 在线人数上升了,13:00—14:00 在线人数下降了的原因,如图 7-2 所示。

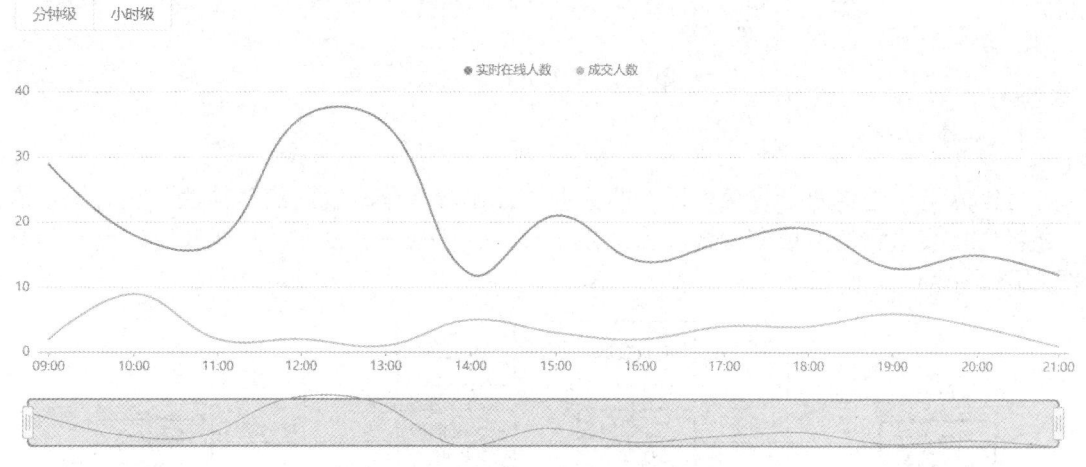

图 7-2　直播间实时在线人数

2. 通过数据分析策划优化直播内容、提升直播效果的方案

通过数据分析可以得出,粉丝对于直播间的贡献毋庸置疑,销售转化率比非粉丝用户高出 15 倍以上;而新增粉丝对数据的影响更大,通常预热期新增粉丝>老粉丝>非粉。以上是通过数据分析得出的结论,根据以上结论运营人员可以思考如何优化直播间。

3. 通过数据规律推测平台算法，然后从算法出发对直播进行优化

例如，影响抖音短视频传播的因素有完播率、复播率、播放时长、播放量、点赞量等。通过数据分析，会发现以上几个影响因素影响传播的权重不同：完播率和播放量大概率是成正比的；复播率、停留时长、点赞、转发、评论等用户互动数据都有持续的影响，但完播率的影响更靠前。

7.1.4 数据分析的方法

数据分析的方法主要帮助分析者理顺分析思路，确保数据分析结构体系化，从而为后续具体的数据分析明确方向，以保证分析结果的可信度。分析方法的选取应该结合实际业务的目标需求，能解决问题的方法就是合适的方法。常用的数据分析方法有对比分析法、交叉分析法、矩阵分析法、结构分析法、综合评价分析法等，如图7-3所示。

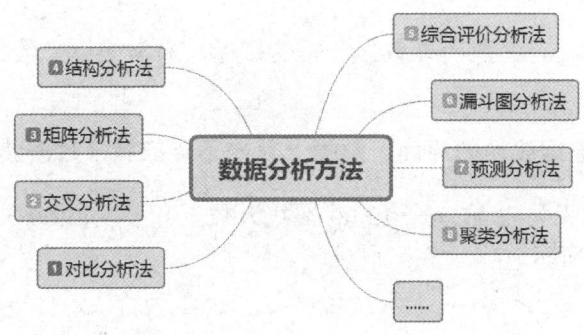

图 7-3　数据分析的方法

1. 对比分析法

对比分析法是将两个或两个以上的数据进行比较，分析彼此的差异性，从而揭示这些数据所代表事物的发展变化情况和规律。对比分析法包括同比、环比和定基比3种分析形式，如图7-4所示。

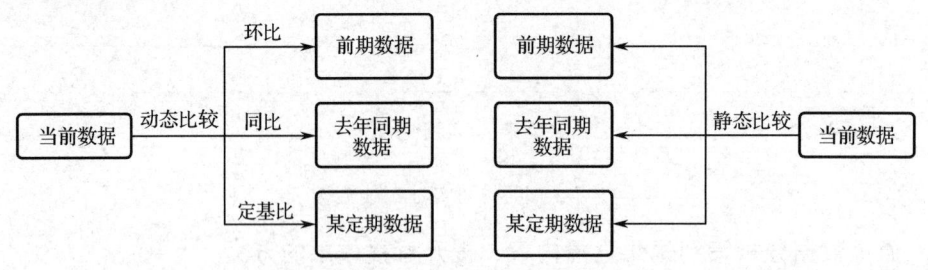

图 7-4　常见对比分析形式

同比：一般情况下是指今年第 n 月与去年第 n 月销售数据之比。
环比：指报告期水平与其前一期水平之比。
定基比：指报告期水平与某一固定时期水平之比。
静态比较：指同一时间条件下不同总体指标间的对比，也称横比。

第7章 数据复盘

动态比较：指同一总体条件下不同时期指标间的对比，也称纵比。

通过对比分析，主播可以找出异常数据。异常数据并非指表现差的数据，而是指偏离平均值较大的数据。例如，某主播每场直播的新增用户数为20～50个，但如果某一场直播的新增用户数达到200个，与之前相比偏差较大，就属于异常数据，主播需要对此数据进行仔细分析，查找造成异常数据的原因。

> 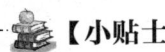【小贴士】
>
> **应用对比分析法的注意事项**
>
> 对比分析法在实际应用时，应注重不同维度下的对比分析，有时还需结合其他分析方法以提高分析结论的可靠性。另外，电商直播运营中常应用于产品优化、广告投放优化等运营决策中的A/B测试，本质上也是一种对比分析法，但A/B测试需结合相应的统计分析方法才能形成最终的分析结果。

2. 交叉分析法

交叉分析法是指同时将两个有一定联系的变量及其值交叉排列在一张表格中形成交叉表，从而分析交叉表中变量之间的关系的一种方法。交叉表的维度视分析情况而定，一般比较常用的是二维交叉表。

例如，无锡某地区利用交叉分析法分析商品销量的情况，如表7-1所示。若直播运营者利用最近购买时间、消费金额两个维度，按高、中、低三个类别对粉丝进行划分，则可形成一个3×3的交叉表，划分出9种不同的用户类别。

表7-1 无锡某地区商品销量交叉分析

星期	地区	产品	销量/箱
星期一	X	产品X	148
星期一	Y	产品Y	137
星期一	Z	产品Z	89
星期一	X	产品X	23
星期一	Y	产品Y	35
星期一	Z	产品Z	20
星期一	X	产品X	44
星期一	Y	产品Y	24
星期一	Z	产品Z	42
星期二	X	产品X	25
星期二	Y	产品Y	33
星期二	Z	产品Z	40
星期二	X	产品X	41
星期二	Y	产品Y	28
星期二	Z	产品Z	28
星期二	X	产品X	28
星期二	Y	产品Y	32
星期二	Z	产品Z	26

单位：箱

地区	产品X	产品Y	产品Z	总计
X	173	64	72	309
Y	170	63	56	289
Z	129	48	68	245
总计	472	175	196	843

3. 矩阵分析法

矩阵分析法也称四象限分析法、波士顿矩阵分析法，是指把对象按照事物的两个最重要的关键属性分为四类，然后再根据不同类型的事物，以不同方法采取不同策略处理。将商品基于浏览量和成交转化率这两个重要属性进行矩阵分析的情况如图7-5所示。

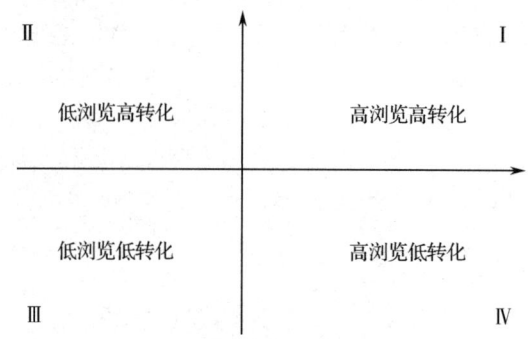

图 7-5　商品浏览量和成交转化率矩阵分析示意

第Ⅰ象限：商品具有较高的浏览量和转化率，能给企业带来较高的销售额，属于优质商品。

第Ⅱ象限：商品具有较高的转化率，但浏览量较低。这类商品属于潜力商品，应加大引流力度，增加曝光度从而提升浏览量，最终可以大幅度提高其销售额。

第Ⅲ象限：商品的浏览量和转化率都较低。该类商品的问题往往来自商品本身，要寻找问题本质，并通过下架或其他相关策略减少这种情况的继续发生。

第Ⅳ象限：商品的浏览量较高但转化率不高。说明这类商品本身受到顾客的欢迎，有较好的市场需求，但或许由于页面描述、商品价格等因素不符合用户的期望最终导致用户流失，属于改进商品。

4．结构分析法

结构分析法是在统计分组的基础上，计算各组成部分所占比重，进而分析某一总体现象的内部结构特征、总体的性质、总体内部结构变化规律的分析方法。可用于分析市场占有率、成本结构、销售构成等。

5．综合评价分析法

综合评价分析法的基本思想是将多个指标以不同的权重转化为一个能反映综合情况的指标来进行分析评价，如对 KPI、客户价值、客服人员的绩效考核等，往往采用这种分析方法。综合评价分析法的主要步骤如图 7-6 所示。

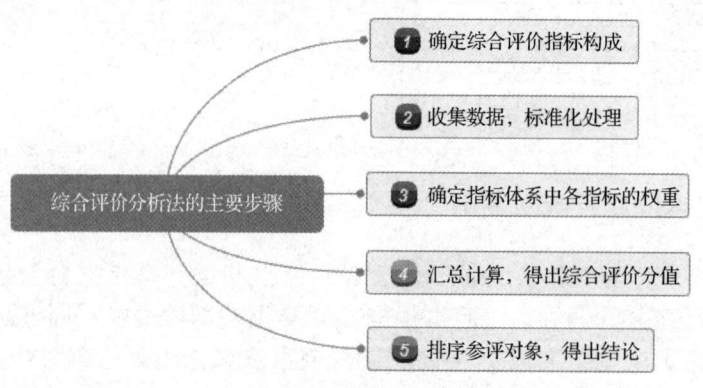

图 7-6　综合评价分析法的主要步骤

① 确定综合评价指标构成，是综合评价的基础和依据。
② 收集数据，并对不同计量单位的指标数据进行同度量处理，即标准化处理。
③ 确定指标体系中各指标的权重，以保证评价的科学性。
④ 对经过处理的指标进行汇总计算，得出综合评价分值。
⑤ 根据评价指数或分值对参评对象进行排序，并由此得出结论。

7.1.5 数据分析的流程

直播间数据分析的流程与一般的数据分析一样，主要包括明确分析需求、获取数据、数据处理、数据分析4个环节。

1. 明确分析需求

分析需求是数据分析的起点，要在全面理解业务的基础上明确分析目标，进而确定分析框架。明确分析需求是确保数据分析过程有效的先决条件。

（1）分析目标

在数据分析开始前，必须首先明确要分析什么，要解决什么问题，这主要是由业务需求决定的。数据分析不是为了分析而分析，否则极易因深陷庞大数据中抓不住分析重点而发生分析方向的偏移，盲目无序的开始不仅会导致后续工作功亏一篑，而且由此形成的分析结果不能对决策者进行有效指导，甚至会将决策者引入歧途。

在实际工作中，往往会出现以下这些情况：①没有数据决策的意识。许多业务的行动引导因素是基于业务经验的，而并非基于数据。②业务人员说不清具体的要求。由于业务人员不知道数据在哪些方面可能对自己有帮助，常常用诸如"我想知道这次活动的效果如何""我想下个月的销量提高20%"等方式来表达，至于具体的效果到底指什么，是指访问流量大幅提升、新用户增加明显，还是实际销售量提升显著或者库存压力得到有效缓解，可能业务人员自身也并不明确。③业务人员不相信数据。当数据结果和业务人员设想的结果不一致时，有的业务人员的第一反应是怀疑。因此，基于业务需求的数据分析目的越明确，分析结论和效果落地的阻力就会越小。同时，作为数据分析人员，除了自身具有一定的业务数据意识，还应加强与业务人员的有效沟通，从而真正明确数据分析的具体需求，将业务部门提出的"粗糙的要求"转化成数据需求，从而有效解决业务人员的问题。

（2）分析框架

分析目标确定后，接下来应明确实现这一目标的分析维度，即将从哪些方面着手，从而确定分析的框架，这主要基于对业务的理解能力及结构化思维能力。

业务理解能力不仅反映了对商业的敏感性，也体现了对商业及商品的理解程度。数据分析的出发点就是解决业务问题，只有深刻地理解业务问题，才能将其转换成数据分析的问题，从而满足业务部门的要求。

在日常工作中常常存在这样的现象：同样一件事情，有的人用1~2分钟就能简短地说清楚，而有的人可能用1~2小时也未说到关键问题。在这种情况下，后者的表述往往缺乏逻辑关联，令人难以发现有效的结论或真正的重点；而前者通常体现了一种结构化的思维方式，表达具有较好的框架且内容或结论间存在清晰的逻辑关联。构建分析框架同样需要这样的思维方式。所谓结构化思维，是指基于某一目标，根据某种限定的规则或规律而进行有序思考的思维模式。结构化思维本质上就是思考问题的一种范式或方法，不仅体现了思维的逻辑性，也是数据分析思维中极为重要的一种思维方式。

在分析框架中，还需根据分析的维度选取相应的分析指标。分析指标是对运营效果的一种判断标准，分析时并非指标越多越好，而应当选取关键的指标。行业不同，关注点不同；阶段不同，需求不同；时间不同，侧重不同；职位不同，视角不同。因此，选取分析指标时，应以业务流程为思路，以结构为导向。

【小贴士】

数据分析中的维度、指标与数据模型

维度：维度代表观察事物的角度，如时间维度、城市维度等。维度可以根据需要进行细分，称为下钻（或下卷）；与之相反的过程称为上钻（或上卷），它是维度的聚合。如果只选定某一维度，便称为切片。

指标：指标是衡量数据的标准，如停留时间、留存率、跳出率等。与指标相比，维度的范围更大。

数据模型：数据模型是不同维度的组合。上钻、下钻和切片是处理数据模型时最常用的三种方法。数据模型将复杂的数据以结构化的形式有序地组织起来，有助于从不同的角度和层面观察数据，提高分析的灵活性，以满足不同的分析需求。

2. 获取数据

开展数据分析首先要有足够多的有效数据，可以通过账号后台、平台提供的数据分析工具及第三方数据分析工具来获取。

（1）账号后台

主播账号后台通常有直播数据统计，可以通过登录账号后台获取。

以抖音直播平台为例，可以通过登录抖店后台获得直播数据，如图7-7所示。

图7-7 登录抖店

登录抖店后,可以通过底部菜单栏进入"电商罗盘""巨量千川"等获取需要的数据,如图 7-8 所示。

图 7-8　抖店后台

进入"电商罗盘"后,可以通过左侧的导航栏中"诊断""内容""营销""交易""达人""商品""服务"等模块中查看不同维度的数据,以全面掌握直播情况,如图 7-9 所示。

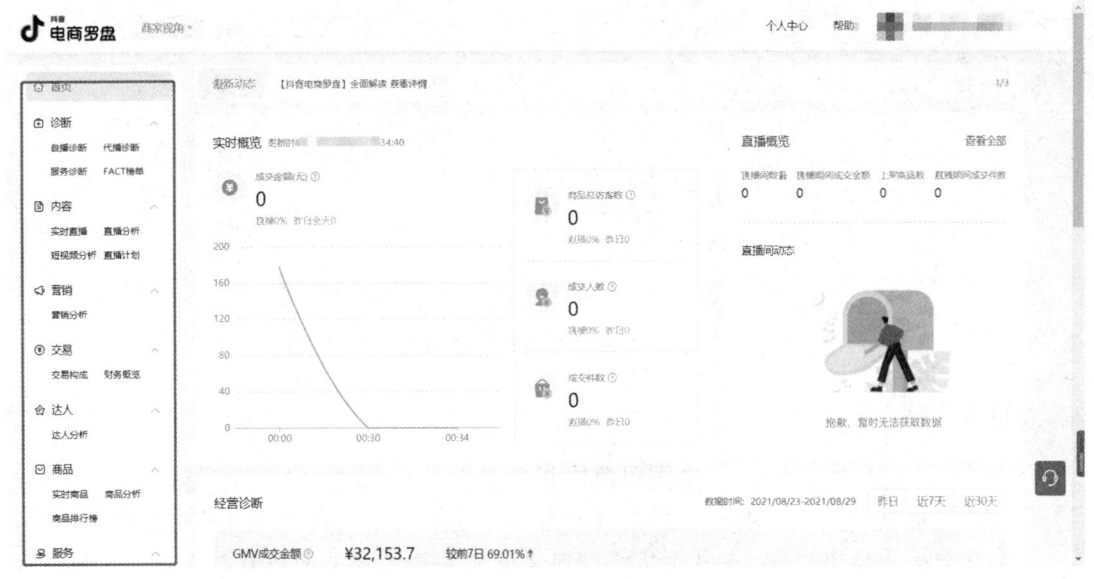

图 7-9　电商罗盘后台

例如,想要查看当前直播的具体数据,可以通过左侧导航模块"内容"→"实时直播",查看当前直播所产生的实时数据,包括当前直播间成交金额、直播间数、本店上架商品等,如图 7-10 所示。

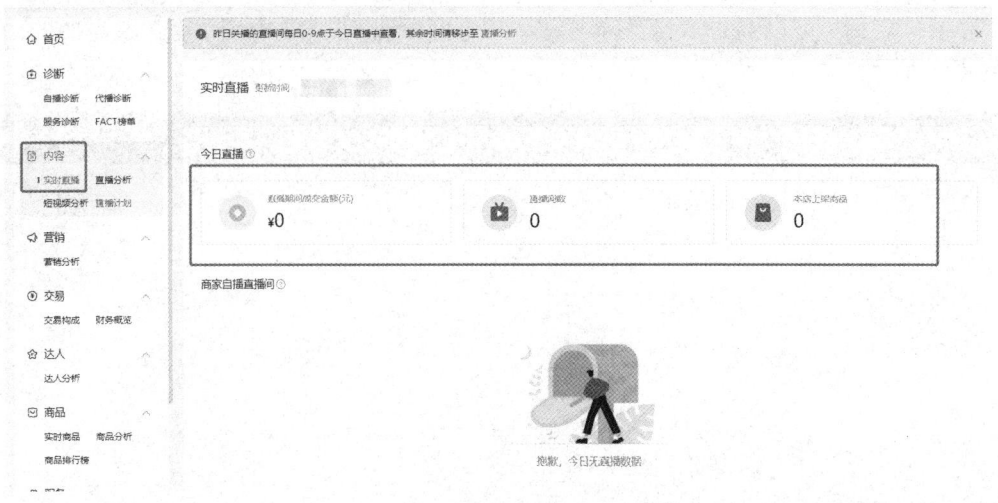

图 7-10　实时直播数据

如果想要查看往期直播的相关数据，可以通过左侧导航模块"内容"→"直播分析"查看，包括本月开播主播、本月开播时长、本月看播量中位数、本月看播峰值中位数、本月开播成交金额、本月开播退款金额等数据，也可通过直播间类型处的选项，选择不同月份的数据，如图 7-11 所示。

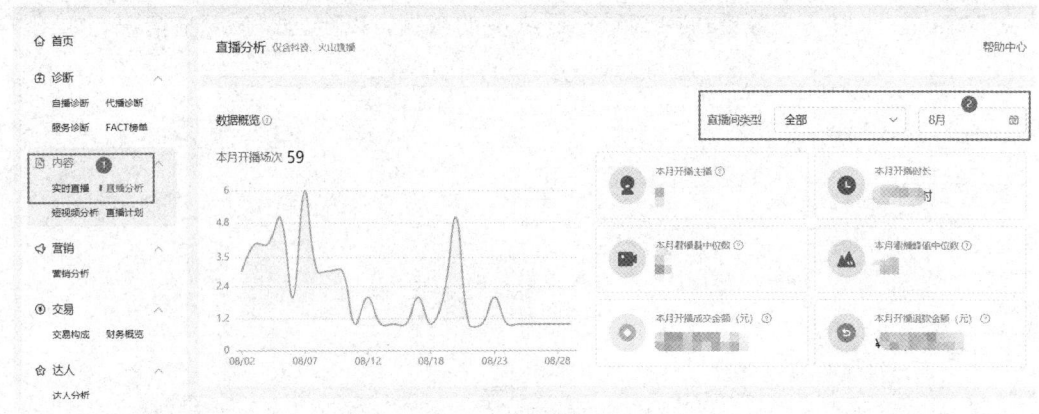

图 7-11　直播分析数据概览

【小贴士】

数据概览中相关参数含义

本月看播量中位数：本月销售店铺内商品的直播间平均在线人数的中位数。

本月看播峰值中位数：本月销售店铺内商品的直播间最高同时在线人数的中位数。

本月开播成交金额：本月店铺内的商品在直播期间全渠道（包含在直播间外成交的订单，如主播橱窗、短视频、搜索等）成交的订单金额总和，包含订单退款金额。

本月开播退款金额：本月店铺内的商品在直播期间全渠道（包含在直播间外成交的订单，如主播橱窗、短视频、搜索等）成交的订单累计成功退款金额的总和，仅含走售后系统且退款成功的订单（含货到付款），不含线下退款。

同样，也可通过直播分析查看直播明细，从中获取某个时间段中产生的主播、开播时间、平均在线人数、本店商品数、直播期间成交金额、直播期间成交件数等数据，如图7-12所示。

图7-12　直播分析直播明细

也可通过选择某次直播中的"数据详情"，更加详细地了解某次直播详细的数据，如图7-13所示。

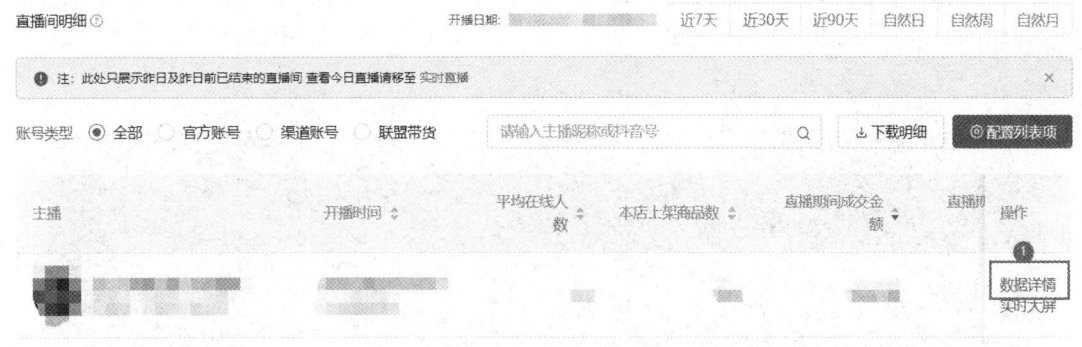

图7-13　某场直播数据详情查看

在"数据详情"中可以获取更加详细的数据，如某次直播中的"流量""互动""售后""商品""交易"等具体数据，如图7-14所示。

（2）平台提供的数据分析工具

为了帮助卖家更好地运营店铺，淘宝、京东还为卖家提供了一些运营工具，如生意参谋、达摩盘、京东商智等，这些工具也能为卖家提供直播的相关数据。卖家可以使用这些工具了解自己店铺的直播情况。

（3）第三方数据分析工具

市场上有很多专门为用户提供直播数据分析的第三方数据分析工具，主播可以利用这些工具搜集自己需要的数据，如飞瓜数据、抖查查、卡思数据、蝉妈妈等。

图7-14 数据详情中的整体看板数据

① 飞瓜数据。

飞瓜数据是一款短视频及直播数据查询、运营及广告投放效果监控的专业工具,提供多维度的抖音、快手达人榜单排名,电商数据,直播推广等实用功能,如图7-15所示。

图7-15 飞瓜数据官网

② 抖查查。

抖查查是北京爱普优邦科技有限公司旗下推出的专业的短视频数据分析平台。拥有抖音排行榜、热门视频、脚本库、电商分析等数据分析和查询功能,提供热门视频、音乐、爆款商品及优质账号,利用大数据判断短视频市场趋势及流量趋向。助力抖音创作者运营内容定位、粉丝增长、粉丝画像优化及流量变现,如图7-16所示。

第7章 数据复盘

图7-16 抖查查官网

③ 卡思数据。

通过卡思数据可以查找热门的视频、音乐及话题，追踪最新热点，多账号同时管理，自动监测视频及直播，查看各品类下的达人、商品榜单，了解自身账号位置、哪些达人近期或持续爆火，查找合适的带货商品，助力达人带货变现，如图7-17所示。

图7-17 卡思数据官网

④ 蝉妈妈。

蝉妈妈是厦门蝉羽网络科技有限公司旗下品牌，是国内知名的抖音、小红书数据分析服务平台，致力于帮助国内众多的达人、机构和商家通过大数据精准营销，实现"品效合一"，如图7-18所示。

图 7-18 蝉妈妈官网

3. 数据处理

数据处理是将搜集来的数据进行排查、修正和加工，便于后续的分析。数据处理时应考虑数据的完整性、准确性和一致性。关于完整性，主要看是否有数据缺失；关于准确性，主要看是否有异常数据、不恰当数据，即数据必须是准确有效的；关于一致性，主要解决数据源描述的不一致（如源于不同系统下同一数据的编码不同）、数据的重复等问题。

数据处理主要包括数据清洗和数据计算两个环节。

（1）数据清洗

无论是从主播账号后台抓取的数据、第三方数据分析工具上下载的数据，还是人工统计的数据，都有可能出现失误，所以首先需要对搜集来的数据进行排查，发现异常数据，然后对其进行修正，以保证数据的准确性和有效性，从而保证数据分析结果的科学性和可参考性。

例如，在搜集的原始数据中，某一天某款商品的"商品曝光人数"为"0"，而通过查看店铺销售记录证实当天该款商品在直播中是有销量的，所以"0"就是一个错误值，需要对其进行更正。

（2）数据计算

通过数据修正，确保了数据的准确性后，主播可以根据数据分析目标对数据进行计算，以获得更丰富的数据信息，激发更多的改进思路。数据计算包括数据求和、平均数计算、比例计算、趋势分析等。为了提高工作效率，主播可以借助数据计算工具如 Excel、R 语言等的相关功能对数据进行计算。

4. 数据分析

在这一步骤中，主要选取合适的分析方法和工具对数据进行分析研究，从中发现内部关系和规律，为解决问题提供参考价值。一般会采用相应的平台或工具软件来实现（具体参见第 7.1.4 节的相关内容）。

7.2 直播间数据分析指标

在对直播数据进行复盘的过程中，主播必须进行数据分析，在回顾直播流程时用数据量化直播表现。直播间的后续操作有很大一部分要通过数据指引方向，主播可以通过分析数据来制订相应的执行方案并进行测试，以优化直播数据。

在对直播间数据进行分析时，常用的指标包括用户数据指标（也称为粉丝画像数据指标）、流量数据指标、互动数据指标、转化数据指标四大类。下面以抖店数据分析工具为例来介绍抖音直播间数据分析的常用指标。

7.2.1 粉丝画像数据指标

粉丝画像数据指标可通过抖店后台的"电商罗盘"模块进行查看，也可通过"电商罗盘"首页左侧的功能菜单中的"人群"模块进行查看，如图7-19所示。

在"人群"模块包含两个数据：核心人群数据和人群画像数据，其中核心人群是基于商家的扩大交易规模及账号粉丝积累两个方向，各划分出的4个关键人群，分别是交易人群中的商品展示用户、商品兴趣用户、首购客户、复购客户，如图7-20所示；粉丝人群中的内容触达用户、内容兴趣用户、新人粉丝、忠诚粉丝，如图7-21所示。

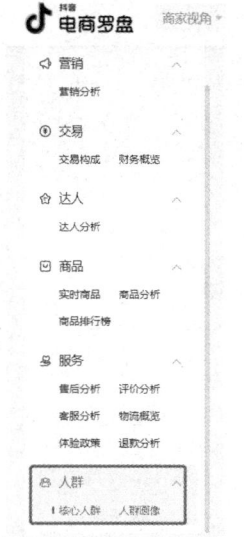  

图7-19 人群模块数据　　　图7-20 交易人群数据　　　图7-21 粉丝人群数据

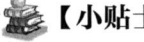【小贴士】

八个关键人群的含义

商品展示用户：在筛选时间范围内，通过直播间/短视频/搜索看到该商品的用户。

商品兴趣用户：在筛选时间范围内，点击商品/浏览店铺主页/浏览商品详情页的用户。

首购客户：在筛选时间范围内，首次下单且未复购用户。

复购客户：有过购买行为，在筛选时间范围内，再次购买的用户。

内容触达用户：在筛选时间范围内，看过当前账号直播间/短视频的用户。

内容兴趣用户：在筛选时间范围内，对当前账号直播间/短视频有观看兴趣的用户，具体包括：①短视频。单次停留时长超过3秒，且有点赞/正向评论/分享/转发/关注/点击外露商品卡/点击种草页/进入个人主页等行为的用户或单次停留时长超过15秒的

> 用户；②直播。单次观看直播时长超过 10 秒，且有参与评论送心等互动/关注、点击购物车/点击外露商品卡/浏览商品详情页/浏览店铺主页、橱窗/加购/收藏/购买/转发/分享等行为的用户或单次观看直播时长超过 20 秒的用户。
> 新人粉丝：在筛选时间范围内，新增加的粉丝。
> 忠诚粉丝：在筛选时间范围内，非新增加的粉丝并且是兴趣用户。

如果要查看、分析具体的人群画像，则可进入人群画像界面进行查看，如图 7-22 所示。

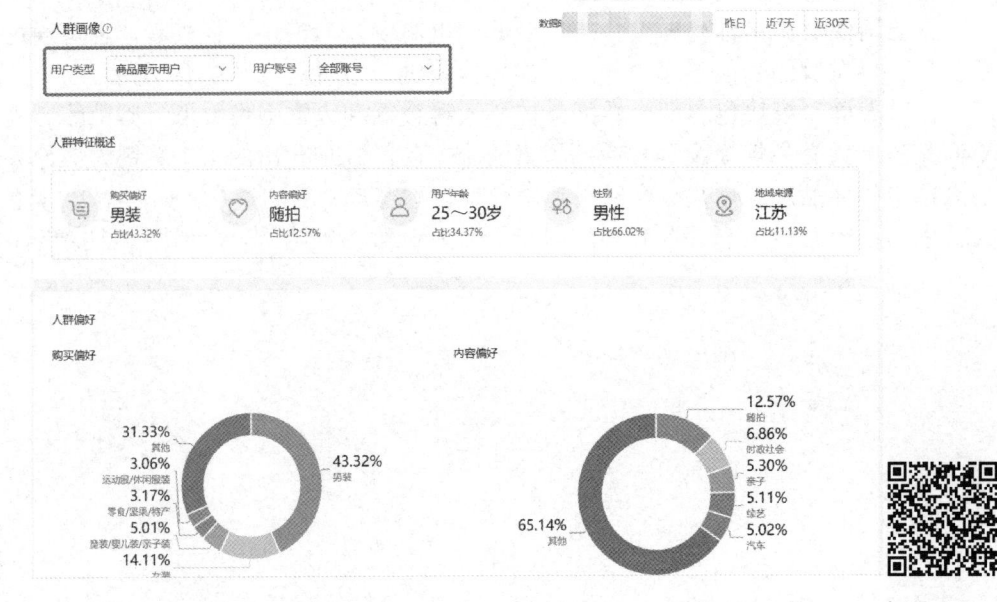

图 7-22　人群画像

在人群画像中，可以通过选择不同的用户类型（包括商品展示用户、商品兴趣用户、首购客户、复购客户、内容触达用户、内容兴趣用户、新人粉丝、忠诚粉丝等），查看某一类型用户的人群画像。

以"商品兴趣用户"为例，商品兴趣用户的人群偏好（包括购买偏好和内容偏好）如图 7-23 所示。商品兴趣用户的基础属性如图 7-24 所示。商品兴趣用户的性别分布、年龄分布如图 7-25 所示。商品兴趣用户的活跃时间分布如图 7-26 所示。

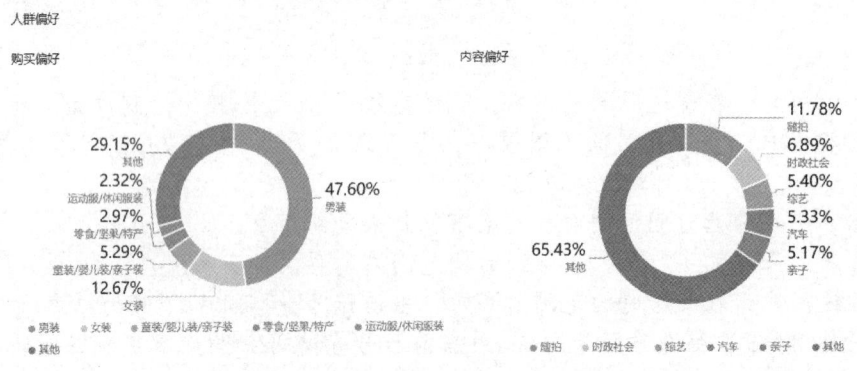

图 7-23　商品兴趣用户的人群偏好

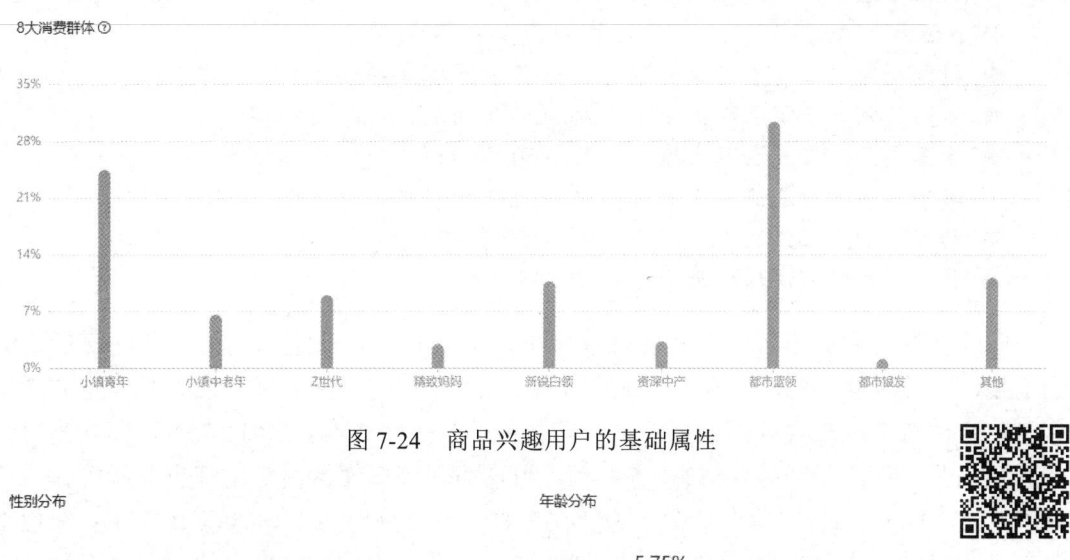

图 7-24　商品兴趣用户的基础属性

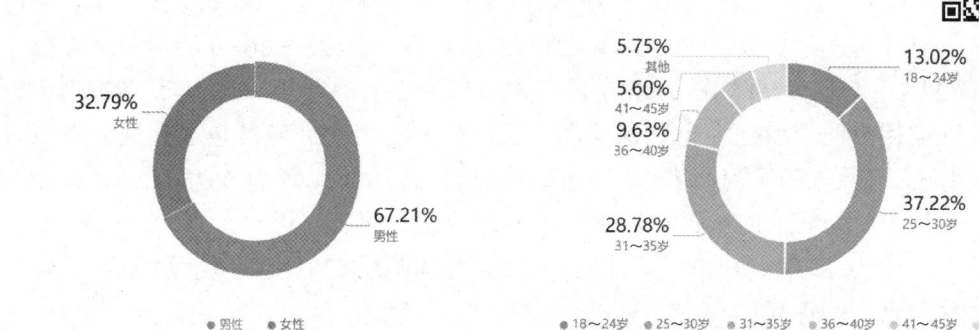

图 7-25　商品兴趣用户的性别分布和年龄分布

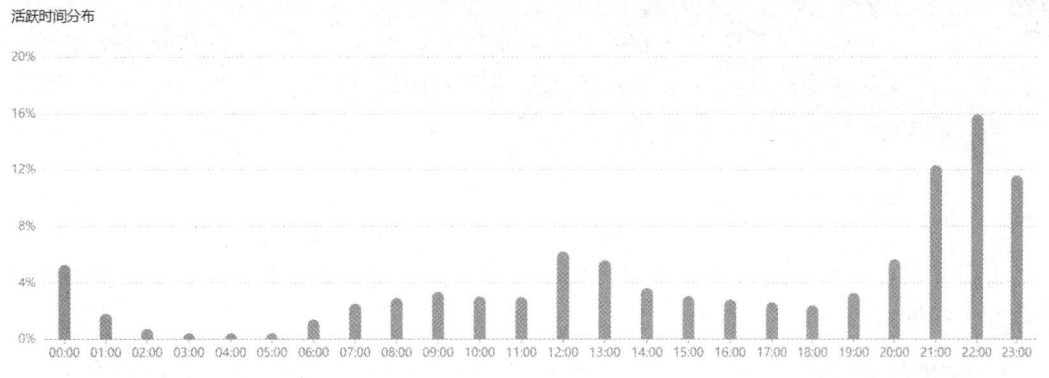

图 7-26　商品兴趣用户的活跃时间分布

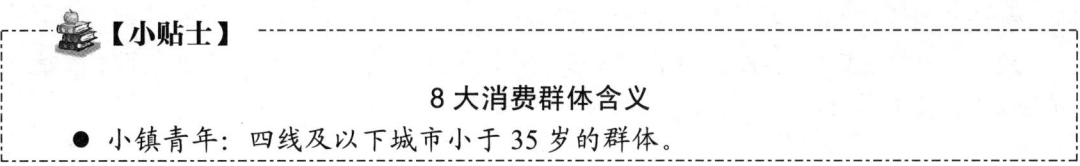

【小贴士】

8 大消费群体含义

● 小镇青年：四线及以下城市小于 35 岁的群体。

- 小镇中老年：四线及以下城市大于 35 岁的群体。
- Z 世代：三线及以上城市小于 24 岁的年轻群体。
- 精致妈妈：三线及以上城市，25~35 岁正在备孕或已生育的白领女性。
- 新锐白领：三线及以上城市，25~35 岁白领，IT、金融群体。
- 资深中产：三线及以上城市，36~50 岁白领，IT、金融群体。
- 都市蓝领：三线及以上城市，25~35 岁消费能力中下群体。
- 都市银发：三线及以上城市，大于 50 岁群体。
- 其他：暂时无法从数据中进行分类的群体。

通过以上的人群画像数据分析可以看出，大多数进入该直播间的用户购买的商品为男装，占比为 47.6%，其次为其他和女装，占比分别为 29.16%、12.67%。这和店铺本身的定位有关；在内容偏好上，关注随拍的用户占比较高，为 11.78%，其次为时政社会和综艺，占比分别为 6.89%、5.40%。用户的基础属性情况是：都市蓝领群体占比最大，为 30.46%，其次为小镇青年和新锐白领，占比分别为 24.50%、10.75%；在性别分布上，男性用户占多数，占比为 67.21%，年龄集中在 25~30 岁的用户占多数，占比为 37.22%，其次为 31~35 岁的年龄段，占比为 28.78%，可以看出大多数为中青年用户，这类用户的消费能力也普遍偏高、易产生冲动消费；通过全国区域分布图可以看出，用户大多数来源于河南省、江苏省和山东省，占比分别为 11.33%、10.51%、8.61%，这可能和近段时间河南的水灾和捐款有关；在活跃时间上，用户在 21:00—23:00 活跃度最高，其次为 12:00—13:00，可以看出活跃时间与用户的年龄段有联系，年轻人多数都喜欢熬夜。

> **注重网络安全，保护用户隐私**
>
> 数据是进行数据分析的基础，作为商家很容易通过平台进行用户信息数据的收集，但是对于商家或企业来说，用户数据只能用来帮助更好地了解目标群体，更好地服务目标群体，而不能非法透露或者利用用户的数据，要注重用户隐私数据的保护。

7.2.2 流量数据指标

流量数据可以帮助运营者了解直播间的流量整体状况，如流量的来源、流量的转化、短视频引流的数据等。

1. 流量整体情况

可以通过电商罗盘中的"直播分析"→"直播间详情"查看某次直播的流量整体情况，如图 7-27 所示。

通过"整体看板"，可以看到平均在线人数、最高在线人数、累计观看人数、直播间浏览量、直播间曝光人数、直播间曝光次数等数据。

第 7 章 数据复盘

图 7-27　直播间流量整体情况

2．流量来源数据

在直播间流量详情中，也可查看直播间的具体数据，直播间的流量来源趋势如图 7-28 所示。

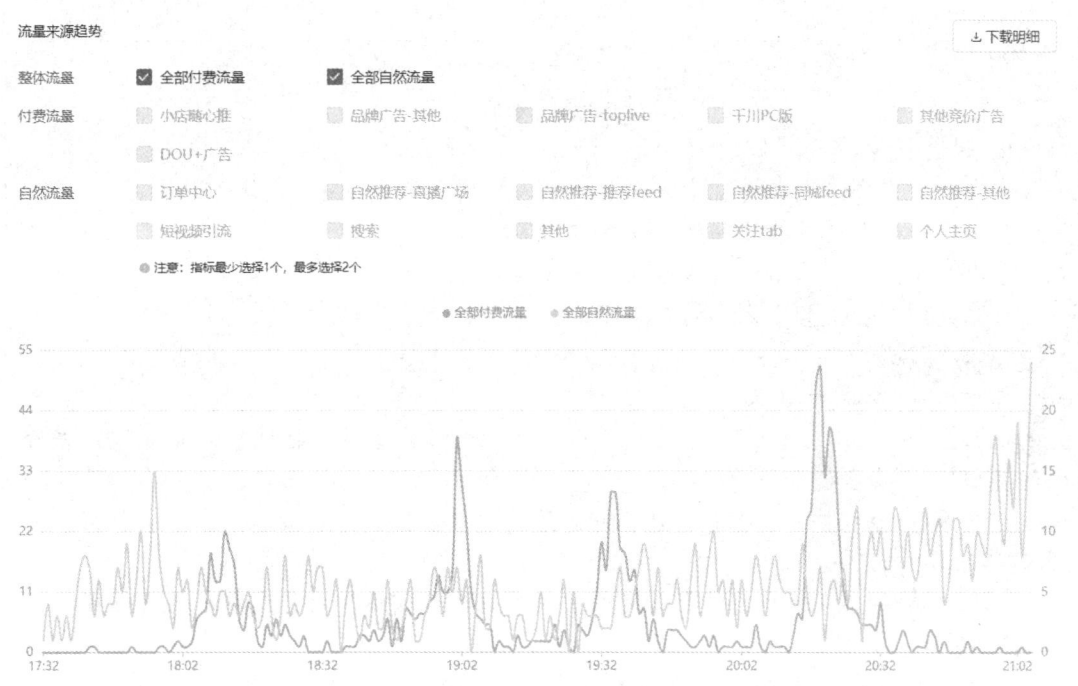

图 7-28　直播间的流量来源趋势

通过流量来源趋势可以分析出，该直播间的流量来源包括付费流量和自然流量，在 18:00 左右，自然流量有所上升，因为此时正是下班或吃饭时间，看直播的人数增多，借此直播间在 18:00 后进行了付费推广，再次吸引了一部分用户进入直播间。21:00 左右自然流量达到高峰，这也和前文分析中的人群画像数据保持了一致。

而通过流量具体来源数据可以看出，自然流量主要来源于免费推荐（推荐 feed 流），付费流量主要来源于千川 PC 版的付费推广，如图 7-29 所示。

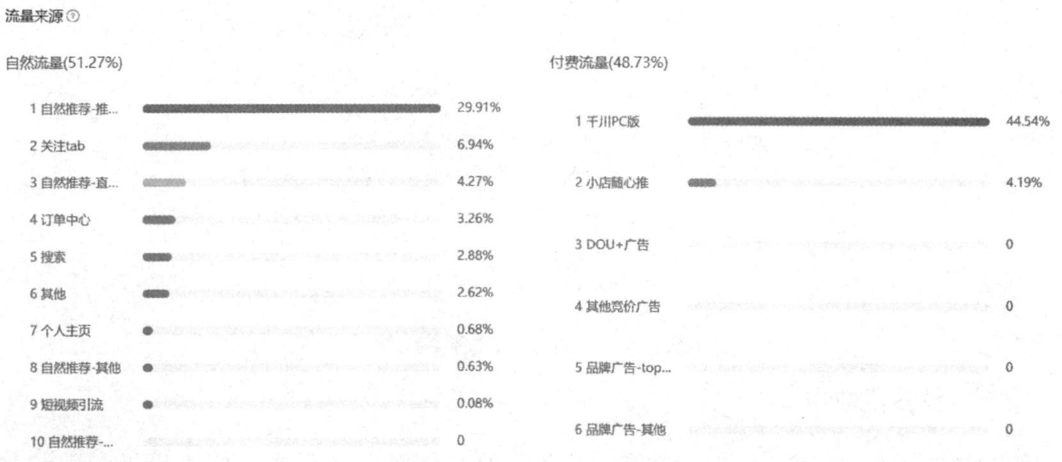

直播电商：理论、运营与实操

图 7-29　流量具体来源数据

【小贴士】

直播间流量来源定义

1. 付费流量

抖音官方广告：通过抖音官方广告视频入口进入直播间。

品牌广告：通过投放的品牌广告入口进入直播间。

千川竞价广告：通过千川后台投放的广告。

其他竞价广告：其他渠道的广告推广。

2. 自然流量

自然推荐-推荐 feed 流：在自然流量中，用户在推荐 feed 流中看到直播间的入口，并且进入直播间（注意：用户是通过平台发布的内容看到的直播间，不是通过广告看到的直播间），如图 7-30 所示。

自然推荐-直播广场：在自然流量中，用户通过直播广场中的入口进入直播间，如图 7-31 所示。

自然推荐-同城 feed：在自然流量中，用户通过"同城"功能入口进入直播间，如图 7-32 所示。

自然推荐-其他：指在自然流量中，其他受直播个性化推荐机制控制的入口。

短视频引流：在自然流量中，用户从"推荐"功能的短视频进入直播间，点击短视频中的主播头像进入直播间，如图 7-33 所示。

关注功能：在自然流量中，用户从"关注"下的入口进入直播间，如图 7-34 所示。

搜索功能：自然流量中，用户通过搜索进入直播间，如图 7-35 所示。

个人主页：在自然流量中，用户查看个人主页并进入直播间，如图 7-36 所示。

订单中心：从我的订单下方推荐位置进入直播间，如图 7-37 所示。

其他入口：其他自然流量入口。

第 7 章 数据复盘

图 7-30　推荐 feed 流　　图 7-31　直播广场　　图 7-32　同城 feed　　图 7-33　短视频引流

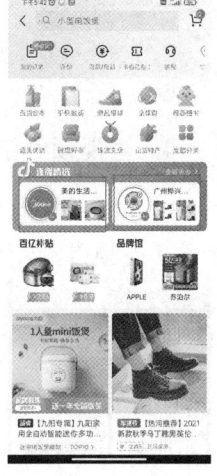

图 7-34　关注功能　　图 7-35　搜索功能　　图 7-36　个人主页　　图 7-37　订单中心

3. 流量转化数据

在直播间数据详情中，可看到该直播间的流量转化数据，包括进入直播间人数、直播间成交订单数、直播间成交金额、新增粉丝数等数据，如图 7-38 所示。

通过流量转化数据的漏斗图分析可以得出，直播间从曝光到最后成交各阶段的流失比例。其中，曝光-进入转化率为 7.2%，可以看出曝光的用户大多数对直播内容不感兴趣；而进入-曝光转化率为 81.4%，说明进入直播间的用户大部分对商品感兴趣，对直播间的第一印象还不错；曝光-点击转化率为 34.3%，这一数据属于正常范围，但是还有提升的空间（超过 50%最佳）；点击-生单转化率为 6.3%，说明产品自身可能存在一定的问题，或主播对于商品的介绍及直播间的优惠不能吸引用户下单；生单-成交转化率为 86.1%，这一数据比较正常；整体的曝光-成交转化率为 0.1%，导致这一数据低的原因在于：①曝光-进入转化率低；②点击-生单转化率低。产生这两种情况的原因可能是宣传时面对用户不精准，大部分曝光属于广泛曝光，用户本身对直播间不感兴趣，或商品自身不能够吸引用户下单,可以从商品的价格、详情页展示、用户评价方面具体分析。

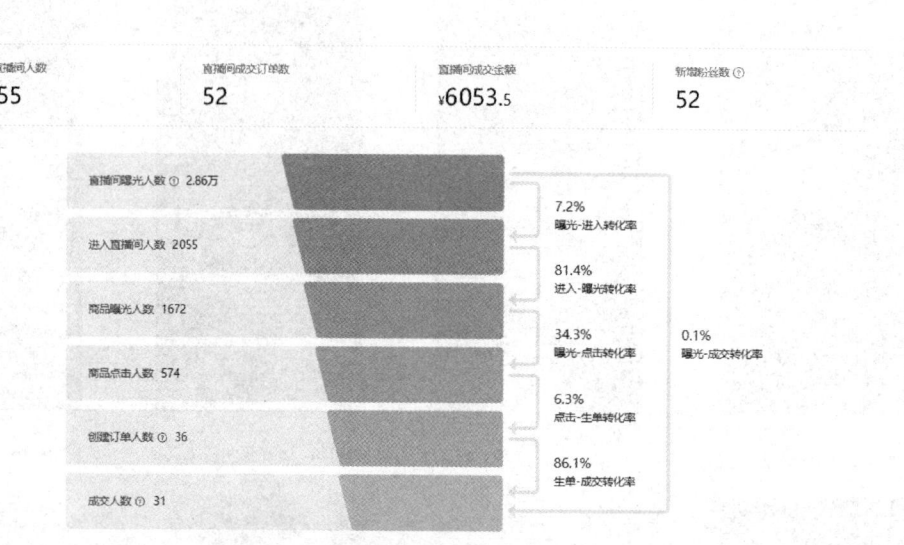

图 7-38　流量转化数据

4. 短视频引流数据

通过第 5 章的学习可以了解到,直播前一般会利用短视频预热引流,该直播间也进行了短视频引流,具体数据如图 7-39 所示。

短视频	投稿时间	直播期间曝光人次	直播入口点击人次	直播入口点击率	操作
#七夕 #李太白变装 大家忙着过七夕~我们忙...	2021/08/14 17:30	8	1	12.50%	详情

图 7-39　直播间短视频引流数据

该短视频借助七夕节日的热点进行了标题的设定、话题的设置等,但是最终直播间曝光人次不高,导致最终点击人次低,此问题产生的原因可能是视频质量有待提升。另外,七夕当天借势营销的视频过多,可以采用付费推广的方式增加曝光。

7.2.3　互动数据指标

在直播间,用户和粉丝主要用点赞、评论的方式和主播进行互动,互动效果的好坏,直接决定最终直播间的销售额和转化率,所以要实时关注直播间互动数据,了解用户的活跃度。

互动数据可以通过电商罗盘中的"直播分析"→"直播间详情"查看某次直播的整体数据情况,如图 7-40 所示。

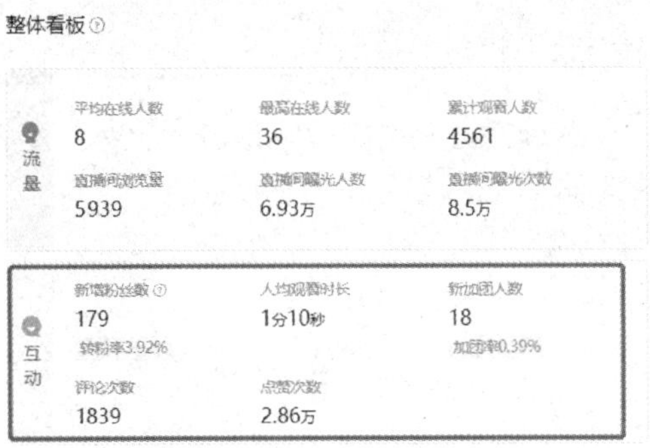

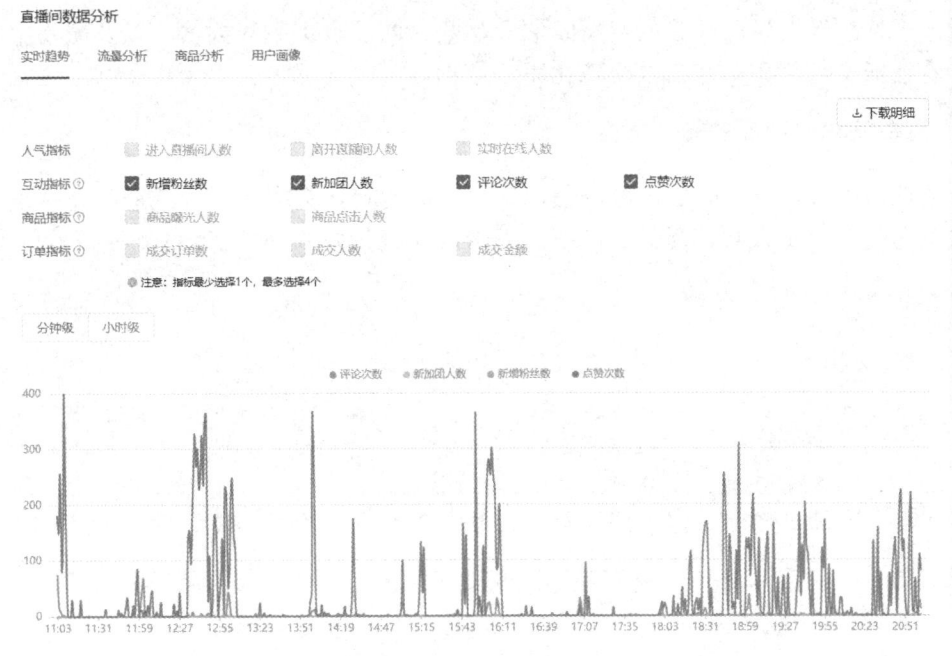

图 7-40　直播间互动数据整体情况

通过"整体看板"可以获取互动过程中的新增粉丝数、人均观看时长、新加团人数、评论次数、点赞次数等具体数据。

也可通过直播间数据分析模块，以趋势图的形式了解互动数据的详细变化，如图 7-41 所示。

图 7-41　互动数据的详细变化

借助具体的数据，了解主播在某个时间段的互动手段，从而分析出用户感兴趣的互动方式，以此来提升和优化直播间的氛围。

7.2.4　转化数据指标

电商直播最终需要的是转化率。转化数据包含整个直播间的各阶段转化率（如看播成交转化率、点击成交转化率），也包含直播间上架商品的转化率等。

1. 直播各阶段整体转化数据

可以通过电商罗盘中的"直播分析"→"直播间详情"查看某次直播的整体数据情况，从中获取商品转化的具体数据，如图7-42所示。

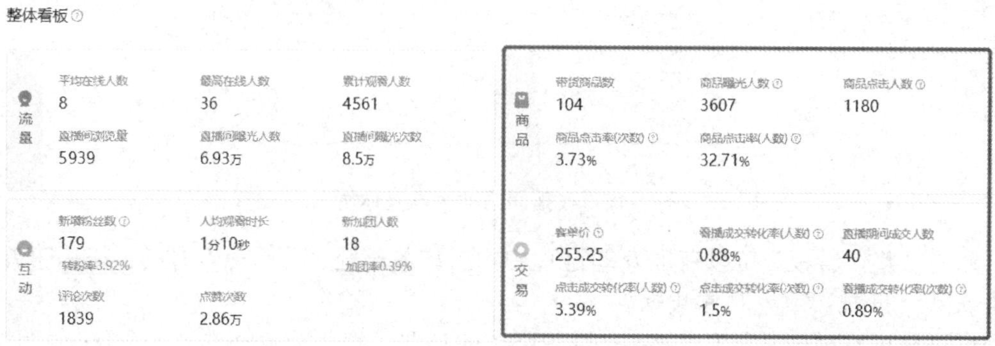

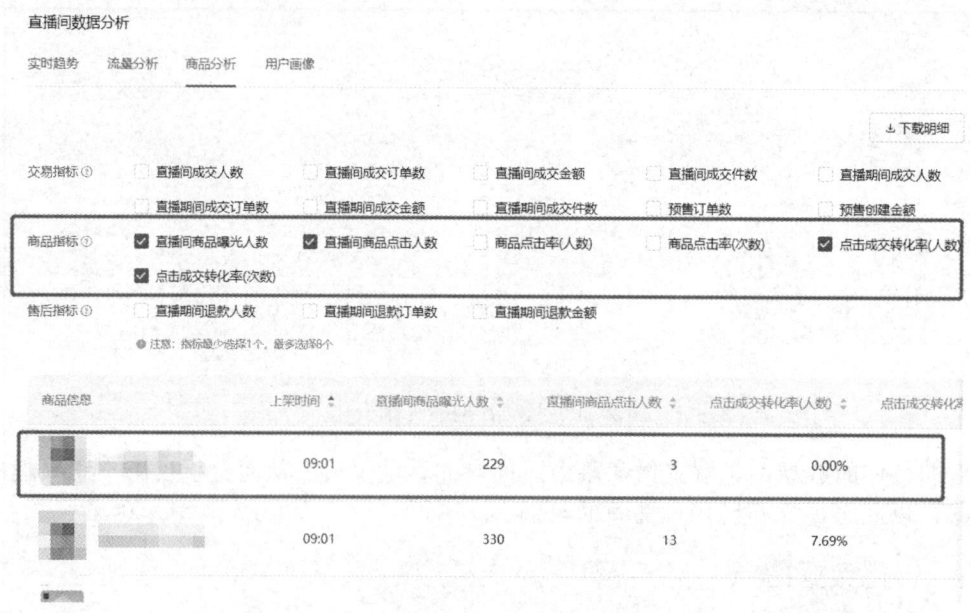

图7-42 直播各阶段整体转化数据

通过"整体看板"可以获取直播间的商品数、商品点击率等数据，以及交易中的客单价、看播成交转化率和点击成交转化率等数据。

2. 直播间单一商品的转化数据

通过直播间数据分析模块，可以获取某个商品的转化数据（包含直播间商品曝光人数、直播间商品点击人数、商品点击率、点击成交转化率），如图7-43所示。

图7-43 单一商品转化数据

通过查看某个商品的"商品详情"，可以获取该商品的商品趋势、成交分布、SKU明细等详细数据，如图7-44、图7-45、图7-46所示。

第 7 章 数据复盘

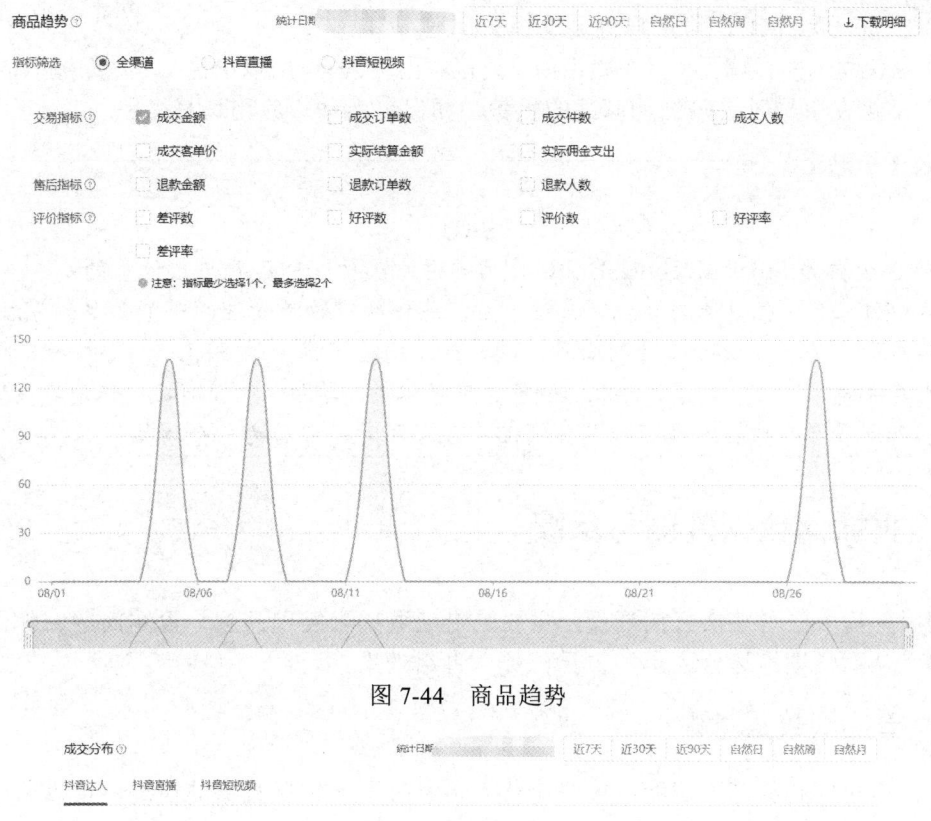

图 7-44 商品趋势

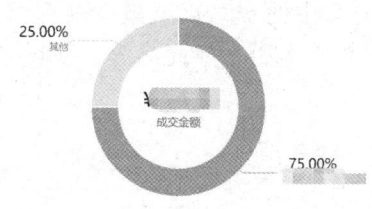

图 7-45 商品成交分布

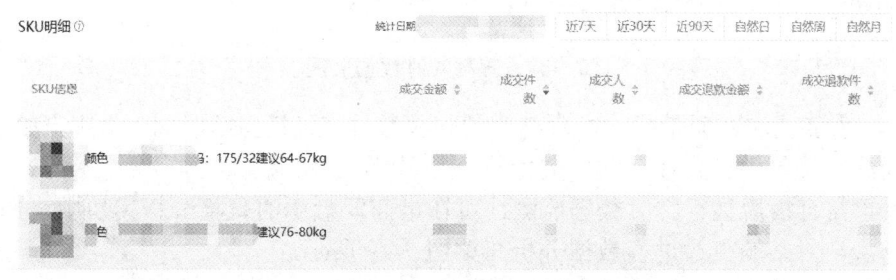

图 7-46 成交商品 SKU 明细

要想增加直播间的商品点击数，提高商品转化率，主播可以采取以下方法进行优化改进。

① 丰富产品SKU，给用户更多选择的余地。
② 从浏览商品详情页到下单是由用户自己做出决策的，所以主播要尽量缩短下单流程。
③ 主播在引导时要多强调商品的优势，如促销活动、应用场景等。

【小贴士】

SKU

SKU全称为Stock Keeping Unit，意为库存量单位，即库存进出计量的基本单元，可以是以件、盒、托盘等为单位，是对于大型连锁超市物流管理的一个必要的方法，现在已经被引申为产品统一编号的简称，每种产品均对应唯一的SKU号。对一种商品而言，当其品牌、型号、配置、等级、颜色、包装容量、单位、生产日期、保质期、用途、价格、产地等属性中任一属性与其他商品存在不同时，可称为一个单品。

7.3 直播间数据监测与反馈

利用直播数据对某次直播复盘，主要是借助数据来发现问题、检测问题、优化流程与内容，从而反馈给运营人员和主播，提升直播效果。

7.3.1 直播间数据监测

直播间数据监测可以帮助主播或运营人员及时了解掌握直播的情况，可以通过多种渠道实时掌握直播间的相关数据。

以抖店为例，通过电商罗盘中的实时直播模块查看当前直播产生的数据，包括直播期间成交金额（元）、直播间数、本店上架商品等，如图7-47所示。

图7-47 直播实时数据监测

同时，也能监测联盟带货达人直播间的相关数据（包括开播时间、本店上架商品数、直播期间成交订单数、直播期间成交件数等），如图7-48所示。

如果想在直播后进行实时数据监测，可在电商罗盘中的直播分析模块中，选择对应的直播场次，对某场直播进行数据分析，如图7-49所示。

在数据详情模块中也能进行实时监测，随时掌握直播间的实时数据（包括人气指标、互动指标、商品指标、订单指标）趋势，如图7-50所示。

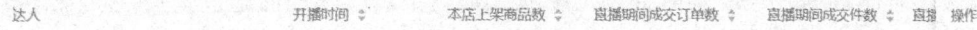

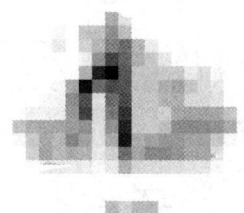

图 7-48 联盟带货达人直播间数据监测

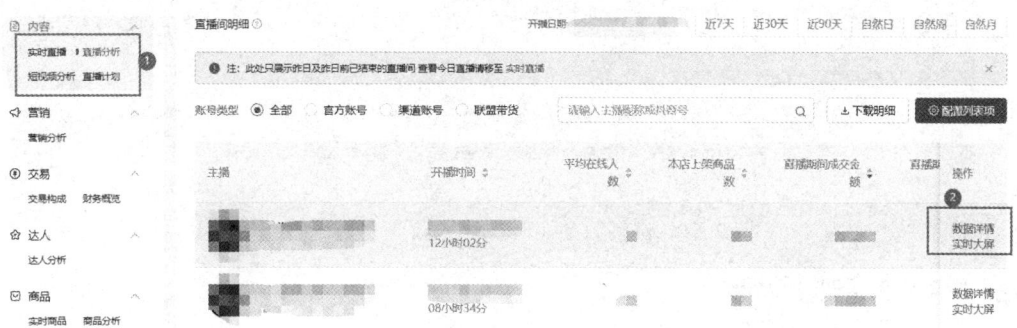

图 7-49 直播后数据监测

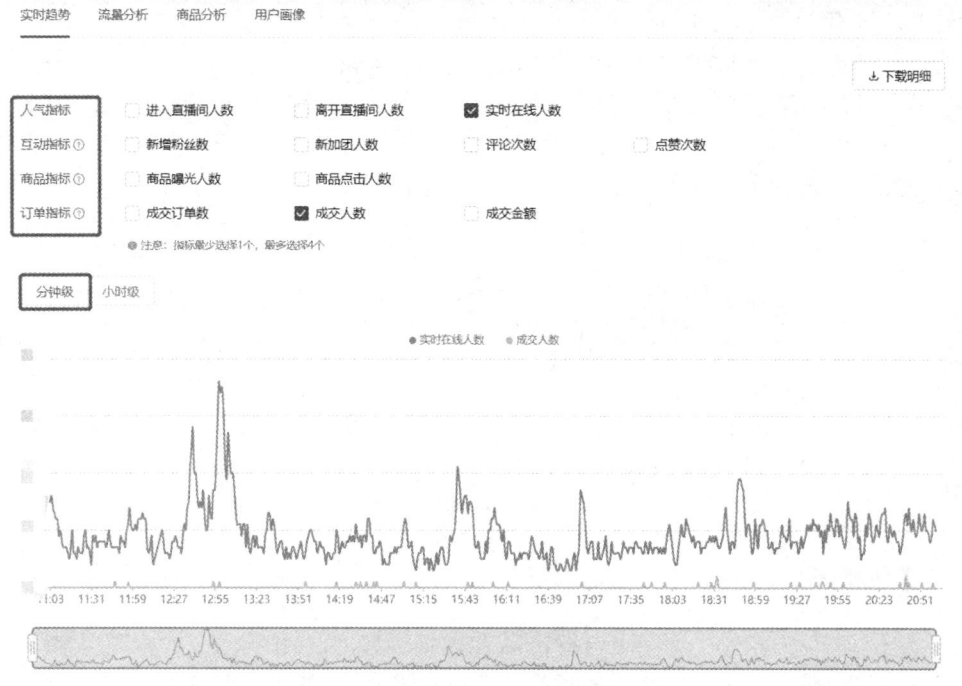

图 7-50 直播间实时数据趋势

通过对直播间数据的监测,能够及时发现直播间存在的问题,从而做出调整和优化。例如,通过监测数据,了解实时讲解与在线人数、销量匹配的问题,直播过程中有没有商品明显地带动直播间的销量,如果有,可以对明显带动销量的商品进行多次介绍、销售,如图7-51所示。

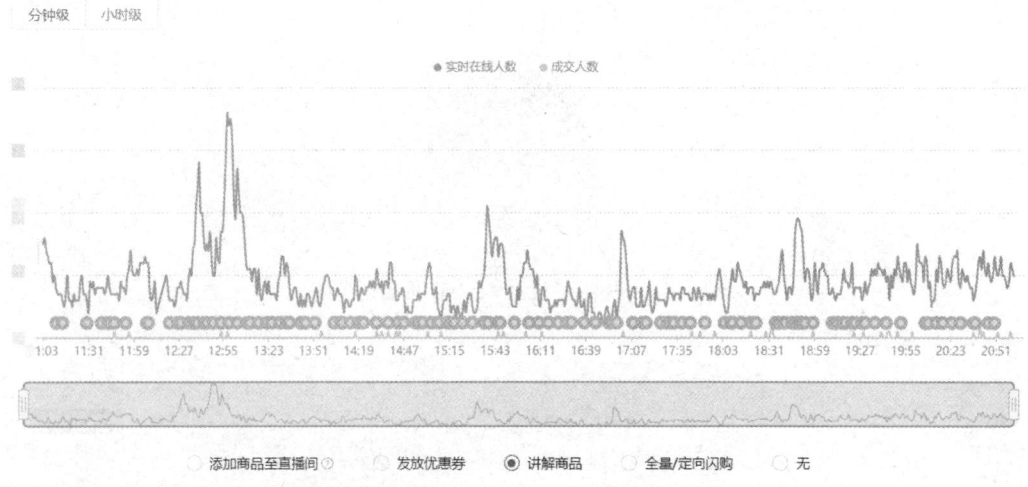

图7-51 讲解商品实时在线人数变动趋势图

7.3.2 直播间数据反馈

通过对数据的分析监测,提出相应的改进优化措施,能够对发现的问题进行反馈,以此达成直播数据分析闭环。所以,直播数据反馈必不可少。例如,通过数据发现直播间流量小,没有新的用户进入直播间;用户进入直播间后,又很快出去了;观看人数很多,成交量却很小。此时就需要诊断、分析、反馈问题。

电商罗盘的诊断模块提供了自播诊断和服务诊断等多项功能,通过自播诊断可以发现存在的问题及原因,从而进行数据反馈。通过自播诊断模块能够查看对店铺的整体评价指标及效果不理想的直播反馈情况,如图7-52所示。

图7-52 自播诊断值

【小贴士】

自播诊断和代播诊断

自播:指由该店铺的人店一体账号、渠道账号通过直播售出该店铺商品。

> 代播：指合作达人的直播带货。
> 自播计算公式：自播 GMV＝流量规模×流量效率。
> GMV：全称 Gross Merchandise Volume，即商品交易总额，是成交总额（一定时间段内）的意思。多用于电商行业，一般包含拍下未支付订单金额。

通过自播诊断可以查看在流量规模指标和流量效率指标中存在问题的指标有哪些，如图 7-53、图 7-54 所示。

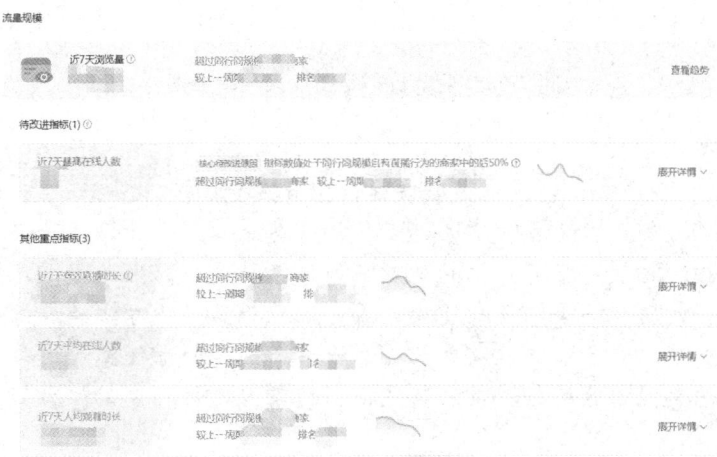

图 7-53　流量规模诊断

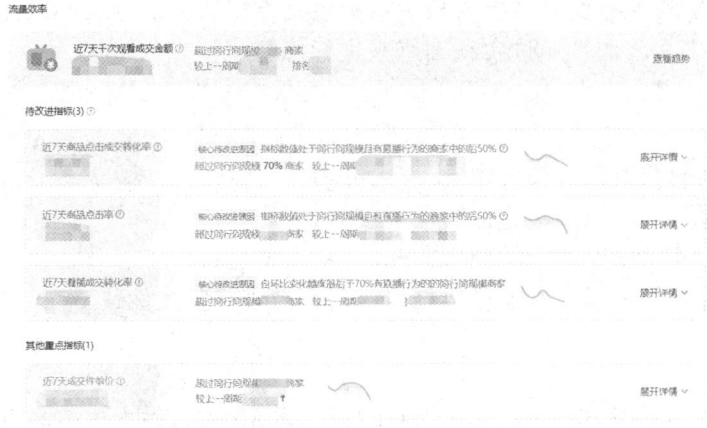

图 7-54　流量效率诊断

例如，通过诊断数据发现流量规模下降，行业排名下降，这些与平均在线人数、最高在线人数、有效直播时长、人均观看时长等数据下降有关。通过深度分析，8 月 27 日后，平均在线人数明显下滑，可重新观看当天直播的回放，发现问题，然后制订解决方案进行反馈，可以根据人群画像和内容偏好，制作对应内容的短视频，并精准投放到和店铺受众人群标签相同的人群中，以及提升每日直播时长，在固定时间开播，引导粉丝关注，稳定积累粉丝等措施。通过数据分析反馈，再次进行数据检测，可在 3 日或 7 日后查看在线人数变化和行业排名变化，做到闭环优化调整，如图 7-55 所示。

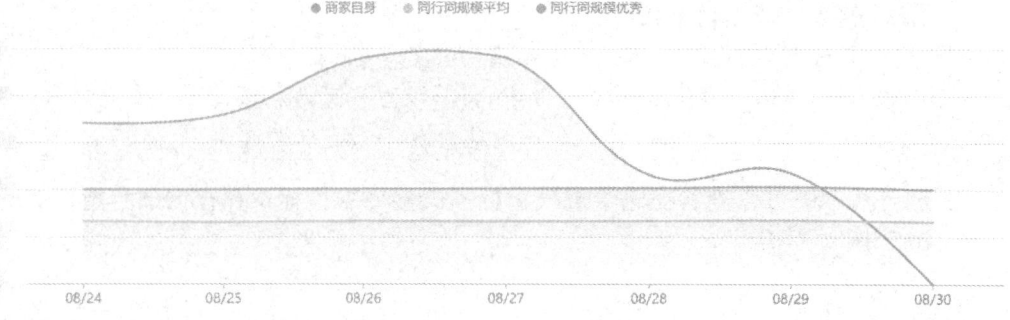

图 7-55　近 7 日平均在线人数趋势图

用数据说话，培养大国工匠

思政导入

通过数据对直播的运营情况进行分析，真正做到用数据说话，从而培养在对待任何事物的时候都要将自己的观点与科学精神结合起来的习惯，提高正确认识问题、分析问题和解决问题的能力。更要注重科学思维方法的训练和科学伦理的学习，要养成探索未知、追求真理、勇攀科学高峰的责任感和使命感，注重培养精益求精的大国工匠精神，激发科技报国的家国情怀和使命担当。

本章实训

为更好地理解和掌握数据分析的相关指标以及指标的分析方法，以此提出直播间问题的解决策略，下面我们将通过实践训练来进行练习。

【实训目标】

1．掌握直播间数据分析的流程。
2．能够通过不同渠道搜集目标直播间数据。
3．掌握直播间中粉丝画像的分析方法。
4．能够完成一场直播，并通过数据对该场直播进行复盘优化。

【实训内容】

1．借助第三方平台"蝉妈妈"，注册账号，获取当天抖音直播中的直播销售榜，按照直播销售额进行排序。

2．借助第三方平台，完成任意一个直播间粉丝数据的搜集，并根据数据对粉丝画像进行描述和分析。

3．开设一场直播，直播结束后，对本场直播进行数据复盘，至少找出两个问题，并提出优化策略。

【实训要求】

1．能够独立完成平台账号的申请，利用各个平台完成数据的采集。

2．借助采集到的相关数据，利用数据分析的各种方法，对数据进行处理与分析。

3．能够熟练掌握直播间需要关注的数据，在直播过程中能根据实时数据检测，及时优化直播内容，达到良好的直播效果。

复习思考题

1．请简要概述数据分析的方法，至少 3 种。

2．谈谈你对数据分析流程的理解。

3．通过对数据分析的理解，探析提高直播间下单转化率的方法。

第 8 章
抖音直播

学习目标

◆ 知识目标：
1. 了解抖音平台的特点。
2. 了解抖音直播的平台规范及运营规则。
3. 熟悉抖音直播的流程。

◆ 技能目标：
1. 掌握抖音直播的技巧。
2. 掌握商品橱窗管理的流程。
3. 掌握购物车商品管理的方法。

◆ 思政目标：
1. 形成良好的团队协作精神。
2. 培养学生诚实守信，遵纪守法的职业精神。
3. 具备良好的安全意识、规则意识。

第8章 抖音直播

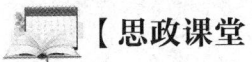【思政课堂】

DOU出好风光，助力乡村文旅

"山里DOU是好风光"项目主要依托抖音平台，从流量倾斜、人才培训、产品扶持、官方认证等方面入手，帮助贫困县打造文旅品牌，促进当地持续增收，助力乡村振兴。据了解，除了贵州荔波，抖音还与河南栾川、山西永和、四川稻城亚丁、贵州雷山、河北涞源、湖北利川等贫困地区达成了相关合作。

在互联网时代，地球村的目标正一步步实现，一些偏远贫困地区也渐渐享受到了网络带来的便利。以抖音为代表的视频直播平台正有效带动着当地旅游产业的发展。打造文旅产业名片，让山里的好风光变成世界的好风光。

据悉，自该项目落地贵州雷山县以来，不仅帮助当地通过短视频传播苗族文化和非遗特色，还重点针对潘仕学、毛鹃等非遗传承人共计161个学员进行培训。通过抖音平台，"雷山DOU是好风光"挑战赛传播量达2.5亿次；麻料村银饰迎来5万多元订单和60余名银饰体验游客；苗绣传承人杨阿妮7天就售出3套纯手工苗绣嫁衣；非遗银球茶创收29万元，惠及贫困茶农400余人。

贵州拥有多民族共居的特点，因地处云贵高原，地貌复杂，不少区县存在交通不便的问题。雷山县位于黔东南苗族侗族自治州，全县拥有13项国家级非遗项目，民族文化浓厚，但当地村寨面临空心化问题和非遗手艺传承困境。

茶叶是雷山县的支柱扶贫产业，作为银球茶第三代传承人，毛娟一直努力提升银球茶的品牌认知度。借助"山里DOU是好风光"项目的启动，她开始拍摄短视频来展现雷山茶园，短短几个月，她通过抖音销售银球茶创收29万元，直接带动400余名贫困茶农增收。毛鹃说："在抖音上，我能更好地了解消费者喜好，也能把手工制茶文化和苗族特色传播出去。"

为帮助雷山更多的非遗、美景走出大山，"山里DOU是好风光"项目还在当地培训了276名新媒体人才，帮助他们掌握抖音短视频拍摄及运营技巧，从而持续传播贵州之美。

抖音的"山里DOU是好风光"项目的初衷是希望通过重点培育非遗带头人的方式，让贫困村的非遗产品被更多人看到，带动相关产业的进一步发展。项目实现目标的方式是为拥有美好风景的贫困县提供流量倾斜、产品扶持、人才培训、站内认证等全套方案，帮助更多贫困县打造文旅产业名片，同时吸引更多人到当地旅游，从而助力脱贫攻坚。

流量时代，渠道为金。目前在直播电商领域较为受欢迎的就是抖音、快手两大短视频平台，抖音凭借其强大的算法驱动流量，沉浸式的内容体验致使得短视频和商品容易爆红，实现高流量下的高触达率和转换率，造就了一批抖音带货"致富神话"，令无数人为之痴迷。近年，抖音加大力度自建小店、签约带货类KOL、在供应链端与直播基地签约等举措都在逐渐实施。综合看各大平台直播可以发现，抖音对于内容的要求更强，即使商业直播，也不是单纯卖货，而是强调内容设计感和品牌创意性，这种设立门槛的行为对于大量需要覆盖多平台用户，打造品牌认知的商品来说，是口碑效应的孵化基地。目前抖音已与MCN机构、直播工会建立起较为良性的合作；也通过阶段性的耕耘，在直播领域形成了人群丰富、内容风格多样化的产品生态。在抖音直播的舞台上，平台的多重赋能带给了内容创作者、MCN机构未来无限的可能性。

8.1 抖音平台认知

抖音，最早被定义为音乐创意短视频社交软件，现已涉及吃、穿、用、住、玩、乐、行等范畴，成为老少皆宜，人人都会玩、爱玩的手机软件。同时，抖音也是一款社交类软件，一个旨在帮助用户表达自我，记录美好生活的短视频分享平台，为用户设计丰富多样的活动，让用户在生活中轻松产出优质短视频。抖音注重内容运营，以内容引发用户关注。

8.1.1 抖音平台概述

1. 抖音平台简介

抖音是一款音乐创意短视频社交软件。抖音自2016年9月上线运营，定位为适合中国年轻人的音乐短视频社区，用户可录制15秒至1分钟或更长的片段，也能上传视频、照片等，通过抖音，用户可以分享生活，同时也可以在这里认识更多朋友，了解各种奇闻趣事。

> 【小贴士】
>
> 在今天的中国，有一半的网民都在使用抖音，现在抖音平台已经快速发展为一个国民级的内容平台。那么，直播作为抖音平台的主流展现形式，到底有什么优势？通过抖音直播的三要素也许能够找到答案，如图8-1所示。人，直播中的主播有人设，会表达，懂商品。货，通过粉丝画像来了解粉丝年龄段、性别、地域等，根据粉丝画像选品。同时，选择淘宝皇冠店铺、天猫店铺商品、确保店铺评分不低于行业均值。在价格方面，商品价格需要具备竞争力。品类方面选择多品类、爆款、清仓折扣款、上新款商品。

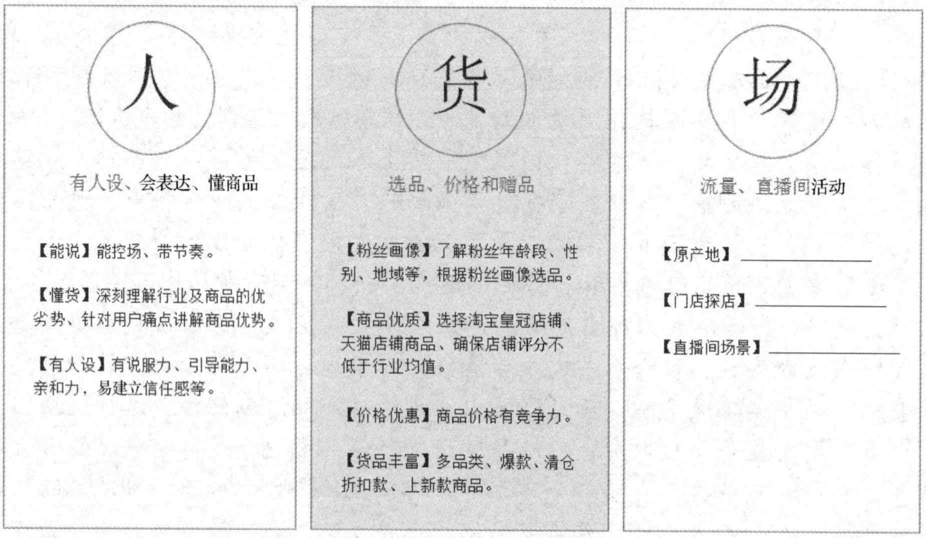

图8-1 抖音直播三要素

2. 抖音平台特点

（1）强互动性

弹幕功能为主播和用户之间架起了交流通道，相比短视频中的单方面输出，直播的双向互动更能吸引一部分热爱互动的受众人群。正如抖音的宣传广告语："记录美好生活。"如图 8-2 所示。

图 8-2　"记录美好生活"

（2）粉丝维系

直播不仅能把路人转化为粉丝，更能通过主播的直播表演与互动，提高粉丝黏性，为流量变现打好基础。

（3）以公域流量为主

抖音平台的流量呈现方式是瀑布式的，以公域流量为主，目标人群多为一、二线城市人群。抖音流量的公式可以理解为基于内容质量+创作者粉丝量+用户兴趣初期流量分配，如图 8-3 所示。

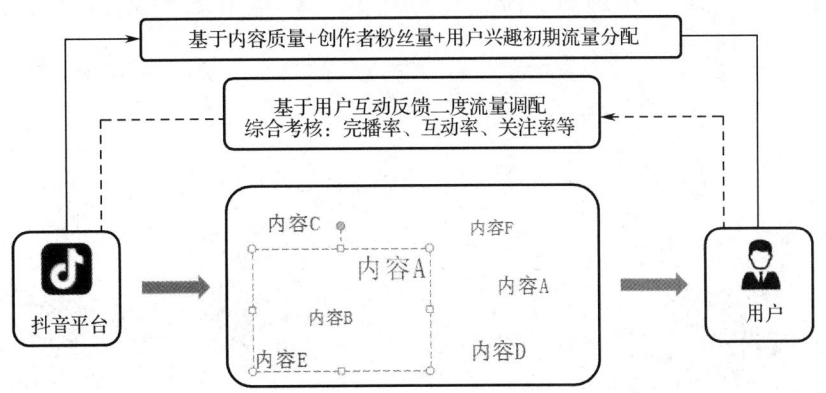

图 8-3　抖音流量公式解读

（4）双重效益

对于抖音主播来说，直播的第一层效益上体现为直播带来的即时收益，第二层效益体现在直播后的个人曝光和粉丝黏性提升，短期内不能快速见效，但在长期的精耕后能带来可见的收益。

（5）用户群体量大

抖音虽然并不能说完全是新的平台，但平台用户量较大，具体表现为：视频播放量日均过亿，酷我音乐、网易云等在线音乐软件上已经出现了抖音热歌榜，日活跃用户（Daily Active User，DAU）已经突破 6 亿个。

（6）精准投放

抖音可以帮助商家或推广达人做到精准营销。不论是短视频还是直播，抖音都有着十分清晰的人群画像、流量高峰统计、人群爱好分析等。以抖音平台的用户活跃时间分布为例，如图 8-4 所示，8:00 活跃度进入整体用户的高峰水平，白天各个时段均很活跃，活跃度在 21:00 达到全网最高峰水平。

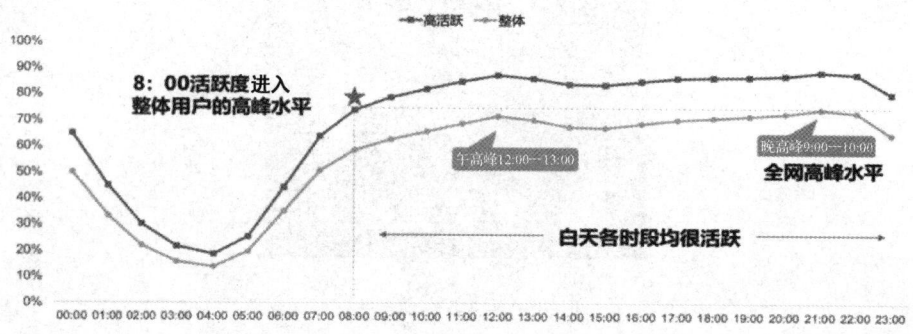

图 8-4　抖音平台的用户活跃时间分布

大家最熟悉的推广方式应该为抖加，但在 2021 年 4 月份，抖音重新推出了巨量千川这个更加精准的投放平台。推广方式也分为短视频投放、广告投放和直播投放。短视频投放一般选用抖加；广告投放一般选用鲁班 AD 投放；直播投放专业人士可以选择巨量千川，入门级别可以选择小店随心推。

（7）计费灵活

所有的计费方式都是根据用户需求来选择的，如果没有达到预计效果，会按比例返回到账户，如图 8-5 所示。

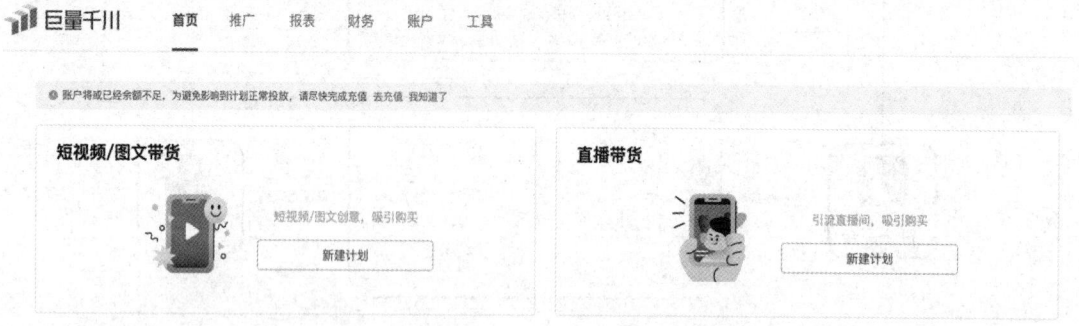

图 8-5　巨量千川平台投放计划页面

（8）流量叠加支持

抖音以内容为主要流量分发依据。简单概括就是"物以类聚，人以群分"。只有用户看懂了你发布的内容并愿意分享,才能被更多的人看到,用户是整个内容传播过程中的核心因素。而在抖音,对话的对象不再是用户,而是算法。要先让算法理解内容(其实是你),才能把内容分发到正确的用户面前。如果内容没有被算法识别,即使内容非常优质,它依然没有机会跟用户见面,或出现"一条非常优质的机械键盘测评视频被推荐给急需买支口红的女孩子"的尴尬场面。

例如:假设 A、B 和 C 是同一类人,他们有相同的喜好。如果 A 和 B 点赞(喜欢)了某条视频,理论上 C 也会喜欢它。反过来,如果 A 和 B 看到某条视频后没有点赞(不喜欢),那也不应该把这条内容推荐给 C。

在这种推荐算法下,算法不必知道某条内容是什么,只需要看到某一群人都喜欢这条短视频内容,就可以把他们归到同一类人里。所以,在这种推荐算法里,它的机制应该是如下这样的。

① 喜欢了相同内容的用户被打上了相同的标签。

② 当某条视频被该人群的部分人喜欢后,系统会把这条短视频推荐给具有该标签的用户。

8.1.2 抖音直播平台规范

在运营抖音直播时,首先要遵守抖音直播的平台规范。抖音直播的平台规范梳理如下。

1. 注意违禁词

根据国家相关法律法规,广告不得含有虚假或者引人误解的内容,即不得对商品的性能、功能、质量、销售状况、用户评价、曾获荣誉等内容做虚假或者引人误解的商业宣传,欺骗、误导消费者。因此,主播在商品宣传的过程中,使用与实际情况不符的、对消费者造成欺骗或误导的词汇的,均属于使用广告"禁用词"的行为。如使用"国家级""全网最佳""绝无仅有""顶级""第一品牌""TOP1"等。

下面为几类常见的违禁词。

(1)滥用极限用语和夸大对比的。

① 史无前例、前无古人、永久、无敌、最佳、最好、最大、最高级、最低、最低价、最便宜、最流行、最受欢迎等。

② 中国第一、全网第一、第一品牌、行业第一、NO.1、TOP1、独一无二、全国第一、一流等。

案例:本品性价比全网第一。

(2)滥用权威性和资质类表述。

① 全球级、宇宙级、世界级、顶级工艺、顶级享受、极品等。

② 首选、国家级、领导人推荐、专供/特供等。

案例:本品品质属极品,制作工艺能带来顶级享受。

(3)绝对化用语。

毛衣绝对不起球、终身穿不坏、绝对摔不烂等。

案例:保证它终身穿不坏,穿不烂。

(4)与品牌相关。

领袖品牌、世界领先、缔造者、至尊、巅峰等。

案例：本商品是某领域缔造者，领袖品牌等。

（5）虚假承诺和高风险诱导。

① 包过、一本书学会、一套题学会、一次通过、一次通关、保过等。

② 保值、升值、立马升值、投资价值最大、投资回报最快等。

案例：相信我，这个商品买回去转手就能赚两百，绝对升值。

（6）涉及迷信宣传的。

● 旺夫旺子、带来好运气、增强第六感、逢凶化吉、避凶辟邪、防小人等。

案例：这个八卦镜摆在家里，保你逢凶化吉、时来运转。

【小贴士】

主播在讲解产品时一旦使用以上提到的某类违规用语，就会立马收到官方的警告，首次处罚为封禁直播 10 分钟，扣除信誉分。抖音店铺的信誉分非常重要，商家运营店铺时，一定要慎重，不要做出违规的行为。比如，违规情节普通，每呈现一次违规行为，信誉分扣 3 分。违规情节严重，每呈现一次违规行为，信誉分扣 6 分。情节特别严重，每呈现一次违规行为，信誉分扣 12 分。当信誉分低于 8 分时，将不能挂上小黄车。如图 8-6、图 8-7 所示是直播间使用违规用语后的系统提示界面。

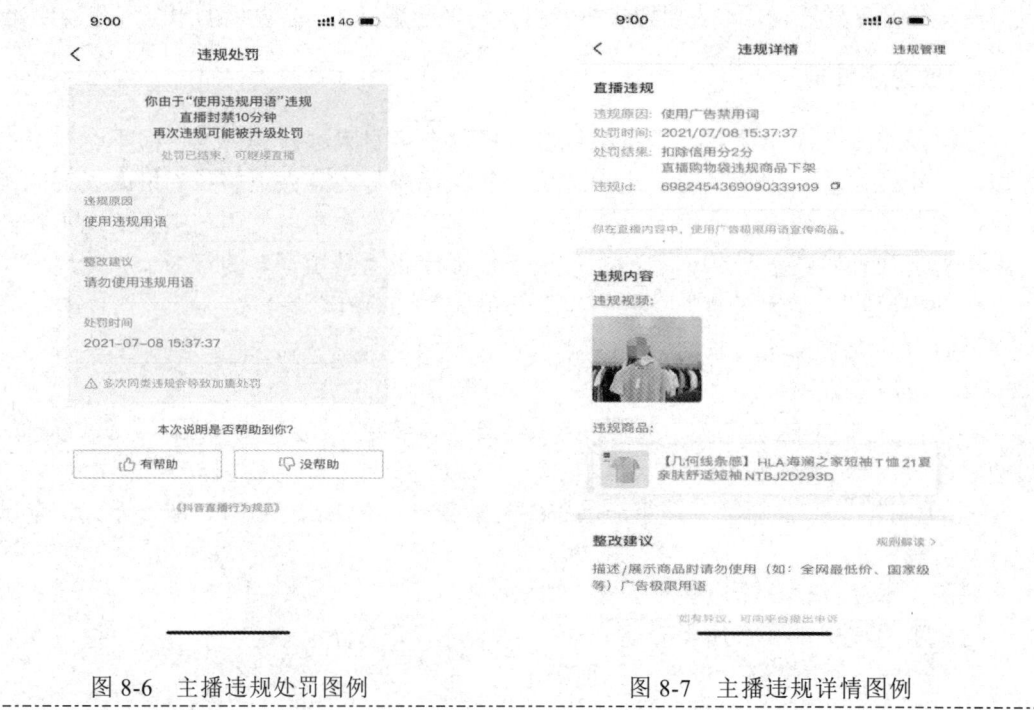

图 8-6 主播违规处罚图例　　　　图 8-7 主播违规详情图例

2. 注意平台禁区

（1）违背承诺：指商家未按平台规定或约定向消费者提供承诺的服务，如违规发货、售后超时、消极处理售后申请等。

（2）商品发布违规：指商家向消费者展示商品信息的过程中，做出明示或暗示的商品描述存在违规行为，如滥发信息、虚假宣传、不当使用他人权利、发布混淆信息、发布违禁商品/信息、出售假冒伪劣商品等。

（3）商品质量不合格：指商品质量不符合国家标准、行业标准及平台相关管理要求。如材质/成分等项目不合格等。

（4）扰乱平台秩序：指商家扰乱和破坏公平竞争、平等交易的平台秩序，侵害其他商家权益或对平台造成不良影响的行为。如骚扰他人、违规进行跨界业务、提供虚假资质材料等。

> **【小贴士】**
>
> 你知道抖音平台对哪些行为要进行处罚吗？
> 1. 新增违规内容类目：户外捕捉野生动物、公布他人隐私信息、非法营销等。
> 2. 主播违规升级处罚：主播通过封面、头像、标题、动态、弹幕、私信、评论等方式发布涉黄、涉政、涉暴等内容，炒作负面事件，挑起他人的矛盾，诱导粉丝相互攻击等，将按严重违规进行封号处理。
> 3. 对直播间内的擦边球行为零容忍，如下行为将面临封号处理。
> 低俗游戏：面部涂画、体罚主播，危险行为（水中憋气、面粉袋套头）等。
> 奇葩惊悚：奇装异服（军装制服、低俗奇葩服装）、扮鬼吓人、血腥恐怖妆容等。
> 娱乐八卦：恶意炒作负面信息，辱骂主播与用户等。
> 封建迷信：算命等。
> 其他：抽烟、喝酒、文身、不文明语言等。

8.1.3 抖音直播运营规则

在开播前，深度了解平台直播推荐规则，有利于直播的顺利开展，以下 11 项是抖音直播平台的最新运营规则。

1. 抖音直播平台推荐机制

抖音是一个去中心化的算法平台，这意味任何一个账号都有机会拥有百万粉丝甚至千万粉丝。即便没有一点流量，只要内容受欢迎，就会被越来越多的人关注。同时，抖音直播间的平台推荐机制和短视频的一样，直播开始后，平台会根据账号权重给出部分初始流量，采用冷启动的方式，根据这部分用户的反馈（点赞量、评论量、转发量等），再决定是否推荐给更多的人看。如果各项数据反馈较好，平台将推荐给更多的人看，以此类推，一级一级地进入更大的流量池。反之，平台会停止推荐。官方也有扶持新人机制，新的直播间开场 10～15 分钟，要充分调动直播间的积极性，提供观看人数、评论等，如果没有完成一定的互动量，死气沉沉的直播会被系统判定为权重不高，将停止推荐。抖音平台推荐机制如图 8-8 所示。

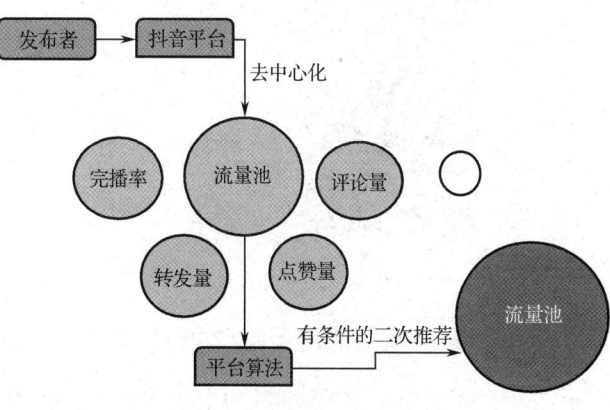

图 8-8 抖音直播平台推荐机制

2. 抖音直播的影响指标

若短视频要进入下一个更大的流量池，只接受完播率、评论率、分享率、点赞率4个数据指标的影响。直播间要进入下一个更大的流量池，要受到6个数据指标的影响：直播间收获音浪、直播间观众总数、直播间新增粉丝、直播间付费人数、直播间评论人数、直播间点赞次数。抖音直播的影响指标如图8-9所示。

除了以上关键指标，还可以结合平台推荐机制的4个维度。

图8-9 抖音直播的影响指标

（1）贡献率：指直播间音浪打赏个数及付费人数比例。

（2）留人率：指用户点击直播间后的观看比例是否流失。

（3）人均互动率：指直播间点赞、评论、加入粉丝团、下单等互动行为。

（4）转粉团率：指加入粉丝团的比例。

3. 抖音直播预热引流方式

在直播前1天或前3个小时内发布足够数量的预热视频。一场直播的流量有70%以上来自直播当天发布的预热视频。可以将直播相关花絮、直播前小故事、商品价格砍价过程等作为预热视频内容，为直播间导流，增加直播间上热门的概率，如图8-10所示。当用户看到预热视频时，若正在直播，抖音平台有正在直播的强提醒功能，促使用户进入直播间。综上所述，抖音直播预热引流有两种方式：短视频引流直播间，如图8-10所示；直投直播间，如图8-11所示。

图8-10 抖音短视频引流直播间　　　　图8-11 抖音直投直播间

4. 抖音直播的海报制作

直播间的封面、海报、标题、文案很重要。除了主播的影响力，精美的直播间封面，搭配直击用户痛点的标题和文案，引起用户共鸣，容易带动用户完成进入直播间的动作。直播间里的图片应高清、精美、真实，突出直播间活动主题。文案也要突出直播主题引人共鸣，如图 8-12 和图 8-13 所示。

图 8-12 抖音直播的海报制作（一）

图 8-13 抖音直播的海报制作（二）

5．唤醒用户观看直播

如果拍摄的直播间预热短视频流量不多，就可以用信息引导用户观看直播间。使用微信朋友圈好友分类功能，可以将好友进行分层，利用微信朋友圈扩大直播间活动的触达面积，增加直播间人气，提醒用户观看直播，如图 8-14 所示。

图 8-14 用微信提醒用户观看直播

6．邀请粉丝加入粉丝团

邀请粉丝加入粉丝团一方面为了提高直播间的活跃度，提高直播间上热门的概率，另一方面也方便后期粉丝管理与维护，如图 8-15 所示。

7．打开同城定位

打开同城定位，方便同城的人观看直播，增加直播间人气，对线下实体店商家更有利。可在抖音同城定位页面，打开定位服务，如图 8-16 所示。

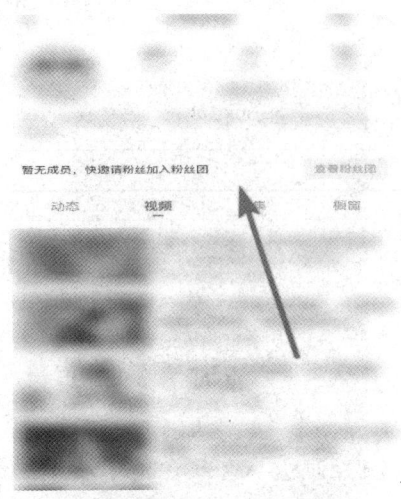

图 8-15 邀请粉丝加入粉丝团

图 8-16 打开同城定位

8. 固定直播频率和直播时长

固定直播频率和直播时长可以提高直播账号的权重。一般一周直播 2~3 场,每场直播 40 分钟至 2 小时。

9. 引导直播间用户互动

直播间互动频率不断提高,平台就能"判断"直播间很有趣,是用户喜爱的,才会推荐直播间到更大的流量池。新用户进入直播间后,主播可以邀请用户参与互动,积极引导用户点赞和评论,减少用户的流失。直播间用户互动截图如图 8-17、图 8-18 所示。

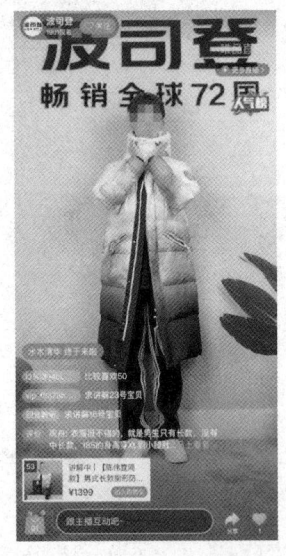

图 8-17 直播间用户互动(一)

图 8-18 直播间用户互动(二)

10. 积极参加平台直播活动

新的直播账号,一定要参加官方平台的直播活动,每一个官方平台直播活动都有免费的平台流量扶持，有利于直播间的曝光，如图8-19所示。

图8-19 积极参加平台直播活动

11. 直播间免单或抽奖活动

直播间免单或抽奖活动是最能吸引用户观看、最能提高直播间互动率的活动，如抢100个免单名额、3元无条件优惠券、购买多件优惠更多等方式，不仅能提高直播间粉丝的留存率，更能提高直播间的互动率。直播间免单或抽奖活动如图8-20所示。

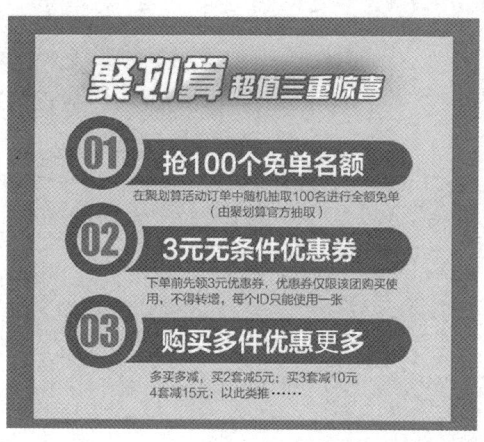

图8-20 直播间免单或抽奖活动

思政导入

培养优质的主播素养

在运营抖音直播时，培养学生对抖音直播的场景、主播人设、心理素质的搭建能力。要树立正确的价值观，鼓励学生通过不断实践和练习，展现青春和正能量。要用持之以恒的信心、耐心和行动力在创新创业中增长智慧才干，在直播中锤炼意志品质。

8.2 抖音直播实战

直播电商的平台模式变化和调整的速度是惊人的，抖音的算法每周都在变，是规则、政策变化最快的互联网平台。这就要求运营抖音必须要学会适应，不停地研究新规则，不断实践，在实践中总结和归纳抖音平台的规则、投放方法、策略，以下为抖音的注册、开通和运营流程。

8.2.1 平台开通操作

第一步，注册抖音：打开手机抖音 App，输入电话号码和验证码，注册抖音账号，如图 8-21 所示。

> 【小贴士】
>
> 当开始运营抖音账号时，建议可以用手机号重新注册一个新的账号。因为全新的抖音账号没有任何标签，操作起来较为简单。

第二步，发布短视频作品：打开抖音，点击底部"+"按钮，拍摄小视频，也可以上传相册里已经拍摄剪辑好的视频作品，如图 8-22 所示。

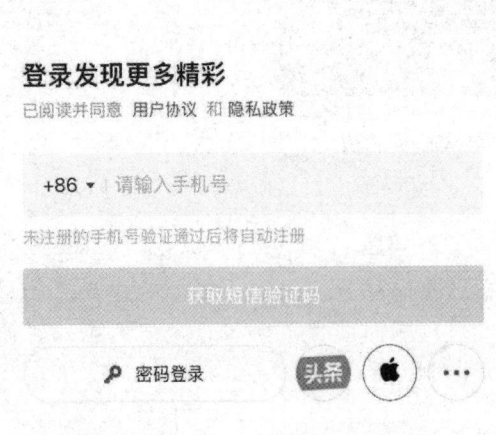

图 8-21 注册抖音　　　　　　图 8-22 发布短视频作品

第 8 章 抖音直播

【小贴士】

创建抖音账号之前应该做好账号定位，即短视频类型，引流短视频十分重要，是一个账号的核心，视频有流量，账号才会有流量，直播才会有流量，商品才会有点击率。发布视频时应注意以下 3 点：①创作内容最好能关联最近的热门话题。②视频封面要精心设计。③视频内容中一定要屏蔽违禁词。在发布作品时，可以登录抖音创造服务平台，它会提供很多新奇的想法、了解账号定位。同时也可以在该网页上传视频，十分方便快捷。抖音创造服务平台界面登录如图 8-23 所示。

图 8-23　登录抖音创造服务平台

经过上面平台注册和发布视频的基础操作，接下来我们进入第三步，抖音开店的流程介绍。

第三步，抖音开店。百度搜索"抖音小店"，如图 8-24 所示。一般选择抖音登录，也可以通过今日头条或抖音火山版登录。

图 8-24　抖音小店登录

第四步，直播方式选择。在当前的媒体环境下，只要熟悉流程和方法，每个人都可以在抖音平台开启一场直播。手机直播只需在首页下方加号处开启直播，打开抖音，点击下方加号，找到开直播入口即可，如图 8-25 所示。PC 端直播需要打开桌面直播伴侣，按要求添加主播贴片/顶部贴片等，如图 8-26 所示。

图 8-25　手机端抖音直播入口　　　　图 8-26　PC 端抖音直播入口

第五步，开通手机端抖音直播。

以常用的手机直播为例，详细演示手机端发起抖音直播的流程。

开通抖音直播，需进行实名认证，操作方法如下。

① 打开抖音 App，在下方点击"+"按钮，如图 8-27 所示。

② 进入拍摄界面，在下方菜单最右侧选择"开直播"选项，然后点击"开始视频直播"按钮，如图 8-28 所示。

③ 开播时选择话题，然后主播可以进行对应话题的抖音直播，如图 8-29 所示。

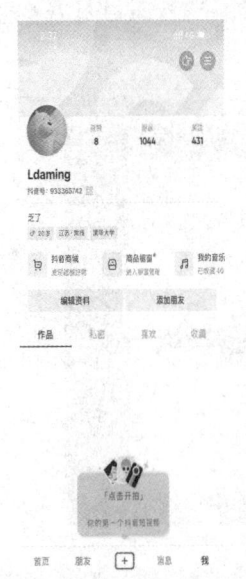
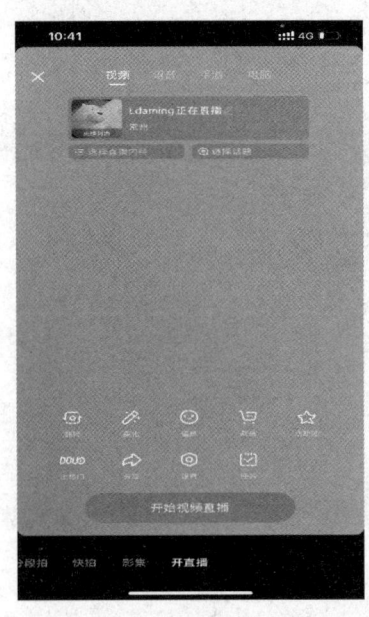

图 8-27　点击"+"按钮开始直播　　图 8-28　点击"开始视频直播"按钮　　图 8-29　开播时选择话题

【小贴士】

开通抖音直播的方法补充

① 自主申请。直接在抖音后台的"反馈与帮助"中找到具体的自主申请流程即可,可以了解自身资质是否达到要求,还需准备哪些东西。

② 达人申请。如果你有一技之长,且不符合后台申请条件,可以直接发送个人介绍到抖音官方邮箱申请开通,内容包括抖音昵称、抖音ID、抖音个人主页截图、抖音作品链接、本人身份证照片。

③ 平台邀请。如果你经常刷抖音、常拍抖音短视频,那你会很容易被数据监测到,并直接被平台授予开通直播功能的权限,只需要根据平台发送的邮件邀请按要求完成申请即可。

8.2.2 开通商品分享权限

商品分享功能就是在视频里或账号主页里分享商品,这个功能不需要有线上店铺,只要找到合适的商品链接,然后添加到商品橱窗里面,就可以售卖商品了。

第一步,打开抖音App,在下方点击"我"的页面右上角的"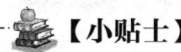"按钮,选择"创作者服务中心",如图8-30所示。

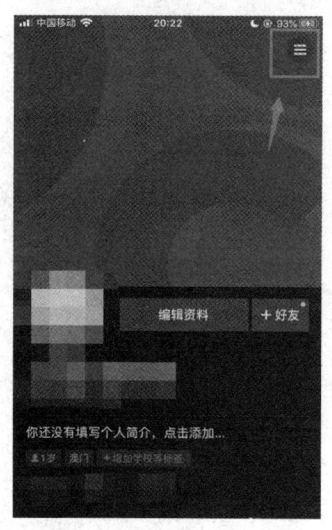
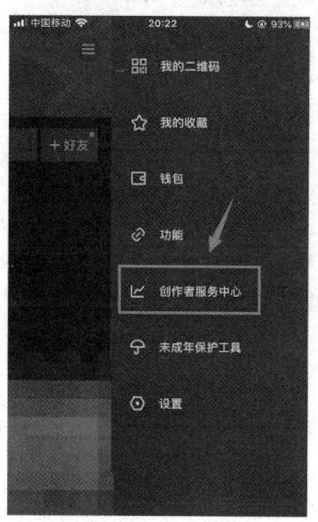

图8-30 选择"创作者服务中心"

第二步,然后在打开的界面中点击页面里的"商品橱窗"按钮,如图8-31所示。

第三步,在打开的界面中选择"商品分享权限"选项,如图8-32所示。

第四步,进入"商品分享功能申请"界面,查看申请要求及权益,如图8-33所示。

【小贴士】

满足上述4个条件后可以申请开通商品分享功能,就能挂小黄车了,但小黄车内的商品只能从精选联盟里选择,里面的商品有一定局限性,可能没有想要的直播带货的商品。如果有完整的供应链和SKU可以考虑开通抖音小店。

图 8-31　点击"商品橱窗"按钮　　　　图 8-32　点击"商品分享权限"按钮

第五步，在下方勾选"我已阅读并同意《抖音达人商品分享协议》"，点击"立即申请"按钮，然后等待审核即可，如图 8-34 所示。

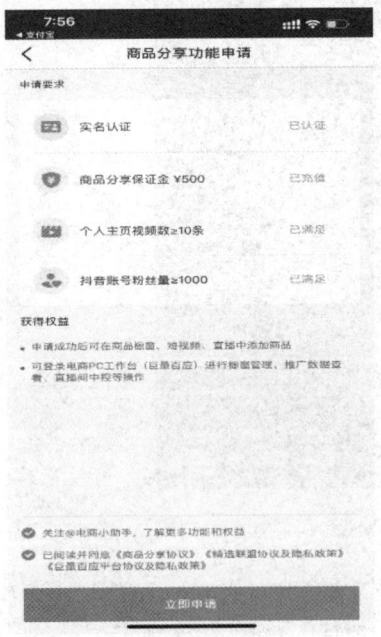
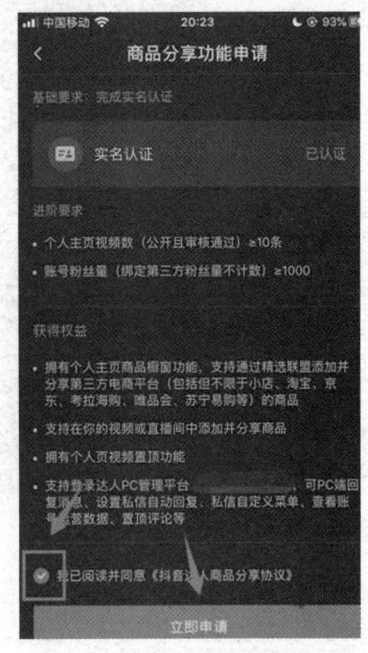

图 8-33　"商品分享功能申请"页面　　　　图 8-34　点击"立即申请"按钮

8.2.3　精选联盟选品

开通商品分享权限即商品橱窗后，即可将商品添加到抖音平台。如果想添加自己的商品，需要开通抖音小店；如果没有自己的商品，只能从精选联盟中选取想要带货的商品，在精选联盟中添加商品进行推广，赚取佣金。以下为在商品橱窗中添加抖音精选联盟的商品的操作方法。

第一步，打开"商品橱窗"界面，点击"选品广场"按钮，如图8-35所示。

第二步，在打开的界面中选择需要的商品，点击"加橱窗"按钮，如图8-36所示。

图8-35　进入选品广场进行选品

图8-36　点击"加橱窗"按钮

第三步，除了添加推荐的商品，还可以在"添加商品"界面的搜索框中搜索所需的商品。搜索商品、添加商品、商品加入橱窗的操作如图8-37、图8-38、图8-39和图8-40所示。

图8-37　搜索商品

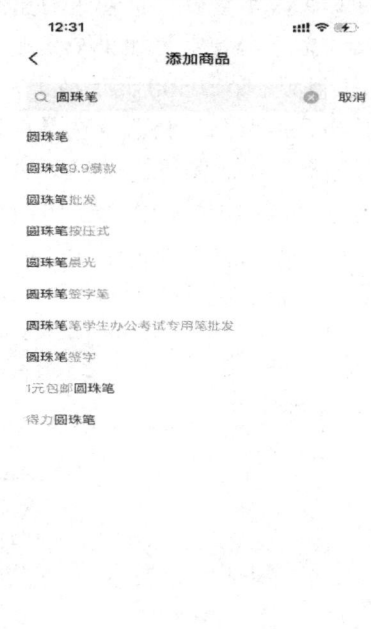

图8-38　添加商品（一）

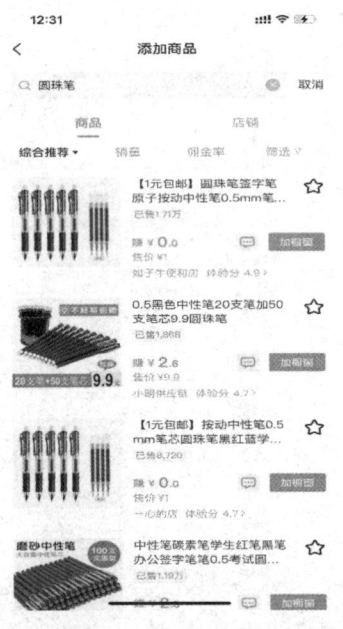

图 8-39 添加商品（二）

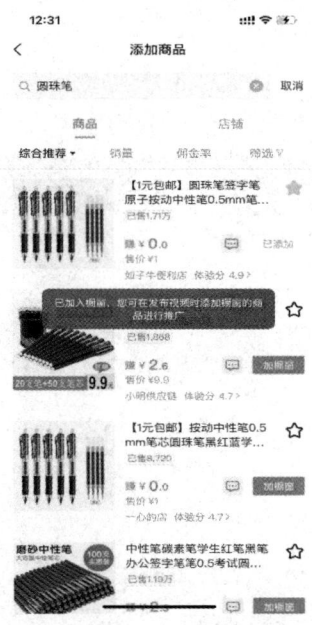

图 8-40 商品加入橱窗

当短视频的流量达到一定高度时，不论是商家还是主播，最迫切的想法就是将流量变现，而目前比较受欢迎的变现方式就是带货。商家可以通过开通小店、加入精选联盟来提升商品的曝光度和销量，主播则可以通过带货来赚取佣金。

8.2.4 商品橱窗管理

开通橱窗权限需要先对抖音账户进行实名认证，绑定相关的支付宝、微信、银行卡等信息。按目前平台规定，如果个人账号直播想要带小黄车，要求粉丝数超过 1000 人、发布 10 个短视频、缴纳 500 元保证金，即可开始带货直播。但是通过此方法开通的橱窗不可以上传自己的商品，只能从选品广场中选取。若想要上架自己的商品，需要开通抖音小店。开通抖音小店需要提供相关的营业执照，并缴纳 4000 元保证金。手机端直播没有粉丝数量的要求，PC 端通过直播伴侣开播需要粉丝数量满 1000 人。

（1）从抖音小店上架商品的操作方法如下。

首先登录抖音小店，找到右侧商品栏的"商品创建"，如图 8-41 所示。

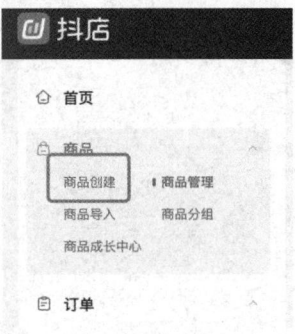

图 8-41 抖店商品创建

在创建商品时，需要选择商品的类目，填写相关的商品信息，特殊商品还需要提供相应的许可证书，海外代购产品要提供过关报告等，如图8-42、图8-43所示。

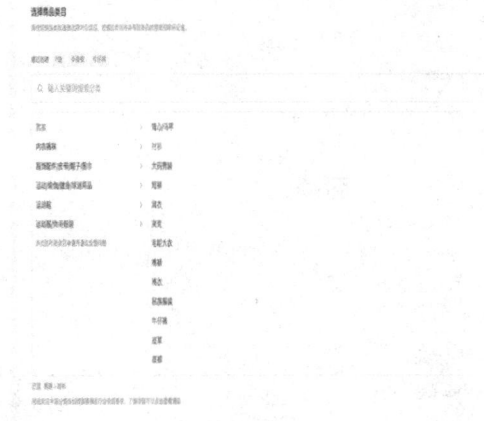

图8-42　创建商品分类

图8-43　填写相关信息

（2）把商品添加到橱窗之后，用户还可以根据需要对商品进行移除、置顶等操作，具体操作方法如下。

① 打开"商品橱窗"界面，点击"橱窗管理"按钮，如图8-44所示，可以对橱窗里的商品进行相应管理，如图8-45所示。

图8-44　点击"橱窗管理"按钮

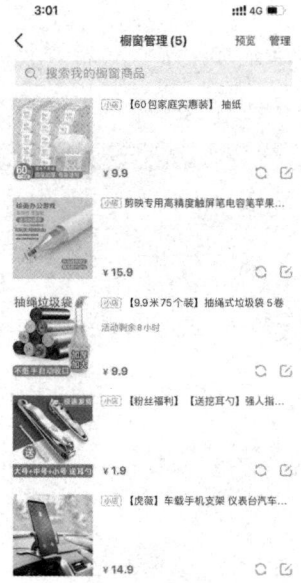

图8-45　商品管理界面

② 移除商品：选中商品，然后点击右上方的"移除"按钮，即可将所选商品移除，如图8-46所示。

③ 置顶商品：选中商品，然后点击右上方的"置顶"按钮，即可将所选商品置顶，如图8-47所示。

直播电商：理论、运营与实操

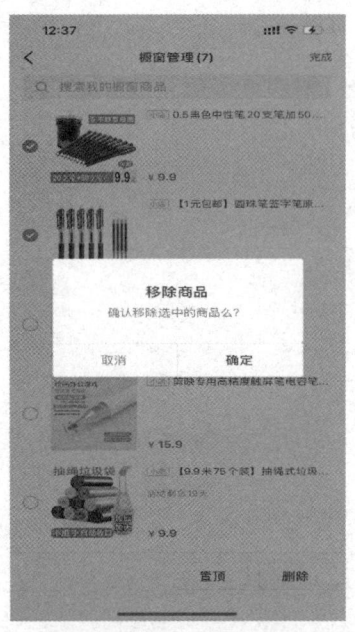

图 8-46　移除商品

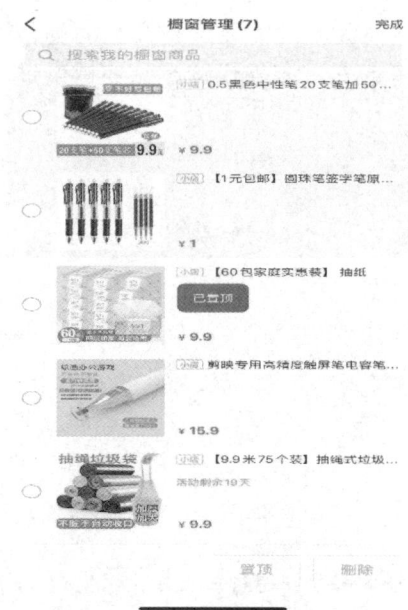

图 8-47　置顶商品

8.2.5　设置直播预告

在抖音开始直播之前，除了提前发布短视频进行直播预热，还可以根据直播计划设置预告直播时间，具体操作方法如下。

（1）打开"开直播"界面，添加封面和标题，如图 8-48 所示。在右侧点击"设置"按钮，如图 8-49 所示。

图 8-48　打开"开直播"界面

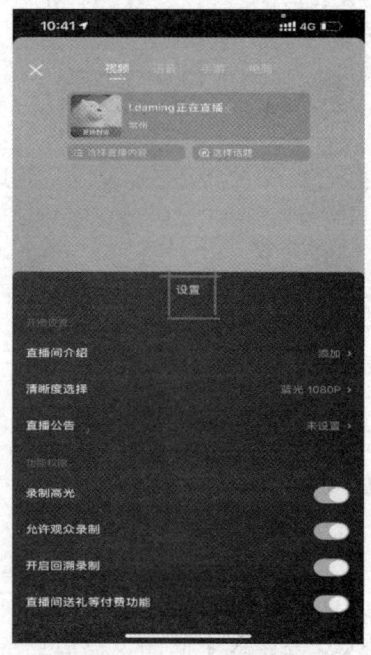

图 8-49　点击"设置"按钮

（2）在打开的界面中开启"直播公告"选项，如图 8-50 所示。

（3）在打开的界面中设置直播时间和每周直播的频次，然后点击"保存"按钮，如图 8-51 所示。

图 8-50　开启"直播公告"选项

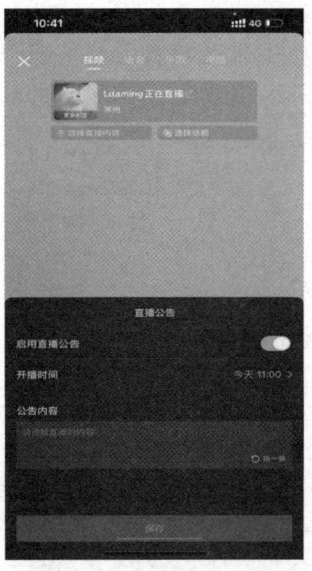
图 8-51　点击"保存"按钮

（4）设置完成后，点击"开始视频直播"按钮，如图 8-52 所示。

（5）进入直播间，可以在直播间的贴纸中看到设置的直播时间，在下方的评论提醒中也可以看到设置的直播预告，如图 8-53 所示。

【小贴士】

抖音个人主页的简介中也会显示直播时间预告。

图 8-52　点击"开始视频直播"按钮

图 8-53　直播预告贴纸

8.2.6 购物车商品管理

为了加强直播电商管理，抖音将进一步收紧直播带货政策，不再允许第三方商品进入直播间。想在抖音平台售卖商品，必须登录巨量百应添加商品，如图 8-54 所示。抖店＋巨量百应的商家和机构的模式已形成。此举意味着抖音不愿再向第三方电商平台导流，而希望进一步提升自有小店平台的活跃度。

图 8-54　巨量百应平台登录

登录巨量百应平台后，在直播间购物车添加商品操作如下。

① 进入直播中控台（所有直播后台操作平台），如图 8-55 所示，开通抖音小店的用户可以在小店内添加自己的商品并进行直播带货，如图 8-56 所示。

图 8-55　进入直播中控台　　　　　　图 8-56　抖店后台

② 添加直播购物袋商品（按照直播商品明细及主推商品），点击右上角的"营销中心"按钮，如图 8-57 所示。可以使用营销工具给商品开启各种福利活动，如秒杀、拼单、发放优惠券等，在直播中可以根据主播讲解的顺序直接调节购物袋产品顺序。可以根据需要选择营销工具，如图 8-58 所示。

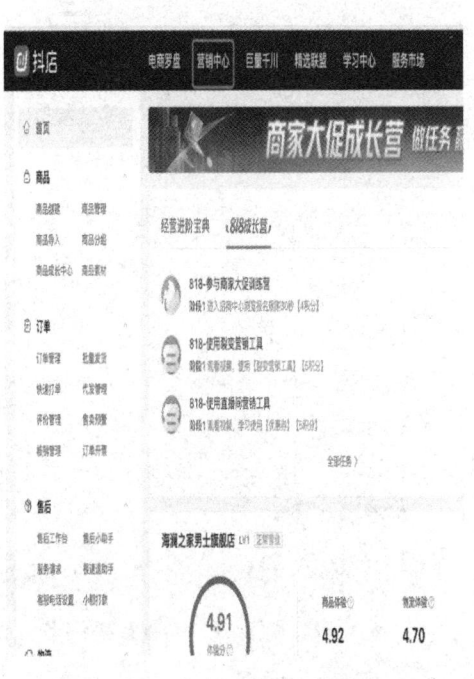

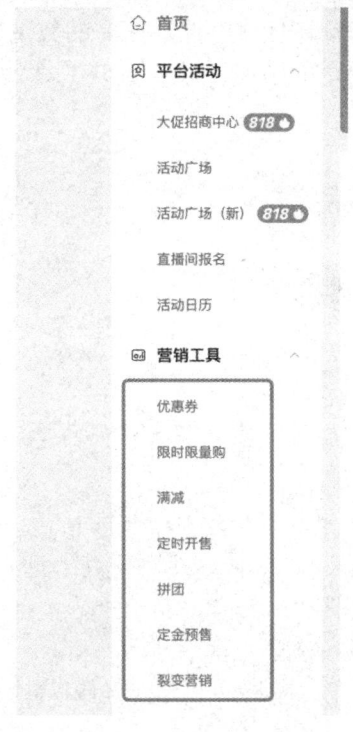

图 8-57　点击营销中心按钮　　　　　图 8-58　根据需要选择营销工具

③ 根据商品亮点添加商品卖点提醒。在营销中心处，点击"直播中控"，可以在 PC 端添加小黄车内的商品，如图 8-59 所示。

图 8-59　在 PC 端添加小黄车内的商品

④ 在直播中控台和巨量百应中，可以添加商品，也可以开启商品的优惠券馈赠，右侧也可以开启秒杀，需要逐个设计，如图 8-60 所示。在设置优惠券馈赠时，填写优惠券

馈赠时间，优惠券馈赠商品的数量，并且一定要了解小店内产品的 SKU，避免出现商品库存不足的情况，如图 8-61 所示。

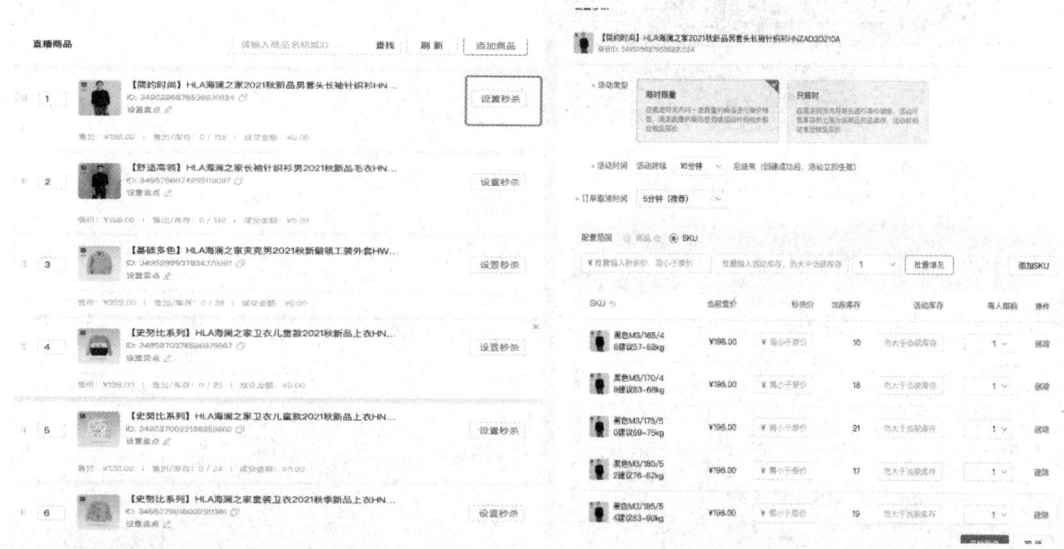

图 8-60　开启商品的优惠券馈赠　　　　图 8-61　设置秒杀细节

⑤ 添加的商品可以是自己店铺内的，也可以是选品到橱窗内的，如图 8-62 所示。

⑥ 使用巨量百应平台添加商品后，购物车内的商品应按顺序规律设置。抖音小黄车最多可以放 100 件商品，爆款品可以放前面。福利单款可以放在爆款下方，吸引更多的顾客停留在直播间。在夏季，可以将秋冬款放在中间部位。平时销售不多的商品或断码缺货的商品放在小黄车尾部。在小黄车前端摆放商品时最好做到搭配销售，如衣服配裤子，裤子配鞋子等，如图 8-63～图 8-66 所示。

图 8-62　添加商品

第 8 章 抖音直播

图 8-63 购物车商品管理(一)

图 8-64 购物车商品管理(二)

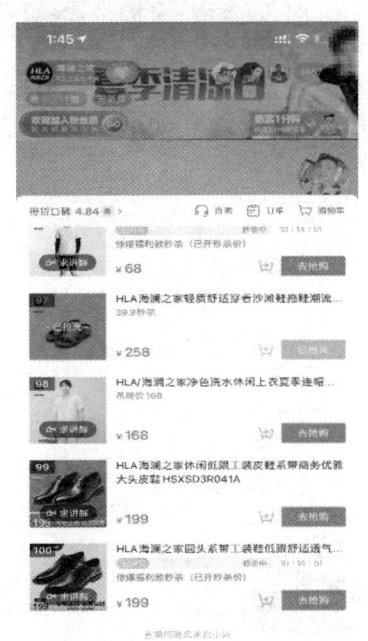

图 8-65 购物车商品管理(三)

图 8-66 购物车商品管理(四)

8.2.7 直播间更多设置

抖音直播带货除前文介绍的操作和模式外，还有推广投放的需求和设置。抖音做电商广告时，明明已经有了DOU+，却又在2020年12月底的引擎大会上发布了一个全新的电商广告品牌巨量千川。自巨量千川上线以来，关于它的讨论便不绝于耳，原DOU+、鲁班等平台将陆续下线，功能全部整合到巨量千川。那么"巨量千川"到底是什么？它和DOU+、feed流有什么关联？巨量千川的优势和特点又是什么呢？

巨量千川，取意"千川江海阔，风好正扬帆"。巨量千川是围绕抖店的广告电商一体化平台，为商家和创作者提供抖音电商一体化营销解决方案。巨量千川是抖音新推出的智能营销平台，整合了DOU+、鲁班、feed流等多种电商广告能力，既能站外引流，又能内部导流。巨量千川是为了满足日益增加的电商类客户需求，把短视频带货和直播带货的推广方式整合到一起的电商推广后台。

对于商家而言，巨量千川的后台操作难度下降，能够缩减投入精力，让投放和运营更为便捷。以往做推广时，商家可能要研究DOU+、鲁班、feed流等平台各自功能有何不同，模式如何，还需要针对不同功能注册不同的账号。巨量千川上线后，只需要注册巨量千川一个平台就可以，所有的功能都在里面。巨量千川是为抖音小店商家服务的广告营销平台，只做闭环电商，不包括电商广告引流（向淘宝天猫引流等）。

那么巨量千川的优势在哪里？首先，抖音的巨量千川独立于DOU+、巨量引擎的账号体系和资金池。正因为它是围绕抖店的广告电商一体化平台，所以可以同时支持直播、短视频带货方式，支持移动端和PC端双端投放。在以往的营销环节里，巨量鲁班账号只能做商品推广，AD账号只能做抖音号推广，DOU+账号只能用来支持短视频/直播间的加热……现在只要注册一个巨量千川账号就能全部解决，相当于巨量千川整合了一系列针对抖音店铺所要做的营销推广动作。巨量千川=DOU++鲁班+直播带货+短视频带货+各种电商广告环节。

巨量千川又适合卖家在哪些场景里应用呢？目前，巨量千川推出了3个版本，分别是移动端的小店随心推、PC端极速推广、PC端专业推广，这3个版本在同一个账号内通用。

巨量千川各版本的特点，如图8-67所示。

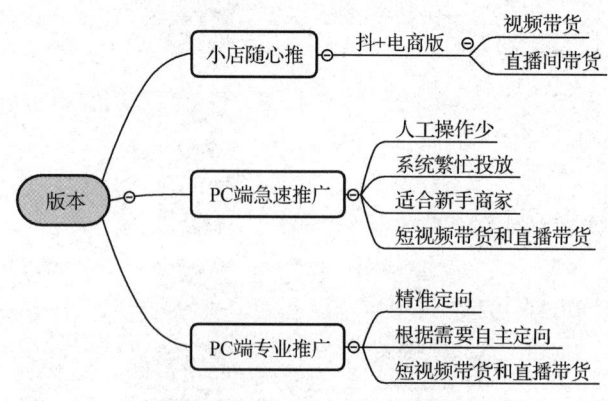

图8-67 巨量千川各版本的特点

第 8 章 抖音直播

【小贴士】

了解了巨量千川是什么，下一步商家关心的重点就是在巨量千川平台投流该如何操作？

简单来说，巨量千川是整合了字节旗下直播及推广平台的一个新平台。

在巨量千川上线前，用户想完成DOU+或抖音号推广，需分别使用不同的账号。但现在只需一个千川账号，即可进行所有抖音店铺推广的操作。同时，巨量千川还将抖音店铺、抖音账号和巨量千川账号全部打通，实现"一店一号一千川"。

在巨量千川投流的具体操作如下。

（1）抖店首页的巨量千川就是投流工具，如图8-68所示。

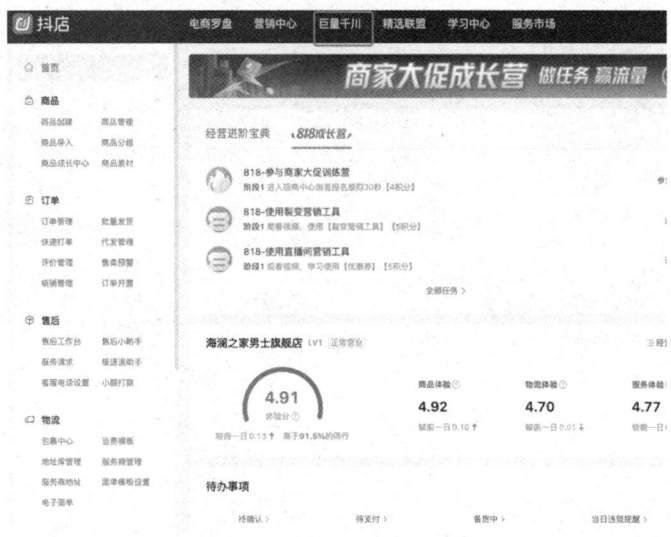

图 8-68　巨量千川

（2）开通后，首页会显示整体投流情况，如图8-69所示。

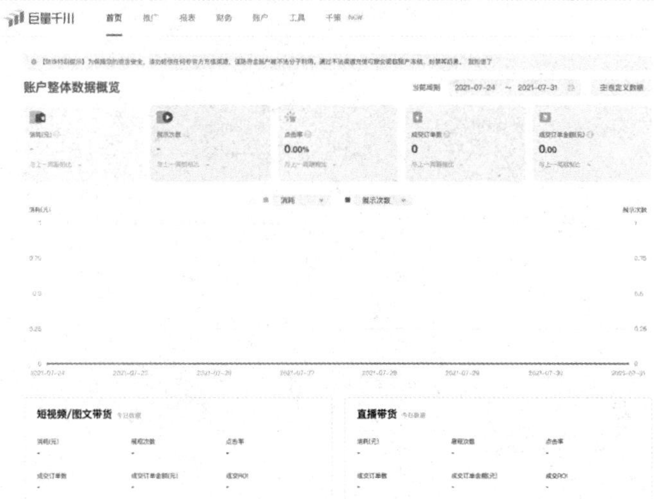

图 8-69　投流情况

（3）单击上方的"推广"按钮，可以创建投流计划，如图 8-70 所示。

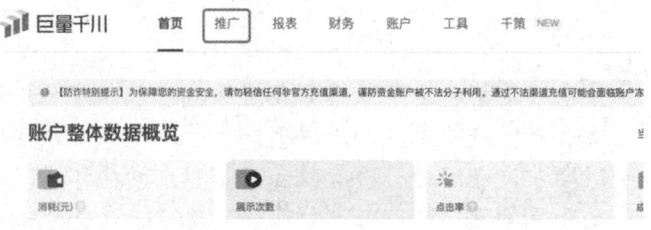

图 8-70　推广计划

（4）计划分为短视频投流和直播带货投流，根据自身需求选择，单击下方的新建计划，如图 8-71 所示。

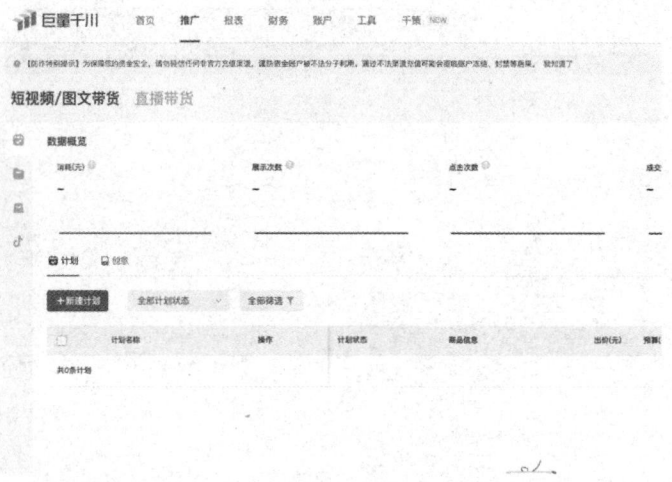

图 8-71　新建计划

（5）推广方式有极速推广和专业推广两种，如图 8-72 所示。

图 8-72　推广方式

（6）在投流时，也可以根据自身需求，设置投放方式等，可以根据自身产品进行自定义需求，右侧会显示投放用户数量，如图8-73所示。

图 8-73　投放设置

抖音提出的"兴趣电商"概念，即一种基于人们对美好生活的向往，挖掘用户潜在购物兴趣，提升消费者生活品质的电商。在兴趣电商场景下，消费者的需求并不明确。抖音电商要做的，就是发现用户的潜在需求，把商品推荐给感兴趣的人。基于此概念，抖音发力兴趣电商有3方面优势：其一，短视频和直播的普及，让商品展示变得更生动、直观，大幅提高了消费者的购买欲望；其二，随着推荐技术越来越成熟，基于内容兴趣的个性化推荐成为市场标配；其三，平台内涌现大量优秀的短视频和直播创作者，使更多优质商品可以通过更好的内容形态展示，商家也有了更多机会通过创作者触达他们的消费者。抖音有良好的内容生态、众多优质创作者、多元化用户和较为成熟的推荐技术，有很大机会做好兴趣电商。兴趣电商对整个电商生态有很大价值，会有越来越多的从业者转向兴趣电商。对于消费者而言，兴趣电商能满足其潜在的购物需求，帮助其发掘新的商品服务，进而提升生活品质；对商家而言，能更精准地找到自己的消费者，被激发出的更多消费需求会带来更大的市场和机会。

【小贴士】

除以上介绍的抖音直播的相关内容，在抖音平台直播时的常见问题有如下6种。

（1）抖音直播时，有画面没有声音。

用户网络问题会导致此类情况，主播也可以用另一台手机从观众视角测试是否能听到声音。

（2）抖音直播出现黑屏。

如果每次直播都出现此类情况，可在手机中，设置允许抖音访问手机的摄像头/录音权限，然后关机重启。

（3）抖音直播收到礼物时不显示动画。

如果偶尔一次出现这种情况，多半是网络较差导致的。如果多次出现这种情况，可以联系抖音平台，在意见反馈一栏提出问题。

（4）抖音在直播时，出现卡顿，画面不流畅。

直播占用的手机内存比较多，直播前先关闭手机其他应用软件，这样可以确保手机内存足够，直播画面也能更加顺畅。

（5）抖音直播收入如何提现？

在个人主页的右上角，点击三条横杠—钱包—直播收入，就可以进行提现操作。

（6）主播不好意思面对镜头怎么办？

很多新手主播在刚开始直播时，虽然和粉丝隔着屏幕交流，很多时候还是会紧张，担心自己的风格是不是粉丝喜欢的，说的话是否不合时宜。刚开始做直播的时候很多主播都会这样想，不过在直播时，一定要克服这种心理，主动去和粉丝聊天。对于新奇的事物，很多人都有浓厚的兴趣，对陌生人的看法也都有好奇感。因此不必顾虑，勇敢说出自己的想法，和粉丝交流，面带微笑。直播间很多主播面部表情不是特别丰富，体现不了性格特点。笑容能够很好地消除紧张情绪，并能够改善观众对主播的态度，做直播需要良好的心理素质。

同时，应该常注视一下摄像头，观众会有主播在跟他交流的感觉，这不仅是礼貌，也是网络里交流的辅助语言。

思政导入

抖音是一个年轻化、大众化的社交平台，在抖音不仅可以有娱乐直播和带货直播，在校园里的抖音直播其实可以成为一个很好的传播正能量的平台——打造抖音校园直播室。在这个线上的直播教室中，同学们可以开展自己的活动和发表自己的观点，各位老师也可以通过交流互动，了解同学们的所思所想，给予相应的指导。除此之外，我们日常在学校中开展的其他教学活动，也可以尝试通过这样线上的形式触达更多想要关注和参与的同学们，也希望这个平台能够真正成为一个大家勇于发表观点，彼此鼓励的全新课堂。

对于高校思想政治教育而言，直播带货是一个与时俱进的尝试，更是一场意义非凡的挑战。在这场挑战中，我们要带的"货"是坚定的信念、崇高的道德和社会责任，是广博的知识、健全的人格和健康的体魄。

本章实训

为更好地理解抖音直播的运营规则和技巧，提高对抖音平台的实操经验，下面我们通过实践训练来进行练习。

【实训目标】

1. 了解抖音直播的类型、特点。
2. 掌握抖音直播的规则和模式。
3. 能够开通抖音直播账号，自主开展抖音直播活动。

【实训内容】

1．注册一个抖音账号，并完成开通、设置、添加商品、开展直播等全流程操作实训。

2．确定抖音直播带货类目，并通过精选联盟或抖店添加相关商品，构建完整的商品购买页面，完成商品标题、价格等设置，完成商品橱窗的搭建。

3．10 天内至少添加 10 件商品到商品橱窗。

4．10 天内发布符合平台规则的短视频作品≥2 条，且视频内容与推荐的商品具有相关性，并通过审核。

5．用手机开启抖音直播，关联至少两个商品，完成至少 15 分钟不间断直播。

【实训要求】

1．熟练掌握抖音直播的流程。

2．增强网感和网络洞察力，会甄选和鉴别抖音上的热门视频，能够准确捕捉其亮点，具备模仿能力和创意二次改编能力。

3．了解直播带货原理及流程，能策划出有效的直播带货互动方案，并能配合直播内容了解巨量千川的流量推广方案。

4．通过直播间引流、"粉丝"维护、优化直播间内容等运营方式，力争将直播间在线人数增加到 500 人以上。

复习思考题

1．抖音平台的特点有哪些？
2．请举例说明在抖音直播时需要注意的违禁词。
3．请简述抖音直播平台的推荐机制。
4．影响抖音直播的评价要素有哪几个方面？

第 9 章
快手直播

学习目标

▶ **知识目标：**
1. 了解快手平台的特点。
2. 了解快手直播的平台规范和运营规则。
3. 熟悉快手直播的实战流程。

▶ **技能目标：**
1. 掌握快手直播的技巧。
2. 掌握商品橱窗管理的流程。
3. 掌握购物车商品管理的方法。

▶ **思政目标：**
1. 形成良好的团队协作精神。
2. 培养学生诚实守信、遵纪守法的职业精神。
3. 具备良好的安全意识、规则意识。

第9章 快手直播

【思政课堂】

万水千山总是情，快下一单助扶贫

一场突如其来的疫情使很多产业遭到冲击，最为明显的就是导致很多农产品滞销。快手作为最受大众欢迎的短视频平台之一，积极承担起助农扶贫的责任，开启多场快手直播活动，甚至和央视强强联手，为众多农民解了燃眉之急。

扶贫行动一：明星助力，快手助农扶贫直播持续给大众送去福利。

万水千山总是情，快下一单助扶贫。2020年8月11日，央视总台主持人朱迅再一次出现在快手助农扶贫直播间，她与快手助农扶贫直播的带货主播热情互动，共同推荐当地特色产品，并频频用刚学的彝语"瓦吉瓦"（意为好极了）发出感叹。随后"乘风破浪的姐姐"海陆加入快手助农扶贫直播间，分享农家腊鸡等好物，他们共同寄语："希望大凉山的产品都能够'乘风破浪'，走向全国各地。"此外，歌手刘惜君和演员佘诗曼也陆续现身快手助农扶贫直播间，大家在分享好物的同时也纷纷表示，希望通过共同努力，让当地的经济发展得越来越好，早日打赢脱贫攻坚战。

扶贫行动二：快手央视联手，打造快手助农扶贫"老铁扶贫"新模式。

2020年4月12日，快手联合央视共同发起助力公益助农扶贫直播卖货活动，当晚共卖出价值6100万元的湖北农产品。4月27日，央视联合快手举办了"搭把手为爱买买买"大型融媒体公益助农扶贫直播活动，共卖出价值8012万元的湖北农产品，创下了助力湖北公益直播销售额新高。针对四川省凉山州的直播带货活动是快手与央视的第三次合作，更是创下了助农扶贫直播带货数据新高。这3场活动的带货结果也证明了央视与快手强强联手在公益助农上的强大影响力。

扶贫行动三：百城县长，直播助力。

2020年4月，在快手线上"百城县长 直播助力"广西专场的活动中，总销售额突破了458万元，帮助农村成功售卖滞销的百香果、蜂蜜等农副产品，通过快手助农扶贫直播的方式，实现了零距离的公益助农，让直播带货为家乡代言，成为更多年轻人助力农产品销售的渠道。

通过更多关爱乡村的行动，助农扶贫直播势必会成为中国乡村建设的重要力量。我们通过不忘初心的助农扶贫直播，助力助农大学生打造专属于农民的电商品牌，注重农产品的产业链，致力于为公益事业投入更多的建设，我们应牢记使命，真正实现农民致富的美好愿景。

9.1 快手平台认知

快手是北京快手科技有限公司旗下的产品。快手的前身叫"GIF快手"，诞生于2011年3月，最初是一款用来制作、分享GIF图片的手机应用软件。2012年11月，快手从纯粹的工具应用转型为用于用户记录和分享生活的短视频社区平台。随着智能手机的普及和移动流量成本的下降，快手迎来了巨大的直播电商市场。

快手的内容覆盖生活的方方面面，用户遍布全国各地。在这里，人们能找到自己喜欢的内容，找到自己感兴趣的人，看到更真实有趣的世界，也可以让世界发现真实有趣的自己。接下来将从快手直播的平台认知、直播规范、运营规则、运营技巧、实战操作等几方面阐述如何在快手上运营直播。

9.1.1 快手平台概述

1. 快手平台简介

快手平台是快手软件的专业直播平台，以直播带货为主，是电商领域新势力的代表，拥有较为丰富的商品类目。快手直播以"记录世界记录你"为口号，坚持以人为本、去中心化的运营理念，面向下沉市场用户，营造去中心化的社区氛围，为直播电商奠定了良好的运作基础，形成了因信任关系实现主播带货的电商模式。快手依托独特的"老铁文化"和高黏性用户，在直播领域更具优势。随着移动互联网和电子商务行业的快速发展，直播平台的流量暴涨，电商消费市场不断扩大，快手直播电商规模必将进一步扩大。

2. 快手平台特点

（1）"老铁文化"让卖货更简单：快手的"老铁文化"帮助品牌沉淀私域流量，在加强沟通、增强信任度的同时，缩短商业模式转化路径，加快电商发展速度。快手的用户群体多在北方地区，用户男女比例比较均衡，三、四线及以下城市占比更多，他们非常热衷于分享自己的生活，通过真实、质朴的内容引起其他用户的共鸣。很多红人都是通过和粉丝聊天、分享产品使用心得等方式推广自己的产品的。

（2）信任感高，带货能力强：信任感产生的基础是认同感和归属感。快手主播多是生活中的普通人，视频内容生活气息浓厚，亲和力更强，就像观众身边乐于分享的热心好友。更接地气的内容特质，拉近了观众和这些KOL的距离，观众通过互动得到了认同感和归属感，进而一步步建立起信任感。在信任感的基础上，观众很容易做出消费决策，既满足了自己的购物需求，也可以支持喜欢的KOL。快手中的KOL多诞生于基层，生活类短视频占比最高，粉丝黏性高。用户愿意主动点赞、评论、分享自己喜欢的KOL，互动率高。

（3）"普惠式"流量分发逻辑：快手坚持以普通用户为中心，坚持用户平等的观念。采用去中心化的市场经济的流量分发模式，基于社交+兴趣进行内容推荐，主打"关注页"推荐内容，直接连接内容创作者与粉丝，加强双方联系，沉淀私域流量，诞生了信任度较高的"老铁关系"。快手的推荐算法核心是理解，包括理解内容的属性、理解人的属性、人和内容历史上的交互数据，然后通过一个模型，预估内容与用户之间的匹配程度。

（4）投放精准，转化率高：以直播带货为中心，全面打通主流平台。平台围绕"老铁关系"形成"先认人再认货"的商业模式。平台通过快手小店沉淀私域流量，为用户打造最短的购买路径（从产生消费意愿到完成购买），用户流失率降低，内容变现的转化率得以提升。同时为用户构建了更加便利的购物场景，现已接入淘宝/天猫、有赞、魔筷、京东、拼多多等第三方电商平台。在品牌转化、私域流量搭建方面，快手具备很强的优势，适合日用品、餐饮等中小型初创品牌销售产品。与头部主播合作带货，可以快速帮助品牌打造爆款商品，带来更多品牌曝光。

（5）快手网红带货现状：用户追求高性价比、实用型商品，电商发展较为成熟。

相比于品牌知名度及商品的口碑，快手用户更信赖主播，也更追求高性价比、实用的产品，如三明治机、煮茶壶、健身器材等。

9.1.2 快手直播的入门知识

下面通过介绍直播入口、直播内容分类、主播的收入来源和主播的分类4方面，了解快手直播的入门基础知识。

1. 快手直播的展示入口

（1）在手机端观看直播

当主播要进行直播时，进入快手 App，选择首页上方的"直播"选项，同时可以看到直播的视频小窗，单击进入"直播"页面，如图9-1所示。

图9-1 手机端直播入口

（2）在 PC 端观看直播

在 PC 端观看直播，用户需要进入快手网站首页并登录个人账号，进入"关注"页面，找到对应的直播账号，就可看到正在直播的页面，单击进入即可观看直播，如图9-2所示。

直播电商：理论、运营与实操

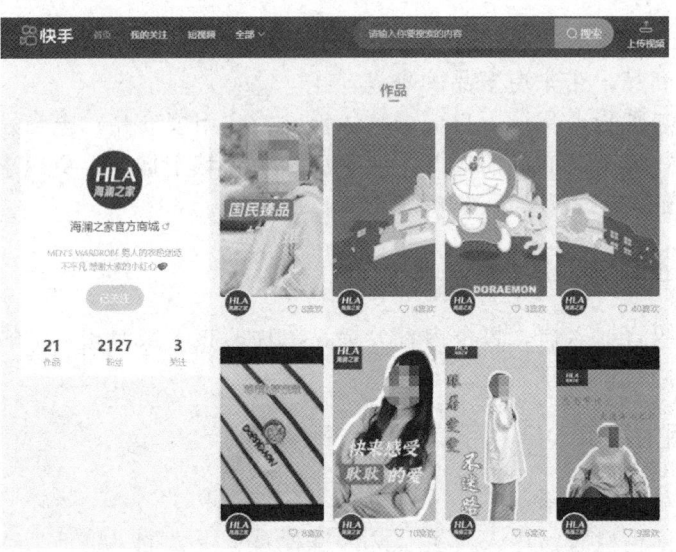

图 9-2　PC 端观看直播

2. 快手直播的内容分类

快手多元化的直播内容满足了用户的个性化需求。当前，快手直播的内容类型主要包括以下 3 种。

（1）秀场直播

秀场直播是主播在直播时表现一些才艺活动，如唱歌、跳舞等，目的主要是吸引粉丝进入直播间观看，如图 9-3 所示。

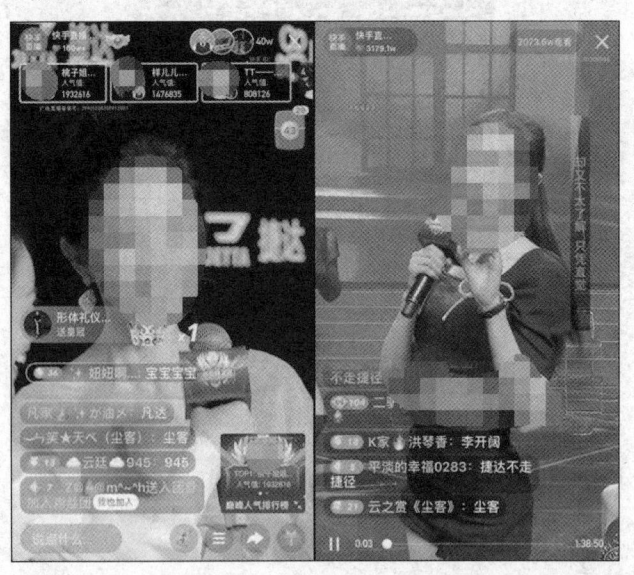

图 9-3　快手秀场直播

（2）生活类直播

相比直播形式比较单一的秀场直播，生活类直播的内容更加丰富，它涉及生活的方方面面，并且人人都可以直播，如图 9-4 所示。

图 9-4　快手生活类直播

（3）电商直播

"直播+电商"是一般电商平台常规的直播模式，直播中"点击购物车"功能可以使用户在观看直播的同时进入购买页面选购商品，同时也可以让用户更加直观地了解商品和相关服务，如图 9-5 所示。

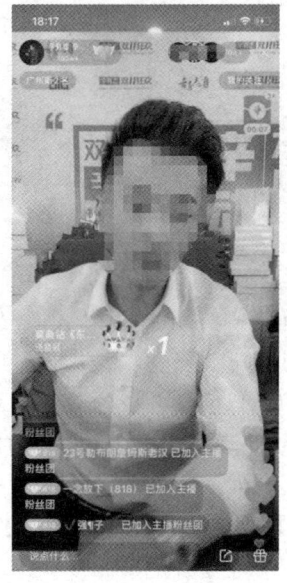

图 9-5　快手电商直播

3．主播的收入来源

一般情况下，主播的收入来源有以下 3 种。

（1）粉丝"打赏"

粉丝会为主播赠送付费礼物，主播、直播平台等按一定比例获得收益。

（2）固定工资

平台或公司与主播约定，在完成一定直播时长和指标任务后即可获得相应的固定收入。

（3）内容变现

开通快手小店，通过直播带货的方式吸引用户进入直播间并在观看直播的过程中下单购买。

4. 主播的分类

当前快手主播可以分为以个人身份入驻平台的普通主播和将直播作为主要职业的主播两类。

9.1.3 快手直播的运营规则

快手作为一个非常火爆的短视频平台，在运营及引流方面，与其他短视频平台不同。那么快手的运营规则是什么呢？相比抖音上的用户更喜欢围观的特征，快手上的用户则更喜欢直接沟通，这意味着在运营快手服务号的时候，品牌的形象也应该更接地气，更好地扮演"客服"的角色而不只是"内容发布者"的角色，引导大家积极讨论和互动。

1. 快手直播的运营原则

① 最大程度提升视频作品质量。
② 保证视频作品的原创性。
③ 视频封面的设计要吸引人。
④ 封面标题要亮眼。
⑤ 作品背景音乐搭配要合适。
⑥ 作品要有舆论噱头。
⑦ 在用户高峰时间段发布作品。
⑧ 使用新的账号进行操作。

> 【小贴士】
>
> 很多主播因为不重视快手直播规则，很容易出现停播、断流、封号的问题。因此遵守、了解快手直播规则是做直播带货基本的要求。
>
> 快手直播规范：为了加强对快手直播平台的管理，给广大用户提供一个内容健康向上的直播平台，给快手用户提供更好的用户体验，特制定直播规范。本直播规范适用于快手直播平台所有直播间、所有主播。主播开始直播则表示阅读并同意《快手直播规范》《用户服务协议》，如有违规亦同意接受快手处罚，如触犯国家法律将承担相应法律后果。
>
> 违规行为的分类和处罚说明如下。
>
> 1. 严重违规行为（A类违规）
>
> 违反A类规定的用户，将永久封禁直播，乃至封禁账号，且快手平台有权冻结违规账户中未提现礼物收益。
>
> 严重违规行为是指涉政、涉黄、恶意违规等严重扰乱直播平台秩序的行为。
>
> ① 直播中传播淫秽色情内容，包括但不限于色情内容推广、露点画面、挑逗性言行、带有性暗示的直播内容、违反公序良俗的行为。
>
> ② 直播中展示或销售管制物品，包括但不限于私藏枪支弹药、枪支部件、仿真枪支。

③ 直播中展示或销售毒品、违禁药品，或展示与之相关的任何行为，包括但不限于海洛因、大麻、吸毒工具、吸食注射、买卖交易。

④ 直播中展示赌博或与涉赌相关的任何活动，包括但不限于非法赌牌、红包赌博、网络赌博网址、赌博游戏、赌博工具。

⑤ 直播中展示危害自身或他人生命安全的行为或言论，包括但不限于自杀自残、割腕烧炭、跳楼、跳河、自杀游戏等。

⑥ 直播中发布有害信息，严重违反社区规定。

2. 中度违规行为（B类违规）

违反B类规定的用户将被立即停止当前直播，并按违规次数递增停播时间。用户在停播处置期满后，若一个月内多次直播都无违规行为，将降低违规累积次数，予以减轻处罚；持续多次B类违规，或情节严重的将永久停播，乃至封禁账号。

① 直播中通过猎奇、怪异、夸张或其他方式恶意吸引关注、博取热点，包括但不限于怪异着装、恶搞他人、恶意揭秘炒作。

② 直播中出现成人娱乐场所、易暴露隐私的公共私密场所，包括但不限于夜总会、公厕、洗浴中心、大众浴池，或涉及成人用品及其仿制品相关的内容。

③ 直播中刻意拍摄人体敏感部位或进行带有性暗示、性挑逗的行为动作。

④ 直播中展示易引起观众心理或生理反感、不适的行为或画面，包括但不限于恐怖惊悚画面、吞食异物、宣扬炫富拜金主义。

⑤ 直播中宣扬暴力行为或言论，包括但不限于约架、打架、斗殴、威胁恐吓、欺辱他人。

⑥ 直播中出现意图威胁自身或他人生命安全的行为或言论，包括但不限于扬言自杀自残、割腕烧炭、跳楼、跳河、展示自残伤疤。

⑦ 直播中展示、含有易引起观众心理或生理不适的血腥画面，包括但不限于血腥屠宰镜头，血腥暴力的影视剧、游戏片段。

⑧ 直播中展示、含有易引起观众心理或生理不适的画面，包括但不限于虐待动物、展示尸体、伤残画面。

⑨ 直播中展示或销售管制、违禁物品，包括但不限于管制刀具、防身器械、爆炸物、警用器械、管制药品、剧毒物品、非法走私物品等。

⑩ 直播中进行虚假宣传或销售假冒伪劣产品，包括但不限于宣传中使用极限用语、绝对化用语（如国家级、最高级、国家品牌等），销售山寨、高仿、带有伪造商标、以次充好的商品，诱导欺骗消费者。

⑪ 直播中展示与非法医疗相关的商品和服务信息，包括但不限于减肥类、美容整形类、药品类、保健品类、成人用品类。

⑫ 直播中展示宣传非法、违规产品和服务信息，包括但不限于违规网络兼职、代购、代理加盟、金融广告、游戏外挂、非法募捐、烟草或其他不符合用户协议的商业广告。

⑬ 直播中出现偷猎、狩猎、贩卖、走私、加工、食用、捕杀、私自饲养保护动物等行为。

⑭ 直播中出现盗采、贩卖、走私、加工、食用保护植物等行为。

⑮ 直播中展示赌博或与涉赌相关的任何活动，包括但不限于非法赌牌、红包赌

博、网络赌博网站、赌博游戏、彩票、一元夺宝、赌博工具等。

⑯ 直播中出现宣传、推广、导流到其他平台的行为。

3. 一般违规行为（C类违规）

违反C类规定的用户将被予以警告；若不改正，将再次警告并停止当前直播。若仍然不改正，将停止当前直播并禁播1天。情节严重的将延长停播时间。

一般违规行为是指除严重违规行为和中度违规行为外，其他扰乱直播平台秩序的违规行为，包括但不限于：

① 出现抽烟、喝酒等不健康行为。

② 进行各类广告宣传，恶意发布广告的行为。

③ 播放一切无版权内容，包括但不仅限于影视、游戏、体育赛事、演唱会等。

④ 直播标题及封面中出现低俗、诱导性文字及不雅封面博取点击量。

⑤ 直播中出现着装不雅的行为，包括但不限于赤膊、穿着暴露、文身、特殊部位非正常拍摄等。

2. 快手直播的运营技巧

为了达到直播的良好效果，主播应该具备一些重要能力，包括主播的个人定位、标题的设计及相关的软硬件设备等。

（1）主播的个人定位

作为直播的内容创造者，确定个人定位是开启直播的第一步。主播需要基于个人兴趣及特长确定目标用户，利用好自身的优势对个人风格进行设计，树立用户认可的主播形象，最后满足目标用户的需求，实现收益最大化。

（2）标题和封面设计

直播间标题和封面的设计是用户进入直播间的第一印象。好的标题和封面能够提高直播间的点击率，使直播间能够在最短的时间内快速吸粉，进而在后续直播中促进用户的购买行为。

标题和封面的设计需要注意以下5点。

① 展现直播的特色。

② 合理使用文字进行渲染，增加感染力。

③ 避免过度夸张吸引眼球的标题。

④ 使用主播本人的生活照，增加真实感。

⑤ 封面构图完整、清晰。

3. 快手直播间的高人气

能够维持高人气的直播间一般具有以下3个特点。

（1）固定开播

明确了个人定位、风格和封面设计后，应针对直播间的直播时间、直播频率做好相应的日程表，培养用户的观看习惯。新晋主播一般需要保持每个工作日开播一次的直播频率，并且每个工作日的开播时间尽量保持固定，直播时长在1~2小时。

（2）团队分工

如今的直播竞争日趋激烈，行业内对主播的直播质量有了更高的标准，有一个直播团队并将工作进行细分对于主播来说是一个最佳的选择。如在双人直播中，一个人负责内容的展示，另一个人负责直播互动，双方各司其职。直播结束后，团队还须总结和反思，使后续的直播质量更上一个台阶。

（3）粉丝维护

粉丝维护工作也是直播过程中非常重要的一部分，主播只有与用户实现了有效互动，用户才会转化为粉丝。同时定期给粉丝发放福利，与粉丝建立长期互动关系，这样才能不断维护好粉丝群，保持直播间的人气。

4．快手流量算法规则

（1）快手流量池的分配规则是什么？流量池是指作品因获得不同曝光率而得到的不同流量位置。快手对于任何一个作品，甚至是广告作品，都会分配一个基础的播放量，大概0～200次；而150～200次的播放量数据非常重要，因为快手会根据作品的点赞率、评论率及转发率来判定是否要将作品推送到下一个流量池中。

（2）快手的流量池分档。

首次曝光300次播放量。

二次推荐3000次左右播放量。

三次推荐1.2万～1.5万次播放量。

四次推荐10万～12万次播放量。

五次推荐40万～46万次播放量。

六次推荐200万～300万次播放量。

七次推荐700万～1100万次播放量。

顶级推荐3000万+播放量。

（3）快手的叠加推荐机制。

快手新视频发布时系统会分配一定的推荐量，当短视频的热度不断上升时，系统会通过加权的方式给予短视频更多的推荐量。除此之外，系统还会根据短视频的完播率、点赞率、评论率和转发率得出推荐数，因此，要想获得更高的叠加推荐，可以通过短视频的标题引导用户进行评论。

（4）快手平台的热度加权。

快手热门短视频的播放量一般都在百万次的播放级别，点赞率、评论率和转发率也处于遥遥领先的状态，这是一波波热度带来的结果。通常，快手各项数据对热度加权影响的重要程度为：转发率>评论率>点赞率。因此，在选题时可以通过热门话题来吸引用户转发、评论、点赞，以提高短视频的加权热度。

> 思政导入
>
> 在直播中看热点，已经成为时下比较流行的方式。大学生们在通过直播来了解时政热门事件，或通过直播的方式来传达热点新闻时，要注意辨别新闻的真实性。同时，教师们在引导学生关注直播内容时，也要坚持三贴近的原则：贴近实际、贴近生活、贴近教育对象。这就要求师生借助热点话题搭建沟通桥梁，将思想教育和政治教育与时事热点话题相结合，第一时间以社会主义核心价值观引导热点话题讨论风向，达到思想政治教育与现实生活相互接轨、相互提升的效果。

9.2 快手直播实操

快手作为积蓄了 3 亿个日活用户的头部短视频平台，依靠直播领域的平台优势与技术优势，迅速切入各类直播场景，完成了直播的边界拓维。那么如何运营快手直播带货？

9.2.1 开通快手直播

快手电商入局看似简单，但也是有门槛的。下面针对手机开通快手直播的操作进行分步讲解。

第一步：打开快手平台界面，单击左上方的"三条横"图标进入，如图 9-6 所示。

第二步：单击左侧的"设置"按钮，如图 9-7 所示。

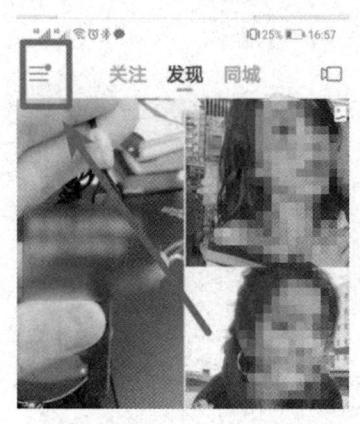
图 9-6　开启手机快手直播

图 9-7　进入设置选项

第三步：单击列表中的"开通直播"按钮，如图 9-8 所示。

第四步：进行实名认证，如图 9-9 所示。

图 9-8　开通直播

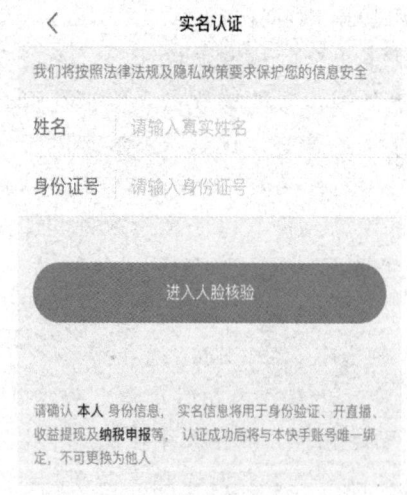
图 9-9　实名认证

第五步：回到快手直播页面，上传直播封面，然后单击下方的"开直播"按钮，如图 9-10 所示。

图 9-10　快手直播页面

【小贴士】

　　开通快手直播后，首先进行相关直播主题的养号，提高账号的活跃度，然后就可以开启直播带货模式了。在快手平台上开通直播推广自己的商品，直播过程中可以时刻与用户互动，在解答问题的同时直接展示商品使用效果，将商品更直观地展示给用户。接到订单后应尽快安排发货，在用户收到产品后，及时做好客服工作，主动向用户了解购物体验，做好售后工作并获得良好评价也是一项重要的工作。

9.2.2　开通快手小店

　　快手小店是快手上线的商家功能，可以为快手上优质的用户提供更快捷的售卖服务，高效地将流量转化为收益。开通快手小店只需简单的设置，即可将上架的商品关联到视频或直播中，粉丝在观看的时候，可直接单击跳转到商品展示页面，完成购买等一系列操作。开通快手小店。具体操作流程如下。

　　第一步：打开快手页面，单击左上角的"三条横"图标，如图 9-11 所示。

　　第二步：在打开的界面中可以看到快手小店，单击"快手小店"按钮，如图 9-12 所示。

　　第三步：进入快手小店页面，单击右上方的"开店"按钮，如图 9-13 所示。

图9-11　打开快手　　　图9-12　选择"快手小店"　　　图9-13　选择"开店"

第四步：选择入驻方式，填写相应入驻流程，上传认证材料，提供真实的实名信息。开播前会要求进行人脸识别，还要做一份直播相关的考卷，及格才可以开始直播，如图9-14～图9-16所示。

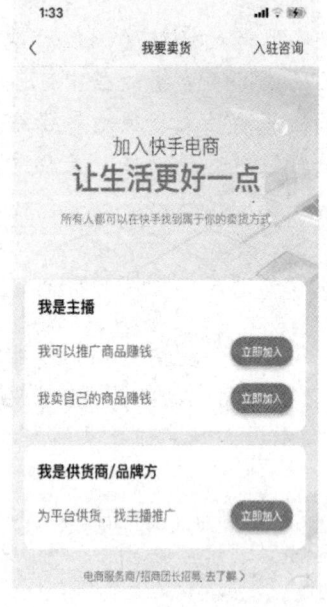

图9-14　选择入驻方式　　　图9-15　入驻流程解析（1）　　　图9-16　入驻流程解析（2）

第五步：选择登录快手小店卖家端页面，可以进行"选品推广"，如图9-17所示。

第六步：单击快手小店卖家端页面的"快分销"界面，开通商品选货，如图 9-18 所示。

第七步：弹出"开通快分销推广权限"界面，如图 9-19 所示。单击"立即开通"按钮，即可推广快分销中的商品赚取佣金。

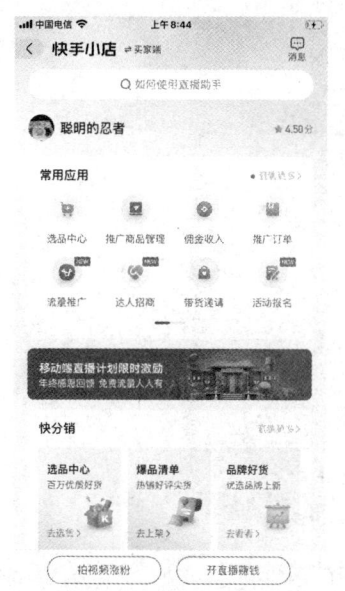
图 9-17 快手小店卖家端

图 9-18 快分销选品平台

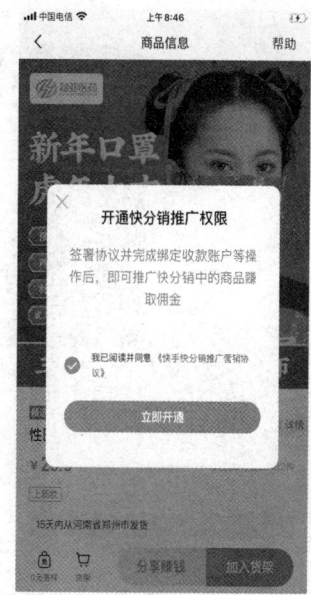
图 9-19 开通快分销推广权限

第八步：开通快分销推广权限后，即可在"选择商户类型"中升级为个人店，进行商品发布，如图 9-20 所示。

第九步：根据系统界面提示，绑定收款账户，如图 9-21 所示。

第十步：在弹出的"添加商品"界面中添加商品，如图 9-22 所示。

图 9-20 升级为个人店   图 9-21 绑定收款账户   图 9-22 添加商品

第十一步：发布商品，在此页面还可以继续添加商品，如图 9-23 所示。

第十二步：商品发布成功，在此页面还可以继续进行商品管理编辑操作，如图 9-24 所示。

图 9-23　发布商品

图 9-24　商品发布成功

【小贴士】

快手直播为主播提供了丰富的吸粉和互动等功能，主要有以下 3 项。

1. 粉丝

用户加入主播的粉丝群，通过观看直播、互动可以提高粉丝群的等级。粉丝群成员具有很强的黏性，会长期、稳定地支持该主播，有一定的带动能力。粉丝群的名称应当积极阳光，与主播个人的特性有一定关系，并能够突出主播正面的特点，能够增加潜在粉丝的认同感。

2. 贴纸

贴纸用于强调重要的提示信息，主要使用方法有以下 4 种。

① 引导用户参与关注的特定行为。

② 突出直播间或主播的特色，培养用户长期互动的习惯。

③ 用于直播间活动的预热和活动动员。

④ 配合公司电商部门进行某推广商品的预告和优惠信息等的推送。

3. 抽奖

抽奖可以激发用户的投入度，同时也是回报粉丝的有效手段。抽奖可以在直播间形成"刷屏"的效果，可以快速实现涨粉。

9.2.3　快手选品攻略

快手选品平台致力于提供更高效的人货匹配，是选品平台，也是分销平台。达人们可以在这里便捷地找到优质的商品。商家也可以在这里找到推广者带货，快速提升商品销量。那么，当我们还是新主播、没流量、没货源、不会卖货，却想成为会带货的推广达人时，可以绑定收款账户、开通推广权限，开启电商带货的第一步。以下将详解如何开通快手推广权限。

1．开通推广权限

第一步：完成实名认证，单击快手主页左上角，打开侧边栏，单击"快手小店"按钮，如图 9-25 所示。

第二步：单击"开店"按钮，如图 9-26 所示。

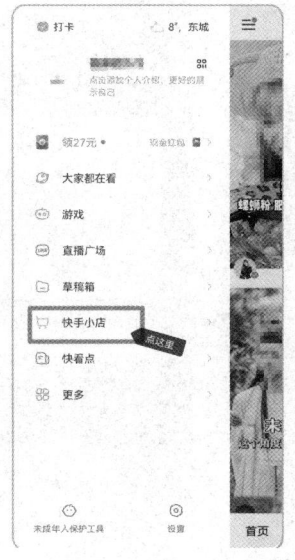

图 9-25　单击"快手小店"按钮　　　　图 9-26　单击"开店"按钮

第三步：个人开店，选择"我是主播"选项中的"我可以推广商品赚钱"，如图 9-27 所示。

第四步：根据界面提示完成实名认证后即可开启快手小店，如图 9-28 所示。

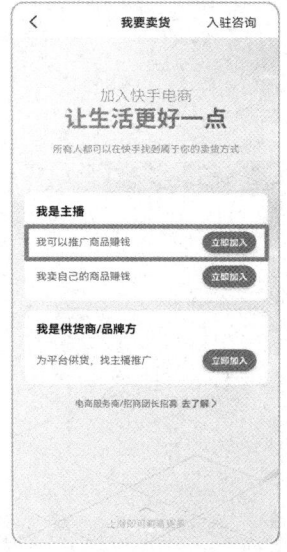
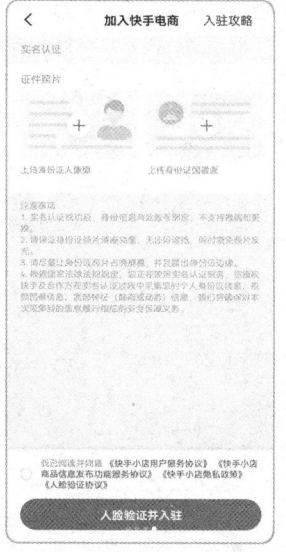

图 9-27　选择"我可以推广商品赚钱"　　　图 9-28　加入快手电商

2. 完成收款账户设置

第一步：完成实名认证后，在快手小店卖家端，单击"快分销"栏下的"选品中心"，如图9-29所示。

第二步：在选品中心单击"加入货架"按钮，如图9-30所示。

第三步：系统会提示开通权限说明，单击"立即开通"按钮，如图9-31所示。

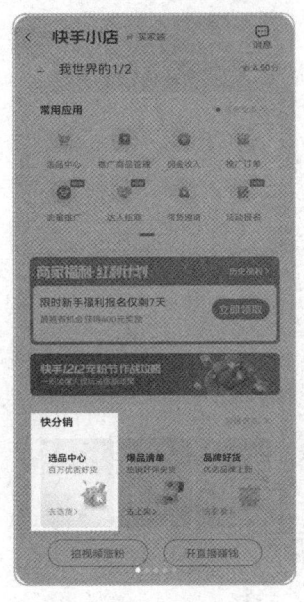 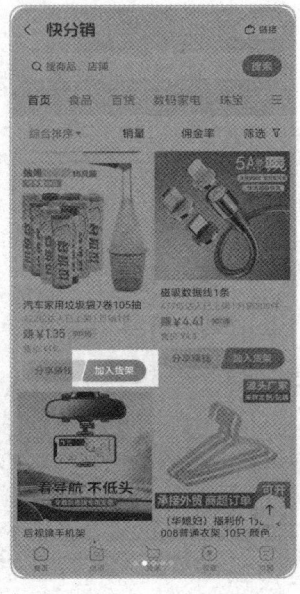 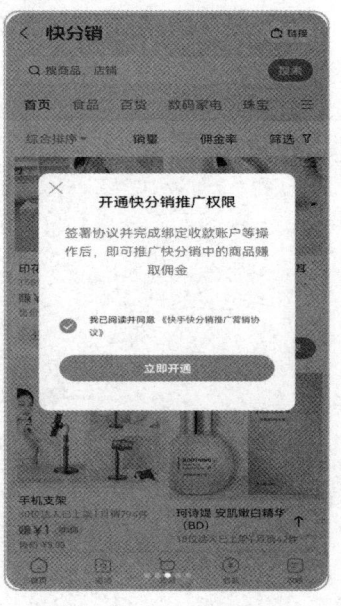

图9-29　选择"选品中心"　　图9-30　单击"加入货架"按钮　　图9-31　单击"立即开通"按钮

第四步：按系统提示绑定微信、支付宝的收款账户，单击"立即绑定"按钮，如图9-32所示。

第五步：完成安全认证，如图9-33所示。

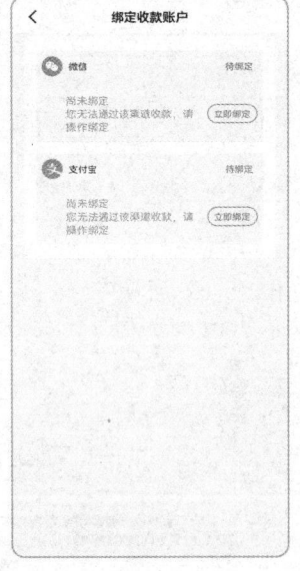 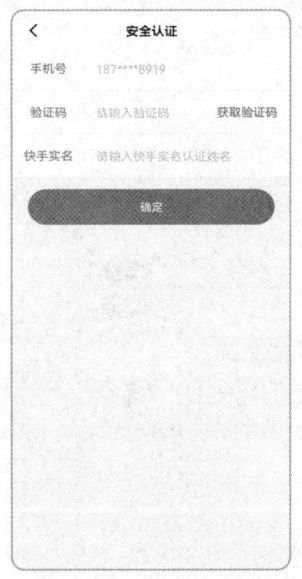

图9-32　绑定收款账户　　　　图9-33　完成安全认证

第六步：按要求填写账户信息，选择个人信息填写，如图9-34所示。

第七步：绑定完成后进入微信和支付宝的审核流程（部分商户类型需要进行微信扫码签约），按系统要求完成身份验证即可，如图9-35所示。

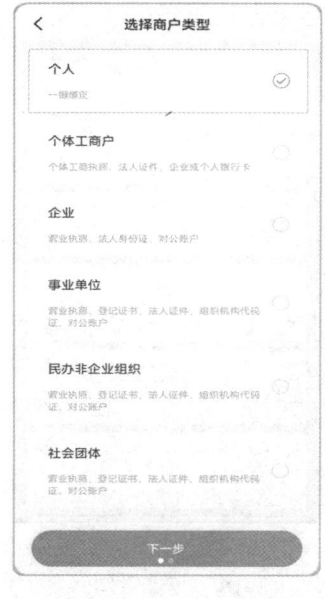

图9-34 填写账户信息

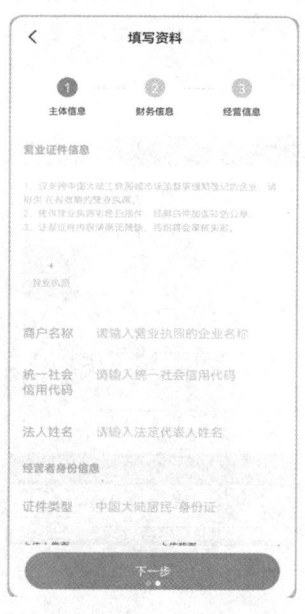

图9-35 完成身份验证

3. 开通权限查询

第一步：完成开通推广权限和收款账户设置操作，开通成功后可以在商品页面单击"加入货架"按钮，如图9-36所示。

第二步：添加商品到自己的快手小店开始赚佣金。如果没有开通成功，会出现提示，可单击"查看进度"进行查看，如图9-37所示。

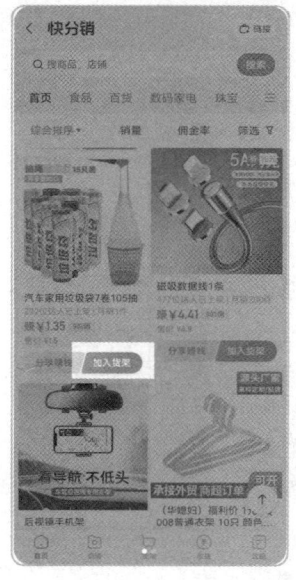

图9-36 单击"加入货架"按钮

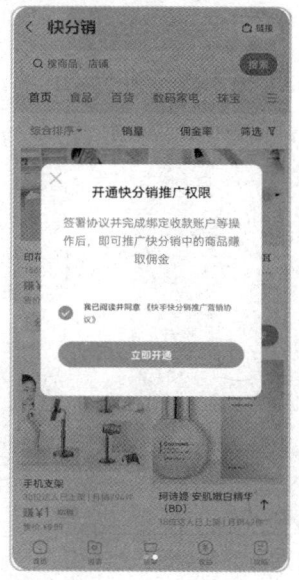

图9-37 查看开通进度

9.2.4 选品中心选货

全新改版的选货中心功能强大,达人不仅可在好物联盟进行多维度、便捷、高效的选货,还能享受直播培训、选品支持、团长推荐等全方位服务。

1. 选品中心入口

在快手小店卖家端,进入"快分销"页面的"选品中心"选品界面,即可挑选推广商品,如图9-38、图9-39所示。

图9-38 单击"选品中心"　　　图9-39 挑选推广商品

2. 搜索添加商品

顶部搜索栏支持达人通过关键词搜索,且可选"商品"和"店铺"两个维度,如图9-40~图9-42所示。

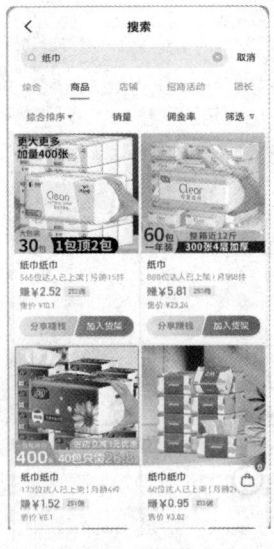

图9-40 搜索商品　　图9-41 关键词搜索　　图9-42 商品搜索结果

3. 系统专题推荐

通过系统算法,形成专题商品推荐页,满足特定推广者的卖货需求,主要适用于有一定推广能力的达人,如图9-43至图9-48所示。

图 9-43　专题商品推荐页

图 9-44　商家榜单

图 9-45　爆款推荐

图 9-46　新品专区

图 9-47　高佣好货

图 9-48　团长榜单

4. 商品信息流推荐

根据系统算法,为达人推荐热销商品,如达人没有确定的带货诉求,这里可以推荐,如图 9-49 所示。

5. 功能导航栏

底部功能导航栏聚合达人常用选品工具，快速直达，如图 9-50 所示。

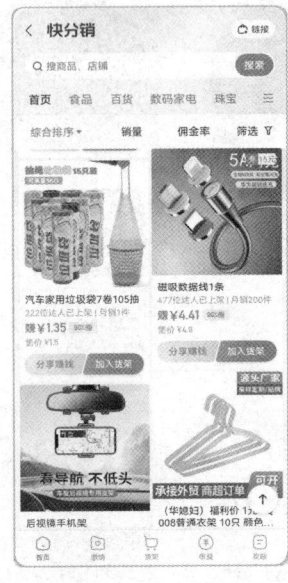

图 9-49　推荐热销商品

图 9-50　功能导航栏

6. 带货邀请

单击"邀请"按钮可查看"我收到的带货邀请"，都是来自团长或商家发出的带货邀请。在全部状态里可以对收到的邀请进行分类，方便查看邀请的处理状态。同时也可以设置自己的带货要求，如图 9-51 至图 9-55 所示。

图 9-51　单击"邀请"按钮

图 9-52　我收到的带货邀请

图 9-53　单击"全部状态"

· 242 ·

第 9 章 快手直播

图 9-54 单击"全部邀请"

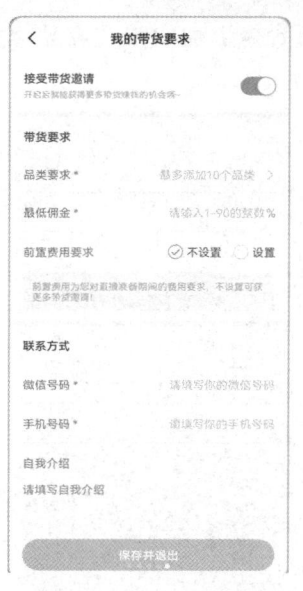

图 9-55 接受带货邀请

9.2.5 小黄车推广商品

1. 添加商品上架

第一步：在"选品中心"页面，单击你感兴趣的商品卡片，可进入该商品的详情页，如图 9-56 所示。下拉列表可查看推广数据，如图 9-57 所示，帮助你挑选推广效果好的商品，单击"加入货架"按钮即可添加商品，如图 9-58 所示。

图 9-56 单击商品卡片

图 9-57 商品详情页推广数据

图 9-58 单击"加入货架"按钮

第二步：搜索商品后，单击右下角的"购物袋"按钮，如图 9-59 所示，可显示"推广商品"页面,管理添加的推广商品。推广商品存在"在售""审核""已下架"3 个状态,如图 9-60 所示。

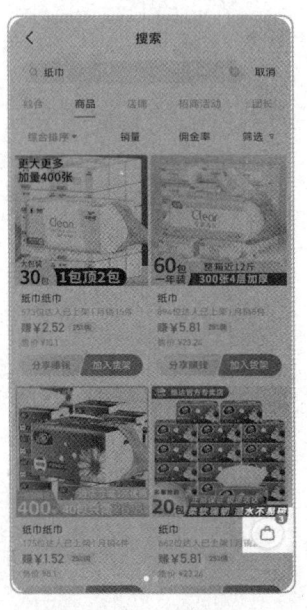

图 9-59　单击"购物袋"按钮

图 9-60　推广商品状态

第三步:在选品中心添加商品后,商品会自动出现在"在售"标签下,达人可对添加的商品进行"0 元寄样""购买看样品""下架"操作,如图 9-61 所示。单击"0 元寄样"后,会向供货商家发送样品申请,发送申请后商家决定是否寄出,若商家同意寄出样品,则推广者可在申样入口查看物流进度,若不同意则会提示申请被拒,此时推广者可选择"购买看样品"。单击"下架"后,商品会移动到"已下架",如图 9-62 所示。处于"审核中"的商品,达人不可以操作上架,如图 9-63 所示。

图 9-61　已添加商品操作页

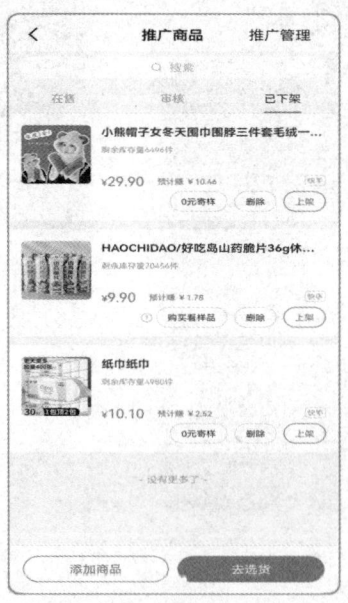

图 9-62　商品已下架

2. 短视频推广商品

在售状态下的商品会展示在达人的店铺页,支持通过短视频、直播销售,如图9-64所示。

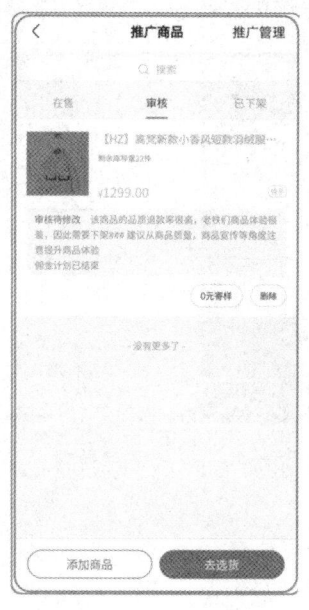
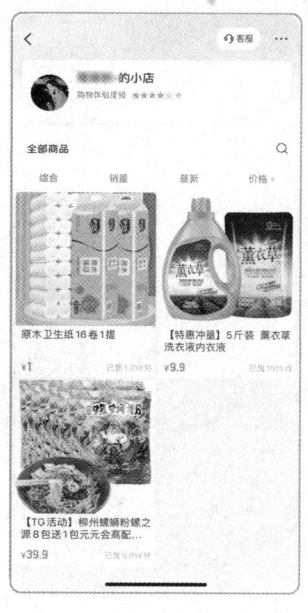

图9-63 商品审核中　　　　　图9-64 商品在售视频展示

单击首页下方按钮,进入作业发布页,如图9-65所示;选择拍摄好的视频作品,单击"作者变现",如图9-66所示;可以在商品列表中选择推广商品,单击"关联到作品"按钮,如图9-67所示;发布后用户就可以在作品下方看到该商品,并单击链接购买了,如图9-68至图9-70所示。

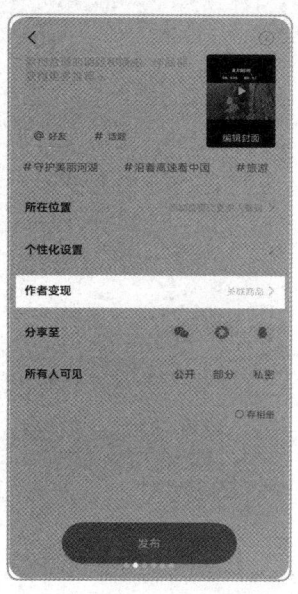
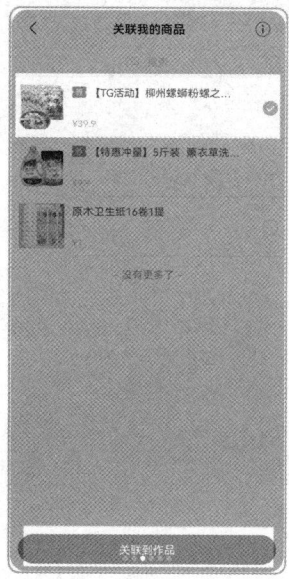

图9-65 发布视频页面　　图9-66 单击"作者变现"　　图9-67 单击"关联到作品"

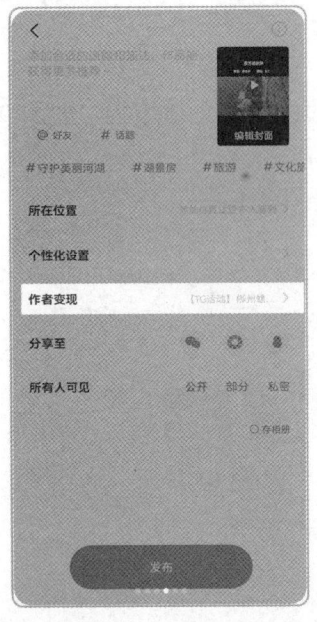  

图 9-68　作者变现关联链接　　图 9-69　作品中购买链接　　图 9-70　单击链接购买

3. 直播推广商品

点击首页下方按钮，选择"视频直播"选项，如图 9-71 所示。勾选"直播卖货"开启直播后，如图 9-72 和图 9-73 所示。单击右下角的白色购物车，如图 9-74 所示。在弹出页面中选择"商品管理"选项，勾选要售卖的商品单击"确定"按钮，如图 9-75 和图 9-76 所示，就可以将推广商品上架直播间小黄车了，如图 9-77 所示。

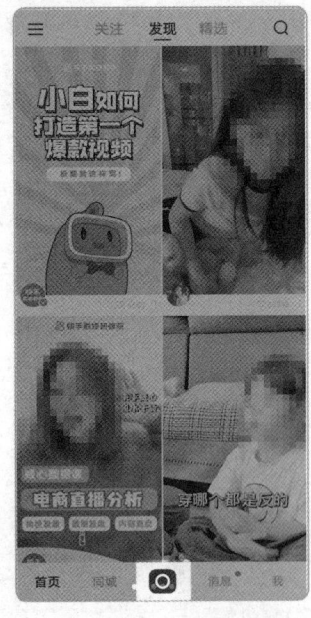 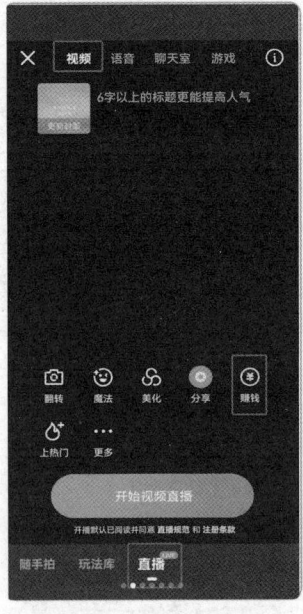 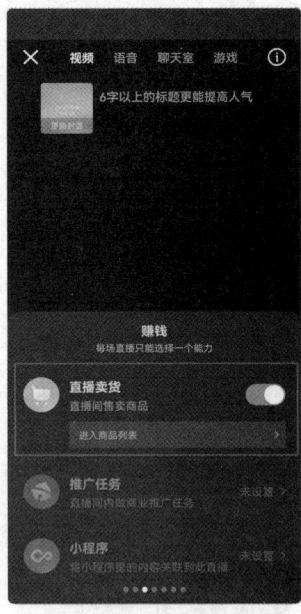

图 9-71　视频直播　　图 9-72　单击"开始视频直播"　　图 9-73　勾选"直播卖货"

图 9-74 单击购物车

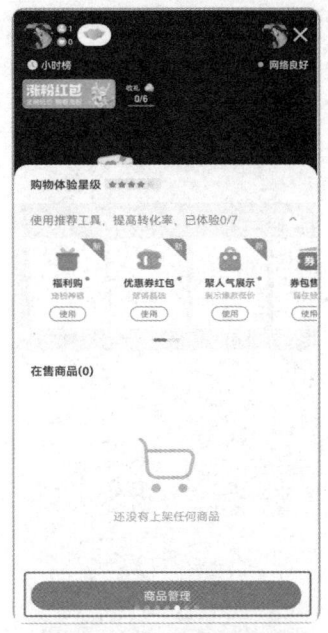

图 9-75 单击"商品管理"

图 9-76 勾选商品

图 9-77 商品上架小黄车

9.2.6 管理佣金收入

1. 查看佣金收入

第一步：推广者在选品中心单击"收益"按钮，可进入收益管理页面，查看推广快手商品的累计佣金收入、推广订单和账单等信息，如图 9-78、图 9-79 所示。

累计预估收入：此处只统计推广快手小店商品的佣金收入，其余平台的商品推广佣金收入可前往对应平台查看；预估收入计算范围为已结算的佣金和还未进入结算流程的佣金，数据每日更新，若已支付的订单后续产生退货退款，则退款部分不计入最终的收入。

图 9-78　单击"收益"按钮

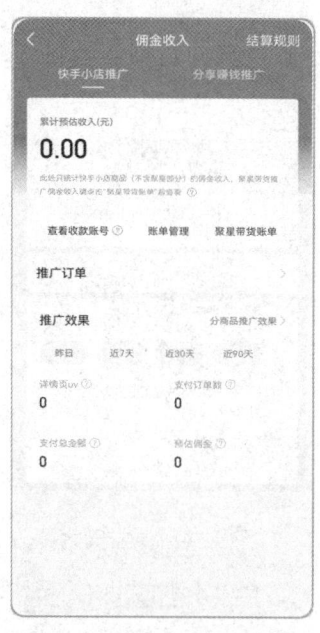

图 9-79　查看佣金收入

第二步：单击"推广订单"按钮进入推广明细页，支持分状态查看所有推广商品产生的订单，如图 9-80、图 9-81 所示。

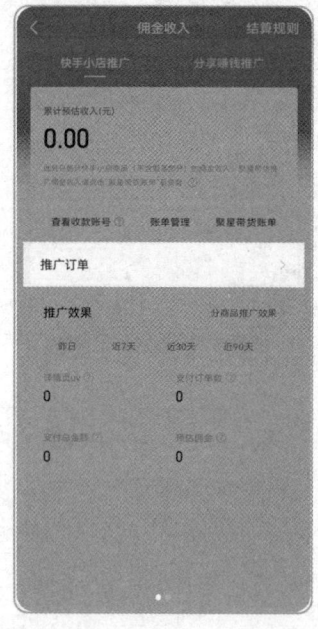

图 9-80　推广订单

图 9-81　推广明细

第三步：单击"账单管理"按钮可查看已结算的佣金和未结算的佣金订单，并可支持导出账单明细，如图9-82、图9-83所示。

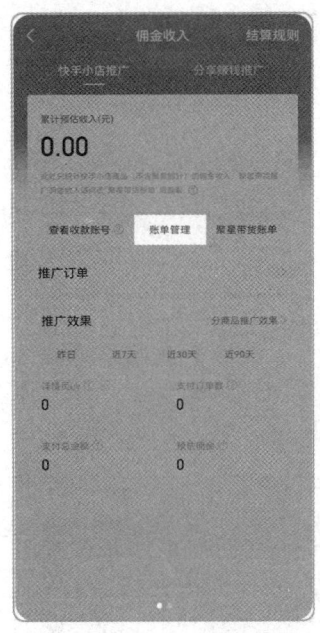

图9-82　账单管理

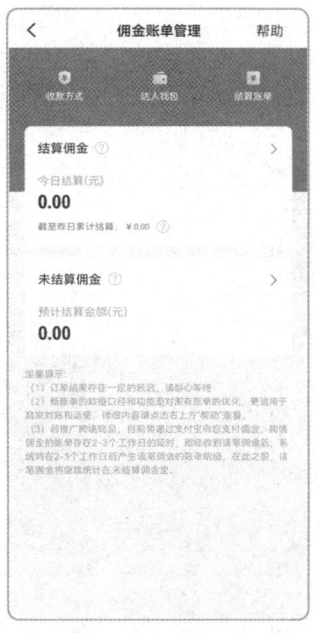

图9-83　佣金账单管理

推广者须通过手动提现至银行卡的方式，将钱包的余额提出。单击"达人钱包""查看钱包"，再单击"去提现"按钮，输入提现金额，单击"提现"按钮后即可完成，如图9-84至图9-87所示。

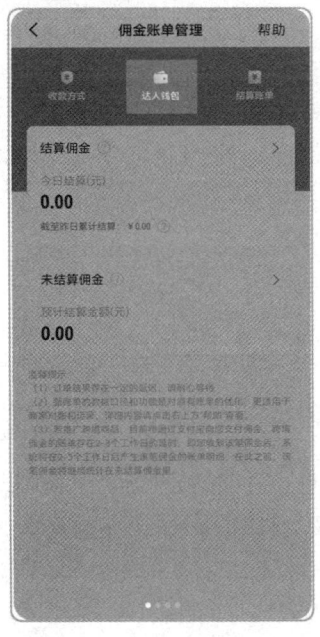

图9-84　单击"达人钱包"

图9-85　查看钱包

图 9-86 单击"去提现"按钮

图 9-87 输入提现金额

2. 佣金结算规则

（1）结算方式

快手采取分账结算方式，买家确认收货 7 天后，将货款结算给商家，将 CPS 佣金结算给推广者。

（2）推广者佣金计算优先级

买家在下单前通过多个推广者或商家的店铺页、直播间、分享链接、视频小黄车、聚合页等渠道进入商品详情页，该成交属于买家下单前访问时间最近的商品详情页对应的推广者，只对其结算佣金；若时间最近的为该商品对应的商家，则无须对推广者结算佣金。例如：

推广者甲和推广者乙同时推广了丙商家的商品。

① 买家先点击甲推广的商品详情页，再点击乙推广者的商品详情页，并通过乙的商品详情页生成订单完成支付，则佣金结算给乙。

② 买家先点击甲推广的商品详情页生成订单 A，再点击乙推广的商品详情页生成订单 B，但最终只支付了订单 A，则佣金结算给甲。

③ 买家先点击甲推广的商品详情页生成并支付订单 A，再点击乙推广的商品详情页生成并支付订单 B，则 A 订单对应的佣金结算给甲，B 订单对应的佣金结算给乙。

④ 买家先点击甲推广的商品详情页，再通过丙商家的店铺或直播间等入口进入商品详情页生成订单并完成支付，则佣金不需要结算给甲。

（3）分计划佣金计算优先级

取当前商品给到对应推广者的佣金率，同一商品的佣金率优先级为：商品定向计划>店铺定向计划>普通计划，例如：

① 商家为商品设置了普通计划佣金率 A，并为推广者甲设置了店铺定向计划，佣金率为 B，则结算给甲的佣金率为 B。

② 商家为商品设置了普通计划佣金率 A，并为推广者甲设置了该商品的商品定向计划，佣金率为 B，则该商品结算给甲的佣金率为 B。

③ 商家为商品设置了普通计划佣金率 A，并为推广者甲设置了该商品的商品定向计划，佣金率为 B，同时又给推广者甲设置了店铺定向计划佣金率 C，则该商品结算给甲的佣金率为 B。

（4）推广者佣金计划计算规则

商品佣金全部由推广者取得：

$$推广者佣金收入＝佣金基数×佣金率$$

佣金基数：

商家的推广商品被成功购买时的实际成交金额（不含运费及税费），如果买家使用了优惠券等抵现优惠，则抵现的金额不计入实际成交金额内。

对于退款成功的订单，最终结算的佣金基数按原成交金额减去买家申请退款时最终发起的金额计算，退款优先级默认先退货款后退运费，若最终计算所得金额为负则佣金基数取 0，例如：

买家购买某推广商品为 100 元，邮费为 20 元。

若买家未使用优惠抵现，且未能成功退款，则佣金基数为 100 元。

若买家使用优惠抵现 10 元，且未能成功退款，则佣金基数为 100-10=90（元）。

若买家未使用优惠抵现，最终成功申请退款 30 元，则佣金基数为 100-30=70（元）。

若买家使用优惠抵现 10 元，且最终成功退款 30 元，则佣金基数为 100-10-30=60（元）。

佣金率：以买家生成订单时的佣金率为准，如买家生成订单时该商品的佣金率为 A，支付时的佣金率为 B，则结算给推广者的佣金率为 A。

商家可设置的佣金率范围为 0～90%。

【小贴士】

关于快手达人侧问题分类及解答：

入驻类：

1. 卖家端入口在哪里？是不是只有在 PC 端小店后台才可以申请进入好物联盟？

答：推广达人申请开通好物联盟在手机端即可完成操作流程。

单击快手 App 主页左上角，打开侧边栏，单击"快手小店"→"开店"→"上传身份证明"，根据界面提示完成实名认证后即可开启快手小店。

开通快手小店后即可在页面顶部切换为快手小店"卖家端"。

2. 入驻过第三方平台还可以入驻快手好物联盟吗？选品时是否只能选快手好物联盟商品？可以选第三方商品吗？

答：可以入驻，是否入驻过第三方平台不会影响入驻快手好物联盟，在选品时也可选择第三方商品。

推广类：

1. 推广商品没有样品怎么办？申请样品有什么要求？申样邮费谁出？

答：达人选择推广某款商品后，可在卖家端→推广商品→商品管理中申请样品。

申请成功后商家会决定是否寄出，如若商家同意寄出样品，则需达人自付邮费，并可在申样入口查看物流进度。若商家拒绝提供样品，达人也可自行购买。

2. 是否可以调整上架商品的价格和佣金？

答：上架商品价格及佣金仅支持由商家自行调整，推广达人不能进行修改。

3. 为什么销售出去看不到订单？

答：通过推广达人分销售出的商品，订单仅在该商品的供货商小店后台生成，推广者的小店后台不会生成推广订单，若想查询自己的推广数据，可在选品中心→收益→佣金收入→推广订单中查看。

4. 推广出去的订单，需要我退换货和发货吗？好物联盟商品退货地址怎么填？卖货产生售后问题怎么办？由谁处理？

答：通过推广达人分销售出的商品，订单会自动生成在供应商品的商家小店后台，不需要达人处理发货，售后问题也有对应平台的商家进行操作，退货地址填写至供货商家地址，但是买家可能不知道如何申请售后，需要您告知买家操作方法，毕竟商品是由您进行推广的，买家也是认可您才进行购买的，为了您的粉丝良好的购物体验，希望您可以帮助他们。

5. 在哪里看我的快手PID？

答：打开快手小店卖家端，单击好物联盟一栏下的商品管理，单击右上角的推广管理，即可查看自己的PID。

6. 第三方商品推广功能怎么关闭和打开？

答：打开快手小店卖家端，单击头像，可查看小店详情，在页面底部单击关闭第三方商品推广功能即可关闭，再次单击即可打开。

结算类：

1. 入驻是否需要交保证金？

答：达人开通快手小店后，即可申请好物联盟推广权限，不需要交任何费用。

2. 快手收款账户实名认证的名字是否需要和开店的认证名字一样？

答：收款账户实名认证需和开店实名认证保持一致。

3. 佣金怎么提现？什么时候可以到账？

答：佣金收入页面有一个查看收款账号的选项，可以先单击查看自己绑定的收款账户，结算时会自动结算到对应的收款账户中。买家如果采用微信付款，就是银行卡到账，如果采用支付宝付款，就是支付宝到账。买家确认收货后7天，同时将货款结算给商家、将分销佣金结算给推广者，各方可自行手动提现。

通过飞瓜数据可以进行快手全平台直播带货分析，查看快手平台全网的直播带货、短视频销售数据。同时，可以分析全网带货走向、商品的利润，对自己的直播带货产品做出相应的调整。

本章实训

为更好地理解快手直播的运营规则和技巧，提高对快手平台的实操经验，下面通过实践训练来进行练习。

【实训目标】

1．了解快手直播的类型、特点。
2．掌握快手直播的规则和模式。
3．能够开通快手直播账号，自主开展快手直播。

【实训内容】

1．注册一个快手账号，并完成开通、调试到添加商品、开展直播等全流程操作实训。
2．确定快手直播带货类目，构建完整的商品购买页面，完成商品标题的设置、价格的设置等操作，完成商品橱窗的搭建。
3．10 天内至少添加 10 件商品到商品橱窗。
4．10 天内发布符合平台规则的短视频作品不少于 2 条，且视频内容与推荐的商品具有相关性，并通过审核。
5．开启快手手机直播，关联至少两个直播商品，完成至少 15 分钟不间断直播。

【实训要求】

1．熟练掌握从开通、调试到添加商品、开展直播等全流程操作实训，熟悉快手直播的实战流程。
2．了解快手平台适合带货商品的类型，清楚对应平台的原因。
3．了解快手直播带货原理及过程，能策划出有效的直播带货互动方案。
4．通过直播间引流、"粉丝"维护、优化直播间内容等运营方式，力争将直播间在线人数增加到 500 人以上。

复习思考题

1．快手平台的特点有哪些？
2．请举例说明快手直播时需要注意的违禁词。
3．请简述快手直播平台的推荐机制。
4．影响快手直播的评价要素有哪几个方面？

参考文献

[1] 杨浩. 直播电商 2.0. 北京：机械工业出版社，2020.

[2] 刘东明. 直播电商全攻略. 北京：人民邮电出版社，2020.

[3] 马涛，王大明. 淘宝直播与电商新玩法. 北京：机械工业出版社，2018.

[4] 淘宝大学达人学院. 淘宝直播运营与主播修炼手册. 北京：电子工业出版社，2017.

[5] 赵钢. 电商运营营销一本通. 北京：中国商业出版社，2018.

[6] 徐鹏举. 引爆流量：直播营销的战略打法和技巧. 北京：中国宇航出版社，2017.

[7] 宋江龙. "直播+互联网"精彩的成长蜕变. 北京：中国经济出版社，2018.

[8] 刘兵. 直播营销：重新定义营销新路径. 广州：广东人民出版社，2018.

[9] 高长利，李伟东，郭春光. 直播营销 互联网经济营销新思路. 广州：广东经济出版社，2017.

[10] 徐骏骅. 直播营销与运营. 北京：人民邮电出版社，2021.

[11] 余以胜. 直播电商. 北京：人民邮电出版社，2021.

[12] 秋叶，勾俊伟. 直播营销. 北京：人民邮电出版社，2020.

[13] 隗静秋. 短视频与直播运营. 北京：人民邮电出版社，2021.

[14] 熊友军. 直播电商. 北京：中国广播影视出版社，2021.

[15] 淘宝大学达人学院. 淘宝直播运营与主播修炼手册. 北京：电子工业出版社，2017.

[16] 赵钢. 电商运营营销一本通. 北京：中国商业出版社，2018.

[17] 何海霞. 新媒体创业. 北京：人民邮电出版社，2020.

[18] 闵敏. 电商运营数据分析. 北京：高等教育出版社，2019.

[19] 杨伟强. 电子商务数据分析. 北京：人民邮电出版社，2018.

[20] 黑马良驹. 全民带货：短视频直播电商时代的新经济模式. 北京：清华大学出版社，2020.

[21] 柏承能. 从零开始学直播营销与运营. 北京：清华大学出版社，2021.

[22] 李朝辉. 短视频营销与运营. 北京：人民邮电出版社，2021.

[23] 郭韬. 短视频制作实战. 北京：人民邮电出版社，2020.

[24] 陈佳鸽. 新主播/商家入驻流程-免费流量扶持加码！[EB/OL]，2021.09.15.

[25] 宋裔. 如何选择频道栏目标签？[EB/OL]，2021.08.17.